和谐社会视域下的公民道德建设研究

张培勇◎著

内 容 提 要

本书以马克思主义为基本立场，坚持中国化马克思主义的最新理论成果为指导，主要从社会主义的本质、和谐社会的基本特征以及构建和谐社会的总要求出发，围绕和谐社会与公民道德体系之间的关系，运用历史和现实相统一、历史与逻辑相统一的方法，探讨了和谐社会公民道德坚持的基础与根本要求，以及和谐社会公民道德体系的核心、基本原则、规范和运行机制等问题。

图书在版编目（CIP）数据

和谐社会视域下的公民道德建设研究 / 张培勇著
. -- 北京 : 中国水利水电出版社, 2015.6（2022.9重印）
ISBN 978-7-5170-3309-7

Ⅰ. ①和… Ⅱ. ①张… Ⅲ. ①公民教育－社会公德教育－研究－中国 Ⅳ. ①D648.3

中国版本图书馆CIP数据核字(2015)第140847号

策划编辑：杨庆川　责任编辑：陈　洁　封面设计：崔　蕾

书　名	和谐社会视域下的公民道德建设研究
作　者	张培勇　著
出版发行	中国水利水电出版社
	(北京市海淀区玉渊潭南路1号D座 100038)
	网址：www.waterpub.com.cn
	E-mail：mchannel@263.net(万水)
	sales@mwr.gov.cn
	电话：(010)68545888(营销中心)、82562819（万水）
经　售	北京科水图书销售有限公司
	电话：(010)63202643、68545874
	全国各地新华书店和相关出版物销售网点
排　版	北京厚诚则铭印刷科技有限公司
印　刷	天津光之彩印刷有限公司
规　格	170mm×240mm　16开本　17.75印张　230千字
版　次	2015年11月第1版　2022年9月第2次印刷
印　数	2001-3001册
定　价	52.00元

前　言

党的十八大把“促进社会和谐”作为新形势下发展中国特色社会主义的基本要求之一，重申了“社会和谐是中国特色社会主义的本质属性”这一科学论断。社会是否和谐，很大程度上取决于全体社会成员的思想道德素质。因此，构建和谐社会、促进社会和谐，必须“切实加强思想道德建设”，积极倡导和谐理念，培育和谐精神，进一步形成全社会共同的理想信念和道德规范，打牢全党全国各族人民团结奋斗的思想道德基础，巩固社会和谐的思想道德基础。党的十八大报告指出：“推进公民道德建设工程，弘扬真善美、贬斥假恶丑，引导人们自觉履行法定义务、社会责任、家庭责任，营造劳动光荣、创造伟大的社会氛围，培育知荣辱、讲正气、作奉献、促和谐的良好风尚。”可以说，十八大报告中表明的国家发展思路和总体布局中，公民品德素质及其地位和功能，已经更加清楚地被凸显出来。也就是说，执政党和人民已经越来越自觉地认识到，如何建设中国特色社会主义现代化国家，社会主体——人的素质是一个关键的基础因素。当前，公民道德建设已经进入到关键阶段，社会对加强公民道德建设的呼声越来越高，民众对加强公民道德建设的期待逐步升温。公民道德建设是机遇与挑战并存，希望与困难同在，推进公民道德建设任重而道远。

本书以马克思主义的基本立场，坚持中国化马克思主义的最新理论成果为指导，主要从社会主义的本质、和谐社会的基本特征以及构建和谐社会的总要求出发，围绕和谐社会与公民道德体系之间的关系，运用历史和现实相统一、历史与逻辑相统一的方法，探讨了和谐社会公民道德坚持的基础与根本要求，以及和谐社会公民道德体系的核心、基本原则、规范和运行机制等问题。

本着理论服务于实践的需要，通过对和谐社会共产党执政道德建设、教师职业道德养成、大学生思想道德建设等方面路径的探讨，以期丰富我国公民道德建设理论与实践的研究。

本书提出的和谐社会公民道德体系的主要内容体现了以人为本的核心原则，对基本道德（原则、规范）的概括与党的十八大提出的社会主义核心价值观大体一致，具有一定的前瞻性和较强的现实性，对培育社会主义核心价值观和全面提高公民道德素质有一定的指导作用。可以说，本书有较高的学术价值和实用价值。

鉴于水平有限，且随着我国公民道德建设的实践和研究在不断发展，其理论、内容和方法将会不断推陈出新，书中的分析难免有不当之处，敬请专家、学者及本书的各位读者批评指正。

作　者

2015 年 4 月

目　　录

第一章　公民道德是和谐社会的基石

一个社会要和谐发展,仅仅依靠法律和制度规范是远远不够的,还必须借助道德的力量。人的全面发展与社会的和谐发展是内在统一、互为表里的,而道德素质又是人的素质系统中最具辐射力和带动作用的部分,是人们的精神支撑。因此,作为维护社会基本秩序的基石,公民道德体现了和谐社会构建的要求,与和谐社会具有时代的同步性和目标的一致性,是社会和谐的融合剂,因而也就成为和谐社会不可缺少的重要因素。

第一节　构建社会主义和谐社会是一个庞大的系统工程

构建社会主义和谐社会是个庞大的系统工程,需要我们在理论上和实践上做出不懈努力。理论是行动的前提,没有理论指导的行动是盲目的,因而也就难免会失误。深刻理解社会主义和谐社会的内涵,认清和谐社会的特征及其影响因素,找出构建和谐社会的重点、难点,对于指导社会主义和谐社会建设具有重要意义。

一、社会主义和谐社会的界定

社会主义和谐社会的内涵非常丰富,既指国家稳定、政令畅通、社会祥和、人民安居乐业,也指经济繁荣、物价稳定、市场有序、供需平衡、人民物质生活富裕,还包括文化昌盛、人际和谐、人们精神生活充实，彼此之间诚实守信、相互尊重、理解和包容，以及环境友好、资源节约、日丽气新，人与自然和谐共处的状态。

和谐社会是一个理想的社会、一个多元的社会、一个宽容的社会、一个善治的社会、一个有序的社会、一个公平的社会、一个诚信的社会、一个可持续发展的社会。① 所谓理想的社会，就是令人神往、令人心情舒畅、超越了现实弊端的社会；所谓多元的社会，就是和而不同、思想自由、言论民主、个人价值取向有异，但彼此又能兼容、基本思想观念一致的社会；所谓宽容的社会，就是人们之间相互包容、体谅、礼让，宽以待人、严于律已，能够求同存异、和睦相处的社会；所谓善治的社会，就是政府遵循以人为本理念，坚持依法治国，以良法治理的社会；所谓有序的社会，就是社会运行状态平稳，人们工作和生活秩序正常，法律和道德等行为规范能为人们自觉遵守的社会；所谓公平的社会，就是在收入、分配，社会资源占有和使用方面，没有地域、城乡、人群差异，大家平等共享国家发展成果，平等地参与国家政治生活，平等地拥有教育、文化、卫生、社会保障等方面权利的社会；所谓诚信的社会，就是人们以诚相待，讲究信用、信誉，没有欺诈，一诺千金，遵守合同，具有信德的社会；所谓可持续发展的社会，就是人口、资源、环境协调发展，生产、消费相互平衡，发展方式文明，发展后劲充足、发展基础厚实的社会。

影响构建社会主义和谐社会的因素很多，主要表现在七个方面：第一，社会分裂更加严重，穷人社会与富人社会俨然变成两个对立的社会，社会生活的基本秩序严重失调。第二，社会的利益冲突加剧，这给社会发展造成了一系列的负面影响。第三，社会道德和诚信的严重缺失。第四，社会心理严重不平衡。第五，由于政治体制改革的滞后，社会向治理和善治的转变仍然有很长的路要走。第六，由于从人治向法治和宪政转变的艰难，私人权利

① 陈长喜．政治学界关于社会主义和谐社会研究述评[J]．中国高等教育，2007(7)

受保障的程度仍不会很理想。第七，对民族传统的新的严重挑战。这一观点虽然主要是从政治学的视角来考察和谐社会的，但却也告诉了我们一个客观的道理，即影响社会主义和谐社会构建的因素很复杂，既有政治因素、经济因素，也有文化因素、道德因素。据此，构建社会主义和谐社会需要全盘考虑，统筹安排。

二、构建社会主义和谐社会的四大维度

构建社会主义和谐社会是我国经济社会发展的总体目标，人与人的和谐、人自我身心的和谐、人与社会的和谐、人与自然的和谐是构建和考量社会主义和谐社会的四大维度。

（一）人与人的和谐

人与人的和谐，是人与社会和谐的核心。人与人之间的关系，可以分为两个层面，即个体与群体的关系以及自我与他人的关系。

1.个体与群体之间的关系

个体与群体之间的关系，可以扩展为个人与家庭、单位、组织、国家、民族、人类之间的关系，这是人与社会关系的具体体现。个体与群体也是既相互依赖、又相互排斥的矛盾关系。人是以群的形式生存和发展的，人无法真正脱离群体而单独生存和发展；但与此同时，群体也由个体构成，舍弃了个体，群体也就不复存在。人与人的和谐，主要是指个体的人与群体的人之间的和谐。个体的人要很好地在世界上生存和发展，一定不能与群体为敌，相反地，要同群体和谐相处，从群体中获得支持和帮助。尽管有时个体与群体之间会存在利益冲突，但超越了具体利害之争，群体与个体在根本利益上是可以相容的。

2.自我与他人之间的关系

自我与他人之间的关系，是指一个人与周围其他人的关系，人与人的和谐，当然包括个体人之间的和谐。由于自我利益、自

我个性、价值取向的不同，以及社会竞争的存在，人与人之间的关系很容易变得脆弱和紧张，因此，当下处理好自我与他人的关系，是构建和谐社会的重要方面。

（二）人自我身心的和谐

人自我身心的和谐，是社会和谐在微观上的要求和体现。人自我身心的和谐，是指一个人身心（特别是指心理和精神）的健康状态，主要体现为人在现实生活中心理、精神上的一种平和、宁静、乐观、豁达、欢悦、向上的状态。从一定意义上说，没有个体的身心和谐也就不可能实现真正的人与人的和谐、人与社会的和谐以及人与自然的和谐。随着物质欲望的不断增加和社会竞争、生活压力的加大，人们的身体和心理都容易产生疲惫、厌倦之感，因此身心的平衡状态会经常被打破，这既不利于个体的健康，也不利于人际交往与社会和谐。《中共中央关于构建社会主义和谐社会若干重大问题的决定》明确提出，要“注重促进人的心理和谐，加强人文关怀和心理疏导，引导人们正确对待自己、他人和社会，正确对待困难，挫折和荣誉”，“塑造自尊自信、理性平和、积极向上的社会心态”。

（三）人与社会的和谐

人与社会是辩证统一的关系，人是社会的人，社会是人的社会，人离不开社会而存在，社会也需要人的维持和推动。另外，人在社会环境中生存和发展，必须要遵守社会制度，维护社会秩序，依照社会规则行事；而社会也应当尊重人的个性，满足人的合理需求，为个人的全面自由发展提供必要的条件支持。其实，个人与社会在许多情况下是存在矛盾冲突的，由于社会资源的有限性以及个人需求的无限性，彼此之间时常会有不和谐。问题的关键是，二者之间应保持必要的张力，个人欲望的满足不能超出社会现实提供的可能；社会对个人的约束和要求，也要以不伤害人的合理需求和抹杀人的个性为限度。只要能够遵循上述原则，人与社会的和谐就可以实现。

(四)人与自然的和谐

人与自然的和谐,是生态文明建设的需要,也是构建和谐社会的重要方面。随着人们对自然界和对自身认识的加深,人与自然的关系越来越得到重视。人类源于自然,在自然界中获取生存和发展的条件,并且是自然界的有机组成部分。人既不能超越自然,也不能战胜自然,而应该与自然和谐共处。马克思早就指出:“现实的、有形体的、站在稳固的地球上呼吸着一切自然力的人,本来就是自然界”。[①] 恩格斯在《反杜林论》中也指出:“人本身是自然界的产物,是在自己所处的环境中并且和这个环境一起发展起来的”。[②] 在《自然辩证法》中,恩格斯又强调指出:“我们每走一步都要记住:‘我们统治自然界,绝不是像征服者统治异族人那样,绝不是像站在自然界之外的人似的——相反地,我们连同我们的肉、血和头脑都是属于自然界和存在于自然之中的’”。[③] 中国古代哲人也早就指出“天人合一”的思想。《道德经》说:“人法地,地法天,天法道,道法自然”。当然,这里的“自然”并不是指自然界,而是说“自然而然、究竟至极”的意思。但是,这里的“地”、“天”则与今天的“自然”同义。庄子在老子道论的基础上,进一步指出:“天地与我并生,而万物与我为一”。这里的“天”就是指自然,人与天地万物之自然合为一体。到了汉代,董仲舒则在当时阴阳五行学说的浓厚氛围下,提出:“人之(为)人本于天”的观点,在此基础上,他认为人的一切言行都应当遵循“天”意,凡有不合天意而异常者,则“天出灾害以谴告之”。董仲舒的“天人合一”思想对后来的中国文化产生了重要影响,“天意不可违”,这是中国百姓的基本社会心理。“天意”在这里虽有客观唯心主义的色彩,但也有自然规律不可违背的意蕴。可是,近年来在市场经济的冲

① 马克思恩格斯全集(第42卷)[C].北京:人民出版社,第167页

② 马克思恩格斯选集(第3卷)[C].北京:人民出版社,第374—375页

③ 马克思恩格斯选集(第4卷)[C].北京:人民出版社,第383—384页

击和物欲横流世风的影响下,"天意"的概念越来越淡化,而人欲的意念越来越强盛。资源枯竭、河水断流、乌云蔽日、水土流失、沙尘肆掠等,似乎皆与此有关。当然,人类不同于动物,不是被动地适应自然。人具有主观能动性,通过实践和思维可以认识、把握自然规律,从而实现对客观世界的改造,以更好地满足自己生存和发展的需要。但是,人绝不能随心所欲地改造自然,必须按客观规律行事。人们一旦违背了自然规律,为了满足自己的不断膨胀的欲望,无限制地攫取自然资源,甚至不顾自然环境的承受能力,达到了破坏自然的程度,就必然会遭到大自然的报复,最后损害人类的根本利益。人与自然的关系恶化,会引起资源的紧缺、环境的破坏,进而会导致人与人之间为争夺资源而战斗,为保护自己的生存环境而厮杀,社会的和谐也就无从谈起了。

第二节　公民道德的内涵与结构

公民道德作为社会成员的角色道德,是公民主体在社会成员交往过程中应该遵循的一系列价值观念和行为规范。它形成于现代社会的发展和公民意识的觉醒,在本质上体现了人的全面自由发展,是体现现代文明的精神标志、衡量社会进步的重要标尺。

一、公民道德的概念

公民道德是指以善恶美丑为标准,依靠人们的内心信念、社会舆论和风俗习惯所维系的,调整社会关系,评价人们行为的准则、规范和观念的总和。

公民道德是建立在一定的社会经济基础之上并为其服务的上层建筑现象之一。一方面,它通过社会舆论和教育熏陶的方式影响人们的心理和意识,形成人们的善恶观念、情感倾向,内化成人们的信念,形成个人的良心;另一方面,又通过社会舆论、传统风俗习惯和规章制度等形式，在社会生活中确立和发生作用，形成调整社会关系，指导和规范人们行为的准则、规范和观念。

在一个国家中，法律体系只有一个，即由国家性质决定的占据统治地位的阶级制定的所有的法律形成的一个体系。而被统治阶级只有自己的法律观念，却没有也不会有自己的法律体系。但是公民道德却不同，由于一个社会中占统治地位的思想始终是统治阶级的思想，作为统治阶级的道德一般也会占据社会的统治地位，但是被统治阶级的道德却是始终存在的。这就是说，一个国家中，法律体系只有一个，而道德体系却是多元的。在我国社会主义社会的初级阶段，既有无产阶级道德，也有资产阶级的道德，还有封建阶级的道德；既有社会主义道德，也有共产主义道德，是各个阶级的道德并存而以社会主义道德为主的一种复杂的道德状况。

二、公民道德的特征

公民道德是人类社会文明成果的一种沉淀和积累，它具有基础性、社会性、广泛性、渗透性、社会共同利益性等特点。

（一）基础性

公民道德是人们在生活中应该遵守的最基本的道德准则。人是社会的人，是名副其实的社会动物。因此，也总要有一定的社会交往和公共生活。为了维持社会交往和生活的正常秩序、使社会处于和谐稳定的状态，人们就会达成一些为广大社会成员所认同的最基本的行为规范，这些基本的道德规范都属于道德范畴。

（二）社会性

作为社会规范的道德，产生的主体是社会，其过程是自发的、逐渐的和缓慢的，其存在形式一般是不成文的，主要是存在于社会舆论中和人们的内心信念中。法律产生的主体是国家,产生过程绝大多数是人们自觉制定的,多数有着成文的形式。

(三)广泛性

公民道德往往是对一个社会中大多数成员的要求。这就是说,公民道德并不是哪一个社会集团、社会阶层、社会阶级所特有的要求,而是该社会各个社会集团、社会阶层、社会阶级都应当遵循的共同的要求。因此,公民道德是没有阶级性的,它具有全人类性的特点。

(四)渗透性

公民道德调整的社会关系范围与法律有区别。公民道德调整的关系,比如友谊、恋爱、同事、邻里和亲属关系,法律一般不予以调整;而某些法律调整的社会关系,比如某些技术规范、交通规范、司法程序,公民道德一般也不予以调整。但是,凡重大的经济、政治、文化领域的社会关系,法律和道德都予以调整。一般来说,道德规范对于各个领域的渗透性比法律规范面要广一些、力要强一些。

(五)社会共同利益性

公民道德为全体社会成员所必需,是全社会利益的反映。公民道德一旦遭到扭曲或破坏,人们的利益将受到损失,正常的社会生活亦无法进行。从这个意义上讲,公民道德一定程度上是人们所必须遵守的。因此,如果公民道德得不到遵守,人们的共同利益就会受到损害。这也就是为什么违反公民道德的人往往会让大多数人厌恶并谴责。因此,对于一些会危害大多数人利益的行为,甚至会利用制度或法律来使其得到遵守。在新加坡,对于用厕后不冲水、随地吐痰、乱扔杂物等行为,都以法律条款加以规定。在我国一些城市,随地吐痰、乱扔杂物等行为也会受到一定的罚款。因此,我们说公民道德是人们共同利益的一个体现。

（六）自律性

公民道德起作用是靠社会的舆论和个人的良心，主要是自律；法律起作用，是以国家强制力为后盾，主要是他律。社会主义法律由于符合绝大多数人的利益，主要也是靠自觉遵守，但是必须有国家强制力辅助。

三、公民道德的功能

公民道德作为一定社会上层建筑的社会意识、特殊的行为规范，是人类把握世界的特殊方式之一，即实践精神（按照马克思的分法，其他三种方式是科学理论的、艺术的和宗教的），它对人们起着调节功能、教育功能和认识功能。

（一）调节功能

对于人们的行为和社会关系的调节功能是道德的主要功能。所谓道德调节功能，是指道德通过社会舆论、风俗习惯和人们的内心信念的方式，来指导、纠正和影响人们的行为和活动，从而调节人们之间关系的能力。社会舆论和风俗习惯是道德调节的外在力量，即所谓“他律”；而包括良心、同情心的内心信念是内在力量，即所谓“自律”。这内外两种力量的互相作用，调节着人们的行为。两种力量缺一不可，但是“自律”往往是主要的，也正是在这种意义上，人们一般认为，道德是自律的，而法律是他律的。

（二）教育功能

公民道德的教育功能是指通过道德理论学说的传播、道德评价、榜样示范等各种方式和形式，从而使人们的内心深处接受某种道德规范，培养道德情感，提高道德认识，增强道德意志，形成道德信念，养成道德习惯和道德品质。其中，道德认识是重要的。只有提高道德认识，才能使人们形成道德信念和增强道德意志；

才能不仅知其然，还知其所以然。而道德实践是最为关键的环节，没有道德实践，则不可能形成真正的道德情感，也就没有真正的道德意志、信念和习惯。同时，它还具有表率作用，即榜样的力量是无穷的。党政机关的各级领导、学校领导和教员、家长都应该是权威的道德教育者，他们的行为和活动对于公民道德教育功能的发挥起着举足轻重的作用。

（三）认识功能

公民道德是一种实践精神和社会意识，是人类把握世界的方式之一。所谓公民道德的认识功能是指道德能够反映人们之间的社会关系和利益关系，作为道德主体的人们能够认识自己所应该承担的道德责任和义务，同时通过道德原则、道德规范、道德理想等来反映自己的认识成果。社会的各种道德原则、道德规范和道德理想是一定社会客观经济关系的反映。道德的认识功能不仅有助于人们把握社会经济关系，区分社会关系的公正与偏私，善与恶，而且能为人们提供道德评价的价值趋向，提供对于某种行为荣辱与否判断的原则和标准，从而帮助人们选择道德的行为和正确的人生方向。

四、我国公民道德的基本规范

规范是指标准和法式。道德规范就是一定社会或群体根据某种社会整体利益和自身利益的需要而概括、提炼形成的，它是人们在处理与他人、社会、自然的利益关系时必须普遍遵守的行为准则和评价人们行为是非、善恶的标准。道德规范是道德体系的重要组成因素，正如有的学者指出的，“从一定意义上说，社会主义道德体系是由一系列道德规范所构成的。”社会道德的基本规范，是供其发挥调整社会关系作用的重要手段。

荣辱观是人们对荣辱问题的根本看法和态度，是一定社会思想道德原则和规范的体现和表达。以“八荣八耻”为主要内容的社会主义荣辱观，涵盖了个人、集体、国家三者之间的关系，是人们选择行为、评价善恶的普遍标准，也是衡量社会道德与精神文明发展水平的重要标尺。

（一）以热爱祖国为荣、以危害祖国为耻

爱国主义精神是公民个人对自己祖国的深厚感情。它既是一项道德要求，也是一项政治原则和法律规范。爱国主义同时还是中华民族的光荣传统，中国古代的许多思想家和相关典籍都有爱国主义的阐述。《左传·昭公四年》记载"苟利社稷，死生以之"，《汉书·贾谊传》记载"国耳忘家，公耳忘私"，屈原"身既死兮神以灵，子魂魄兮为鬼雄"，陆游"位卑未敢忘忧国"，范仲淹"先天下之忧而忧，后天下之乐而乐"，王夫之"天下兴亡，匹夫有责"，林则徐"苟利国家生死以，岂因祸福避趋之"等思想均表达国民爱国的朴素感情。

"以热爱祖国为荣、以危害祖国为耻"的提出是对我国爱国主义传统与民族精神做出的本质概括，是对中华民族爱国主义传统的继承和发展，是在新的历史时期和新的时代背景下对爱国主义的深化。

"以热爱祖国为荣、以危害祖国为耻"的提出就是要让人们增强对国家、民族的认同感，使人们以强烈的民族自尊心和自豪感去维护国家的国格、维护国家的尊严和荣誉，真正做到"以热爱祖国、贡献全部力量建设社会主义祖国为最大光荣，以损害社会主义祖国利益、尊严和荣誉为最大耻辱"。这一要求的另一重要目的则是引导人们正确处理好国家利益与个人利益的关系。当这两者关系发生冲突时能够自觉地做到维护国家利益，进而使爱国主义成为人们心目中调节个人与国家、个人与民族关系的一种政治原则、一种道德选择、一种民族精神。

（二）以服务人民为荣、以背离人民为耻

在中国历史上，"爱民"的思想始终都是联系中国思想家著作

的一条重要线索，各种著作中都或多或少体现出维护人民利益的重要性。以毛泽东为代表的中国共产党人在中国传统思想和马克思主义历史唯物论的基础上，认识到“人民，只有人民，才是创造世界历史的动力。”在新中国建设时期，这一要求又逐渐演化为“三个有利于”标准、“三个代表”重要思想，科学发展观中的“以人为本”更是新时期人民观的进一步体现和深化。“以服务人民为荣、以背离人民为耻”则是把这一重要线索转化成一个重要的要求。把为人民服务当作人生最高的追求、最大的乐趣和最美的幸福，使为人民服务这一社会主义道德的优越性得以最大限度的发挥，进而在为人民服务的过程中实现好、维护好、发展好最广大人民的根本利益。

（三）以崇尚科学为荣、以愚昧无知为耻

21世纪是知识经济时代，知识已经成为一个人参与社会活动的重要资源，社会财富及经济效益的增加将越来越依赖于知识创新。在科教兴国战略实施的今天，科学在帮助人类认识自然、改造自然的过程中，在促进人类文明的进程中所发挥的作用越来越大，这是任何力量都无法比拟的。“以崇尚科学为荣、以愚昧无知为耻”的提出就是要人们尊重科学知识，迎赶时代潮流，弘扬科学、真理大旗，灭愚昧、庸俗之风，促进全社会形成尊重科学、热爱科学、学习科学、宣传科学、应用科学、拒绝愚昧、拒绝迷信的良好氛围，使人们养成科学态度，掌握科学方法，培育科学精神，进而为追求真理、探索真理、开拓创新提供强有力的科学支撑，为国民素质的提高和国家的繁荣富强提供强有力的科技保证。

（四）以辛勤劳动为荣、以好逸恶劳为耻

马克思主义认为，劳动是人的重要需要，是人类社会存在和发展的基础。劳动孕育着希望，创造了人们的幸福生活，是人类文明的原点。中华民族自古以来就有崇尚勤劳的传统。墨子“赖其力者生，不赖其力者不生”、《后汉书·张恒传》中的“人生在勤，

不索何获”等思想均表现对勤劳的敬畏和对懒惰的厌弃。

在全面建成小康社会的今天，中国特色社会主义伟大事业仍要建立在广大人民辛勤劳动的基础上。“以辛勤劳动为荣、以好逸恶劳为耻”的提出既是对中华民族勤劳精神的肯定、继承和弘扬，也是对新时期、新条件下好逸恶劳思想的有力鞭策。同时，这一荣一耻更准确地表达出在社会主义建设的新时期，人们应以什么样的态度来对待劳动、对待享受，从而使全社会形成尊重劳动、热爱劳动的良好风尚，进而最大限度地发挥主观能动性，为自身的幸福和小康社会的和谐、健康、有序发展提供良好的动力保障。

（五）以团结互助为荣、以损人利己为耻

千百年来，中华民族一直崇尚和为贵、团结互助的基本价值理念。《荀子·富国》中记载有“人之生，不能无群”，《关尹之·三极》中记载有“鱼欲异群鱼、舍水跃岸则死；虎欲异群虎，舍山入市即擒”等思想均体现出团结互助的重要性。

在当代，随着社会关系复杂程度的增加和科学技术的发展，团结协作已经成为人民共同克服困难，走向成功的必由之路。在知识经济时代，建立和发展平等、团结、互助的人际关系，不仅有利于推动人们的日常生活和工作，而且也影响到社会主义精神文明建设的开展。

“以团结互助为荣、以损人利己为耻”是要引导人们将团结互助贯穿于职业道德领域，贯穿于家庭美德领域；是要引导广大群众紧密团结在党中央的周围，坚定走中国特色社会主义道路的信念，继续为谱写中华民族的新篇章而群策群力，共克时艰，再创佳绩；是要引导广大党员干部密切联系人民群众，紧密团结人民群众，使人民群众的作用得以充分发挥，并在团结人民的过程中，以一股坚不可摧的合力来维护好、发展好和实现好最广大人民群众的根本利益。

（六）以诚实守信为荣、以见利忘义为耻

诚信是中华民族优秀文化的核心组成部分。自古以来，人们

对诚信品质的赞许和追求就没有停止过。《论语·为政》“人而无信,不知其可也”,《中庸》“诚者,天之道也。诚之者,人之道也”、“君子诚之为贵”,《淮南子·人间训》“仁者不以欲伤生,知者不以利害义”,这些思想均表达了人们对诚信的赞誉。

诚实守信已经成为执政者取信于民,实现国家稳定发展的根基,经营者取信于人,实现扩大经营的准则,已经成为个人道德修养的内在诉求。“以诚实守信为荣、以见利忘义为耻”的提出就是要让人们意识到,诚信是社会活动中所必须遵守的行为准则,使人们意识到诚信对于个人是安身立命的人格风标,诚信对于社会是不可或缺的道德基石;诚信对于政府是提升政府形象,打造诚信政府的关键。

(七)以遵纪守法为荣、以违法乱纪为耻

中华民族有悠久的法治实践,法治思想众多。《管子·明法解》“法者,天下之程式也,万事之仪表也”,《韩非子·有度》有“奉法者强,则国强;奉法者弱,则国弱”等思想均表现出法纪在国家治理、规范人们行为中的作用。

“以遵纪守法为荣、以违法乱纪为耻”的提出,彰显的是自律和他律的力量,倡导的是社会主义的法治观和道德观,其目的不仅是使国家的法治观念融入执法人员的内心深处,使其更好地做到有法可依、有法必依、执法必严、违法必究,使法律得以更有效地实施;更是使广大人民群众懂得遵纪守法的重要性和必要性,做到学法、知法、守法;还是使广大人民群众正确处理好自由与纪律的关系,权利与义务的关系,使人们将自己的自由和权利限制在法律允许的范围内,进而为他人自由和权利的实现提供良好的保障。

(八)以艰苦奋斗为荣、以骄奢淫逸为耻

艰苦奋斗是中国古代先哲一贯倡导的一种人生态度。《孟子·告子下》“生于忧患,而死于安乐”、《墨子·辞过》“俭节则昌,淫

佚则亡”、《淮南子·原道训》“不以奢为乐，不以廉为卑”、《新五代史·伶官传序》“忧劳可以兴国，逸豫可以亡身”等均表现出人们对艰苦奋斗的赞许和对骄奢淫逸的蔑视。

新中国成立以来，全国各族人民在中国共产党的领导下艰苦奋斗、奋力拼搏，我国的各项事业取得了长足发展，综合国力、人民生活都有了较大的改善，小康社会的目标就要实现。但同时我们要清晰地看到：我国在世界上的人均排名仍旧很低。因此，在全面建成小康社会的今天，仍然需要广大人民群众继续大力弘扬艰苦奋斗精神。“以艰苦奋斗为荣、以骄奢淫逸为耻”的提出，意在使人们在物质上克勤克俭、厉行节约、勤俭办事；在精神上不畏艰难、坚韧不拔、锐意进取、奋发有为，使艰苦奋斗成为人们的一种行为方式和生活作风，成为人们所追求的一种精神状态和意志品质，使艰苦奋斗精神成为开辟中国特色社会主义道路新征程的强大支柱。

第三节　我国公民道德建设的必要性分析

公民道德建设属于我国精神文明建设的一部分，在国家发展的过程中，不仅要注重物质文明建设，同时也要注重精神文明建设，其是我国现代化不断发展的一个重要标志。公民道德建设不仅是现代化建设的精神动力，同时也是构建和谐社会的时代课题。

一、公民道德建设是现代化建设的精神动力

（一）国家的发展需要公民道德的支持

对于一个国家来说，如果想要实现经济繁荣，民族富强，那就必须要保证在这个国家内要建立其强大的精神动力。国家实现

现代化的过程中,不仅仅只表现在物质财富的不断增长,同时也表现在精神动力的不断提升。从一定程度上来说,社会上所出现的一切问题,通过经济手段都是可以解决的,但这并不是说只要具有雄厚的经济实力,就可以实现社会的现代化,实现社会的全面进步。这是因为,一个国家的成长和民族的团结,需要有经济力量的支持,否则单纯凭借经济的增长,就不能实现国家的长治久安。国家在向现代化不断迈进的过程中,需要将一种精神动力和道德价值灌注于所有的经济活动之中,这样才会为经济活动的发展提供一种长久的动力支持,否则经济活动的价值就只是成为获利利益的一种途径。在现代社会的发展中,已经出现了“人的革命”,这表明变革和提高人的精神已经成为社会发展的重要方面。

美国学者英格尔斯在《人的现代化》一书中指出:“如果一个国家的人民缺乏一种能赋予这些制度以真实生命的广泛的现代心理基础,如果执行和运用这些现代化制度的人自身还没有从心理、思想、态度和行为方式上都经历一个向现代化的转变,失败和畸形发展的悲剧是不可避免的,再完美的现代制度和管理方式、再先进的技术工艺也会在一群传统人的手中变成废纸一堆。”从这段话中我们就可以看出,对国家现代化发展的定义,并不仅仅只是经济和政治的不断进步,同时也是人们思想道德不断进步的过程。如果人们精神和道德的成长缺失,那么整个民族的整体素质就不会出现质的飞跃,并且,来自于人们思想、道德和社会心理等方面的问题将最终会成为阻碍社会发展的重要方面。从当前我国的国情和社会发展的实际情况来看,在道德建设中还存在着很多腐朽、愚昧、错误的思想观念,国家发展的一个重要目标就是消除这些负面思想,造就人们新的精神世界,从而实现社会真正的现代化。

(二)社会活动需要公民道德的支持

人是构成社会的基本元素,是社会活动的主体和社会存在的前提条件。人的思想观念会产生活动的愿望，也就是说所有的社会活动都是人们在思想观念的支配下来进行的。当前，社会的快速发展应该归功于人们积极的活动，他们自身所具有的热情和积极性，促使他们产生投身社会活动的精神动力，进而为社会的发展做出贡献。社会的发展与进步，离不开人们开拓进取的精神，如果缺少了这一项，那么社会活动就会失去其原有的活力，所有的社会活动会变得单调和死板，造成社会发展的缓慢，甚至停止不前。

从社会发展的经验来看，如果一个地方的思想较为开放，观念更新快，敢于变革，那么其经济发展速度就会很快；反过来，如果一个地方的思想较为保守，观念落后，不思进取，那么这个地方的经济发展必定是极为缓慢的。很多经济不发达的地区，其中的一个重要原因就是思想还比较落后，缺乏前进的精神动力。由此看来，想要实现社会的快速发展，就必须要在塑造人们的精神面貌、精神动力等方面下功夫，促使人们产生向前发展的内在推动力，为社会经济的快速发展增添无限的活力。

（三）国家经济的发展需要公民道德的支持

从近些年亚洲经济的发展情况来看，一些国家和地区的经济发展速度始终走在前列，在实现国家经济繁荣的同时，也受到了世人的瞩目。他们能获得这种成就，一个重要的原因就是社会内部存在强大的精神动力。他们在吸收利用西方国家经济和科技力量的同时，还将东方的伦理、道德融入了发展之中，从而为社会经济和政治的稳定提供了强大的社会心理和道德规范。就其思想道德观念来说，一是强调整体价值本位，保障个人对于经济组织的适应；二是宣扬刻苦奋斗精神，推动事业的成功；三是提倡勤俭美德，保证稳定有升的积累；四是强化社会公德，促使社会平稳和谐。即使一些西方国家也注意精神战线的拯救，尽力不使其严重的社会病态和道德困境造成社会危机。在美国，虽然强调金钱的力量，但在同时也加入了精神动力的支持。例如，他们通常会利用个人主义精神来激发人们的创造力。对于广大群众，会通过媒体宣传，宗教或是社会活动等形式来对整个社会进行调整；对于公职人员，要求他们必须进行宣誓才能就职，严格恪守行政命令，遵守道德规范；对于青少年，会向他们宣扬“美国信念”“美利坚精神”，并将这些信念植根于他们的生活之中。这里说的都是资本主义制度下的情况，在这些社会里还存在着最终难以解决的矛盾。

（四）社会主义现代化建设需要公民道德的支持

社会主义现代化建设更不能离开精神力量的支持。当前我国正处于社会主义初级阶段，当前和未来在向共产主义过渡的过程中，思想道德都将发挥重要的作用，其是我国社会主义建设事业取得成功的一项重要力量。正如邓小平所说：“光靠物质条件，我们的革命和建设都不可能胜利；我们党无论在什么样的条件下，一直有强大的战斗力，是因为我们有马克思主义信仰，有社会主义、共产主义思想、理想、道德和信念，有铁的纪律和革命的立场。”在长久历史改革发展中，这些革命先烈所总结出的革命精神将是我国社会未来发展的宝贵财富，我们要充分利用，为社会主义现代化的建设增添更强大的精神动力支持。

因此，我国在未来的社会主义现代化建设中，更应该着重进行思想道德建设，帮助人们实现思想解放和观念更新，让社会道德的理想深入人心，从而充分激发出人们投身于社会主义现代化建设的伟大事业之中，在全社会形成一种积极向上的精神力量。

二、公民道德建设为改革开放创造健康向上的社会精神环境

在改革开放的条件下，在发展社会主义市场经济的过程中，社会主义思想道德建设的一个重要的作用，是要创造一个健康向

上的精神环境。

(一)社会主义道德建设有助于推进现代化的实现

各国实现现代化的进程表明,在现代化建设的初期,随着旧的生产方式发生改变,新的经济活动方式开始出现,但还没有发育成熟,因此,在此期间不免就会出现新旧体系都难以控制的“空白地带”,各种腐朽没落的东西沉渣泛起,在群众中开始出现精神空虚,道德划破,价值观混乱等现象。当前我国社会的发展就在经历着这一过程。近年来,我国社会的发展中,人们的精神领域已经出现了严重的问题,缺少信仰、道德败坏、缺乏信任与关怀,甚至吸毒、卖淫、赌博等违反法律的恶习也是屡禁不休。这些社会丑恶现象对我国社会风气带来了极大的破坏,严重污染者着社会精神文明。造成这些现象的一个重要原因是,我国在较长一段时间的发展中,只注重了经济方面的发展,对道德、精神等方面的引导和建设没有引起足够的重视。当前党和国家及时认识到了这一点,并且对加强公民道德建设方面制定了多项措施,开始通过宣传、引导的方式来对社会风气加以改变,对公民进行道德教育,力图为社会主义现代化的实现塑造一个良好的精神环境。

(二)高尚的思想有助于塑造良好的社会精神环境

公民思想道德的发展与社会精神环境之间有着紧密的关系,公民思想道德的发展在一定程度上可以反映出当时社会精神环境的状况,同时,公民思想道德的发展又会对社会精神环境的建设产生重要的影响。因此,一个国家想要建设良好的社会精神环境,就必须要大力培养公民的道德情操。党和国家应该注重对公民的理想信念教育,在学生时代就使其关注高尚的道德修养,从根源上提高人们的思想境界和精神风貌。当前我国实行的是中国特色社会主义,党和国家要将这一信念牢牢植根于公民的思想之中,这是实现社会主义现代化的一项重要举措,同时也是实现公民个人理想的一项必不可少的要素。当全社会公民的思想道德都达到了一个全新的高度,并且从思想上接受了社会发展的共同理想,使之成为一种内心的信念,就可以在社会上形成一中健康的社会风气。

(三)高尚的道德情操有助于净化人们的心灵

当前在多元文化迅速发展的情况下,国外各种落后的思潮也涌入我国,再加上我国原有的一些腐朽思想的存在,使得当前我国公民的思想道德遭遇了巨大的冲击。在这种情况下,就应该在全社会宣传高尚道德情操的重要作用,可以对人们的心灵进行净化,从而抵制不良思想的冲击。当前我国社会经济获得了巨大的成就,新的道德规范也在其中慢慢形成,这是人们在时代不断发展的过程中应当要遵守的社会行为规范,并最终成为评价公民行为的道德准则。在全社会展开对公民道德的建设,可以抵御那些腐朽思想的侵袭,培养公民高尚的道德,实现社会的稳定。在建设社会主义精神文明的过程中,可以充分发挥思想道德先进者的积极带头作用,他们全心全意为人民服务,无私奉献,勇于牺牲自己,在社会中形成积极的推动作用,优化社会精神环境。这些高尚思想道德典型形象的树立,有助于弘扬正气,维持社会精神发展的主流方向。

(四)高尚的民族精神有助于改革开放的顺利推进

民族精神是社会主义精神文明的一个重要组成部分,同时也是公民的道德的一项重要内容。我国改革开放政策顺利推进,与社会主义现代化的迅速发展,都离不开民族精神的激励,并且这些所有的内容都是与良好的社会精神环境是联系在一起的。我国积极推进社会主义思想道德的建设,不仅是要提高公民的道德水平,净化社会风气,同时也是要鼓励人们勤于思考,使人们能够与时俱进,不断提升自己,面向全世界,解决社会实践中出现的各种问题,积极探索,在改革开放的浪潮中贡献出属于自己的一份力量。从我国发展的历程来看，每一次社会的进步，必定伴随着人们思想的解放与进步，其对社会的发展有着重要的推动作用。一旦人们的思想出现停滞，安于现状，就会盲目满足于当前安逸的生活，狭隘的民族主义和目空一切的虚无主义也容易滋生，公民道德问题也就因此产生。

三、公民道德建设是构建和谐社会的时代课题

"道德建设的成功与否，关系到社会主义市场经济的良性发展，关系到社会正常秩序的维持，关系到广大人民群众的实际幸福，也关系到社会主义现代化的真正实现。"[①]随着文化多元化的迅速发展，各种思想观念相互交织，民族文化、外来文化相互激荡，先进文化、落后文化相互碰撞，使得社会矛盾更加突出。面对复杂的社会问题，党和国家就应该努力进行公民道德建设，正确正确处理各种利益关系，维护社会稳定，为构建社会主义和谐社会奠定坚实的基础。

（一）和谐社会构建的需要

我们党从中国特色社会主义事业总体布局和全面建设小康社会全局出发，提出了构建社会主义和谐社会的战略任务，其符合社会主义现代化发展的内在要求，体现了全党全国各族人民的共同愿望。在社会主义视域下，对公民思想道德建设进行巩固的同时，也对新时期公民思想道德建设提出了新的要求。

1.公民道德建设与和谐社会建设应实现良性互动

中国特色社会主义的发展与布局，提出公民道德建设要与和谐社会建设应实现良性的互动。中国特色社会主义事业的总体布局，指的是由经济建设、政治建设、文化建设三位一体，发展为经济建设、政治建设、文化建设、社会建设四位一体。从这里我们

---

① 罗国杰.道德建设论[M].长沙:湖南人民出版社,1997,第608页

可以看出，中国特色社会主义建设与单独的经济建设、政治建设与文化建设是有区别的，同时又是紧密相关的。要实现我国社会主义的全面发展，就要注重实现公民道德建设与和谐社会建设的良性互动，即在公民的道德建设的过程中要注重和谐社会的建设，同时在和谐社会建设中注重公民道德的建设。

2.公民道德应继承与弘扬中华传统文化的精华

当前，我国社会主义和谐社会所处的国情和社情，决定了公民道德建设应继承与弘扬中国传统文化的精华。我国古代传统文化博大精深、流派纷呈，包括道家、儒家等，其思想内涵都对道德进行了相关的论述，鼓励人们应具有和谐的智慧，其不论是对古代还是对现代群众的思想道德来说，都具有重要的指引作用。因此，当前我国公民的道德在建设的过程中，应该吸取传统文化中的精髓，尤其是对有利于社会主义和谐社会构建的内容，更是要大力弘扬。

3.公民道德建设应促进价值层面和谐的实现

我国社会主义和谐社会的总体要求是，既要实现社会关系的和谐，同时也要实现人与自然的和谐。这二者的实现都要以一定的价值观作为底蕴，与价值层面的和谐具有紧密的联系，因此也就决定了公民道德在建设的过程中要促进价值层面和谐的实现。公民价值观念的多样化的发展，就需要对新时期产生的新的价值观进行多方面的整合，以此来实现公民价值层面的和谐。

4.公民道德建设应对不同利益群体之间关系进行有效协调

这是由社会主义和谐社会所要形成的最终目标所决定的。我国构建社会主义和谐社会的目标是，使全体人民各尽其能、各得其所，实现和谐相处的局面。该目标的制定，就要求公民道德的建设要对不同利益群体之间的关系进行有效的协调。在此过程中，要注重对各方面的利益关系进行全方位的协调，鼓励社会各个方面、不同职业的公民都能够参与到社会主义和谐社会的建设中来，通过道德的力量，促使公民对利益分化形成正确的理解，并最终共享社会发展的成果。

(二)人的全面发展的需要

社会发展的根本问题是人的问题,因此也就决定了,公民道德建设的核心问题也就是人的发展问题。此外,马克思主义最为关注的问题也是人的全面发展问题,马克思和恩格斯终生不渝的科学追求就是寻求人类解放和人的全面发展之路。马克思认为,“人的根本就是人本身”①,人的全面发展是人之为人的规定性,是“人以一种全面的方式,也就是说,作为一个完整的人,占有自己的全面的本质”②,需要注意的是,人的全面发展,既包括人的个性、能力和知识的协调发展,同时也包括人的自然素质、社会素质和精神素质的共同提高,并且还是人的政治权利、经济权利和其他社会权利的充分实现。马克思强调,人的自由全面发展是全人类的解放,是每一个人的发展,“要不是每一个人都得到解放,社会本身也不能得到解放”③。在人的个性、人格、创造性和独立性最大限度地不受阻碍地发展进程中,“人终于成为自己与社会结合的主人,从而也就成为自然界的主人,成为自己的主人——自由的人”④。马克思站在人的解放、人的全面发展的高度,提出了“代替那存在着阶级和阶级对立的资产阶级旧社会的,将是这样一个联合体,在那里,每个人的自由发展是一切人的自由发展的条件”⑤的共产主义思想,并明确指出,共产主义社会是“以每个人的全面而自由的发展为基本原则的社会形式”⑥。在马克思那里,人的全面发展是人的社会关系的全面发展,是人与人之间社会关系的高度丰富展开与占有,而人的自由发展是其全面发展的前

① 马克思恩格斯选集(第1卷)[C].北京:人民出版社,1995,第9页
② 马克思恩格斯全集(第42卷)[C].北京:人民出版社,1979,第123页
③ 马克思恩格斯选集(第3卷)[C].北京:人民出版社,1995,第644页
④ 马克思恩格斯选集(第3卷)[C].北京:人民出版社,1995,第760页
⑤ 马克思恩格斯选集(第1卷)[C].北京:人民出版社,1995,第294页
⑥ 马克思恩格斯全集(第23卷)[C].北京:人民出版社,1972,第649页

提,没有人的自由发展,其全面发展便无从谈起。马克思对关于人和社会发展有这样的经典阐述:“人的依赖关系(起初完全是自然发生的),是最初的社会形态。在这种形态下,人的生产能力只是在狭窄的范围内和孤立的地点上发展着。以物的依赖性为基础的人的独立性,是第二大形态,在这种形态下,才形成普遍的社会物质变换,全面的关系,多方面的需求以及全面的能力的体系。建立在个人全面发展和他们共同的社会生产能力成为他们的社会财富这一基础上的自由个性,是第三阶段。第二阶段为第三阶段创造条件。”①

由此我们可以看出,马克思对人的全面发展的理解是:在社会历史不断发展的过程中,个人价值的实现需要多种不同要素的共同作用才能实现,包括能力、社会关系和个性等,在此过程中,会经历三个历史阶段,即人的依赖——物的依赖——自由个性。马克思主义认为,价值原则与可持续原则之间是一种辩证统一的关系,社会主义的共同理想与人的发展的最高阶段是相同的,都是人的全面发展。此外,马克思还认为,人想要获得全面的发展需要一定的前提条件,即社会关系的发展达到一定程度的全面性。

① 马克思恩格斯全集(第46卷)[C].北京:人民出版社,1979,第104页

第二章 和谐社会公民道德建设的理论基础和依据

道德是人之为人的根本体现，是促进人生和谐的生命主旋律，是找寻幸福生活的心灵罗盘。党的十六大报告指出："要建立与社会主义市场经济相适应、与社会主义法律规范相协调、与中华民族传统美德相承接的社会主义思想道德体系。"①党又在十八大报告中明确提出："全面提高公民道德素质，这是社会主义道德建设的主要任务。"

第一节 中国传统的道德理论

中国传统道德博大精深，在几千年的发展历史中形成了自身独特的价值观和审美方式。我国的传统思想道德一般是指自先秦至明清时期的道德文化。道德在我国长达两千多年的封建历史中，始终在阶级统治与人民生活中发挥重要的作用，传统道德是中华民族传统文化发展的核心部分。

一、先秦时期我国传统道德思想

（一）先秦时期我国主要的思想流派

殷商时期，奴隶主阶级为了巩固自己的统治，开始以理论的

---

① 十六大以来重要文献选编（上）[C]. 北京：中央文献出版社，2005，第30页

形式研究道德现象。周公创立的以"孝"为核心的宗法政治伦理思想体系，对我国之后"孝"道文化的发展起到奠基作用，周公所创立的"孝"文化的核心是"父慈、子孝、兄友、弟恭"，以此为基础还提出了"修德配命""敬德保民"的德政要求。

春秋战国是我国历史上最为动荡的一个历史时期，正是这种动荡孕育了伟大的社会变革，促成了我国文化、科技以及哲学思想的"大繁荣"，"百家争鸣"的文化盛况在今后的历史中再也没有出现过。

1. 儒家思想

儒家的创始人孔子，因为大部分儒家思想都是以孔子的理论认识为基础发展形成的，并且孔子的学说奠定了封建地主阶级伦理学的基础。孔子的思想以"仁"为核心，经过其弟子与后人的传承与发展，成为封建阶级进行统治的理论基础，并逐渐成为我国传统文化的重要组成部分。孟轲和荀况是儒家思想的集成、发扬者，他们在研究了孔子基础理论之后，从新的角度对孔子的思想进行了阐述，完善了儒家思想。先秦儒家思想以仁为核心，主张德治，缺点是过分夸大道德的作用，但是它在道德规范、道德范畴、善恶评价、道德修养等问题上的论述至今对我们仍然有启发意义。

2. 墨家思想

墨家思想是先秦时期重要的一个思想流派，它的创立者是墨子，墨家思想主张是维护小生产者，特别是小手工业者和平民的利益，墨家思想的核心是"兼爱"与"非攻"。不同于传统的宗亲礼法制度，墨子主张废除亲疏有别的宗法道德，并提出社会交往应主张以利人为根本，这一主张体现出了墨家思想贵义尚利的功利主义特点。

3. 道家思想

道家学派以老子、庄子为代表，与儒家、墨家不同的是，他们主张效法自然，强调避世，反对世俗的道德规范和道德原则，采取了脱离人类社会生活的非道德主义态度。当然，道家超世脱俗的人生追求对后世也产生了较大的影响。

4. 法家思想

法家思想曾一度成为封建社会的统治思想，从特点上来看法家思想可以为前期和后期。前期法家在提倡以法治国的同时，还要坚持德治，这一时期法家思想的代表人物是管子；后期法家的代表人物是韩非子，他的主张比较激进，如“以法代德”，其实质就是否定道德在社会生活中的作用。

先秦时期的道德伦理思想是中国传统道德的奠基时代。在这一时期，儒家学派的思想道德观念受到了极大的尊崇，后世的更多道德学家的思想都沿用了儒家学派的学说，从而最终使得儒家伦理思想成为建设社会统治时期占据统治地位的学说体系。

（二）孔子的道德教育思想

孔子的道德教育思想在我国思想发展史上有着重要的地位，“有教无类”的教育思想始终闪耀着灿烂光辉。在教育理论和教育实践中，孔子将德育作为教育的基础，主张“德教为先、教而后刑”，并以此为基础构建出“仁德”学说。总结起来孔子的德育思想主要包括以下三个方面。

1. 德教为先、教而后刑

孔子在传教的过程中，将道德教育放在人的首要位置，极为重视对人的道德素质的培养。孔子认为，“君子怀德”，也就是说，一个人想要成为受人敬仰的君子或是贤者，就应该具有高尚的道德品质。在对人的教育的过程中，道德教育是最根本的教育，其应该被放在首位，重于知识教育。

在教育实践中，孔子提出了具体的培养目标和道德教育的任务，那就是培养“仁智统一”而“内圣外王”的圣贤人格，就是孔子所推崇的高尚品格，也就是世人所称道的“圣人”“贤人”“志士”“仁人”和“君子”等。在这几个尊称中，位于最高层次的是“圣人”，层次较低的是“君子”。

孔子对君子的道德标准具体可归纳为以下五个方面:君子必须具备“仁德”;君子和而不同;君子“达”而“闻”;君子自己要行为端正;君子要“修己”“安人”“安百姓”。

2. 仁德学说、知情意行

孔子为了实现“道之以德”,在对学生道德教育的内容进行了总体设计,并创造性地提出了仁德学说。孔子认为,“仁”是道德的最高标准,只有从“仁”的观念出发的行为才是符合道德要求的。孔子的仁德学说是以“仁”为核心内容的道德教育体系,“仁”是众德之总,其心理内容是“爱人”,其基本要求是“义”与“礼”,其践行纲要是“孝悌”。

“仁”的核心是“爱人”。孔子认为,仁者爱人,崇尚仁德的人对他人会富有爱心,要“泛爱众”,即不仅要爱自己的亲人,同时也要爱没有亲密关系的他人。

“仁”的基本要求是“义”与“礼”。“义”与“礼”的地位仅次于“仁”,也是德目的两项重要内容。孔子曰:“君子义以为质,礼以行之。”[①]也就是说,君子应具备的内在素质是“义”,并且需要通过“礼”的实行来最终实施。因此,人们只要是做到了“礼”,通常也就表明其实行了“义”。

“孝悌”是“仁”的践行纲要。孔子认为,人只有在先做好孝敬父母、友爱兄弟之后,然后才有可能做到真正地关爱他人。

在孔子看来,人们高尚道德品质的养成需要经历一定的过程,即通常会经过知、情、意、行四个相互联系的阶段。

第一,知为先。孔子认为,人们道德养成的一个重要前提条件是道德认知,因此提出了“未知,焉得仁?”[②]的观点。其认为,道德是“知”,“有德者必有言”[③],要求学生“知德”“知仁”“学道”“适道”。

① 论语·卫灵公

② 论语·公冶长

③ 论语·述而

第二，情其后。孔子认为道德情感是伴随道德认知过程而产生的一种内心体验。孔子特别重视从改变情绪和陶冶精神入手来激发学生的道德情感。

第三，立志有恒。孔子认为对人们道德意志的培养是极为重要的，志向、信念、恒心等要素会对人们道德行为的形成会产生直接的影响。他提出"三军可夺帅也，匹夫不可夺志也。"[①]

第四，行比言重要。在孔子看来，在道德培养的过程中，行占据最重要的地位，要高于言。因此，孔子在教导学生的过程中，极为注重对学生道德行为的训练和道德习惯的养成。孔子强调，"行"是一切道德认知和道德情感信念的依归和最终指向，是实行德育的最终目标，同时也是人们道德养成的标志。

3.修身为本、因材施教

(1)身教重于言传

孔子在教育学生的实践过程中，非常注意自己的言行。孔子说："其身正，不令而行；其身不正，虽令不从。"[②]"苟正其身矣，于从政乎何有？不能正其身，如正人何？"[③]从这话语中我们可以看出孔子主张教学要一身作则并不是说给人听的，而是要切践行的。"君子之德风。小人之德草，草上之风，必偃。"[④]孔子强调榜样的示范作用是无可替代的，身教永远重于言教。

(2)修身为本

孔子认为，身教大于言传，想要对学生的行为进行引导，老师自身的修养也十分重要。围绕这一主张，孔子提出了一系列的修身方法，主要有以下几个。

第一，学思并重。在修身中，"学"和"思"是孔子十分注重的两个方面，他主张应该将"学"与"思"结合起来，如"学而不

① 论语·子罕

② 论语·子路

③ 论语·子路

④ 论语·颜渊

思则罔，思而不学则殆”[①]，只有二者并用才能达到良好的修身效果。

第二，克己与内省。反省是一个自我提升的内在过程，也是一种道德体验，作为道德生活的参与者，自然会不可避免的体验生活中的道德现象与道德行为，并且会对道德生活产生一定的感悟。孔子十分重视道德主体心性修养，而这种修养主要通过反省内求实现的，并且只有通过自我努力才能形成道德修养提升的内在推动力。

第三，推己及人。孔子在道德教育中提倡忠恕之道，即尽己之心以待人和推己之心以及人，所谓“己欲立而立人，己欲达而达人”[②]。人心是相同的，己所不欲，勿施于人。

第四，慎言而敏行。孔子指出：“敏于事而慎于言”[③]、“讷于言而敏于行”[④]，以至“言中伦，行中虑”。孔子教育人们要少说空话，多干实事，努力将道德行为准则付诸实践。

(3)因材施教

孔子因材施教的主张主要有两层含义：第一是针对不同的教育对象注入不同的教育内容；第二是针对不同的教育对象，施行不同的德育。每个人的个性、经历以及对知识的敏感程度都不相同，不同性格以及智力水平的人需要不同的教学方法才能获得良好的效果。

(4)寓教于乐

孔子认为，诗歌、音乐等对人有陶冶情操的作用。所以孔子提倡用诗歌、音乐来陶冶学生的性情，认为艺术与精神是相互影响的，诗歌、音乐对人精神的丰富和品格的形成、完善具有寓教于乐的教化作用，如他指出“兴于诗，立于礼，成于乐。”[⑤]

---

① 论语·为政
② 论语·雍也
③ 论语·里仁
④ 同上
⑤ 论语·泰伯

(5)启发诱导

孔子反对单纯说教的教育方法,他认为只有激发学生的学习欲望才能让他们真正地学到知识。孔子主张采用启发诱导,循循善诱的方法,强调“不愤不启,不悱不发,举一隅不以三隅反,则不复也”[①]。

启发诱导反映到现代教育实践中也具有很高的应用价值,在教学过程中避免“填鸭式”的内容灌输,而是通过学习内容的趣味性、教学手段的合理应用以及对学生心理特点的把握,引导其形成道德认知,发展道德情感,激发其内在的学习自省动力,养成道德行为。

二、秦汉时期我国传统道德思想

秦汉时期,我国的传统道德思想领域“百家争鸣”的局面结束,儒家思想赢得了统治者的青睐,成为地位最高、影响最大思想学说。秦王朝建立以后,统治者吸取了法家“专任刑法”的法治思想,以严刑峻法维护统治,巩固政权,结果被农民大起义所推翻,统一局面仅仅维持了15年。

取秦而代之的汉王朝代意识到严刑峻法不是巩固统治的良药,而将道德、教化作为统治民众、稳定社会的基础,因此儒家思想开始逐渐进入统治者的视野,并成为封建社会的统治思想。西汉初期出于恢复民力,休养生息的目的,汉朝的统治者推崇“无为而治”的道家学说,在社会状况好转之后,汉武帝采纳了董仲舒的意见,开始实行“罢黜百家,独尊儒术”。此后,儒家思想就正式成为了封建社会的统治思想,尤其是以仁义道德为核心的伦理思想更是成了人们所推崇的道德思想。在当时的时代背景下,儒家伦理思想成为正统思想的一个重要原因是,它符合了当时社会发展的形势,符合时代的需求,对统治者权利的巩固做出了重要的贡

① 论语·述而

献。这是因为,儒家思想为大一统统治提供了足够的道义上的支持,这也是历代统治者最都尊崇儒家思想的根本原因。

董仲舒的儒家思想并不是单纯的儒学思想,而是以先秦时期孔孟的主要思想和理论为基础,并吸收道家、法家、阴阳五行学说以及神学思想形成的一种带有目的性的思想理论。董仲舒曾说:"王者欲有所为,宜求其端于天。天道之大者在阴阳。阳为德,阴为刑;刑主杀而德主生……以此见天之任德不任刑也。"[①]在这里,董仲舒用"天道"推演"人道",把仁政德治作为王道政治的根本原则。儒家思想将帝王作为上天神圣统治的代言人,"合理合法"的确认了封建君主的统治地位。此后,董仲舒还提出了"三纲五常"的思想,这也成为之后封建国家道德教育的一项重要内容。此外,董仲舒"重义轻利""以仁安人,以义正我"和"必仁且智"的道德教育心理学思想,也逐渐成为后世个体道德修养的基本原则和方法。

在汉朝之后,各个时期的封建统治者正是看到儒家思想在巩固封建统治地位的过程中所发挥出的重要作用,因此其统治的期间,都极为推崇儒家思想。在封建时代,不管是朝上的君王大臣,还是市井的百姓,都要自觉地学习儒家的道德思想,并将其作为自省的标准。在封建时期,统治者希望通过对"天道"和"人道"关系的理解,来遵循名教纲常的道德体系,从而最终达到"张其纲纪,谨其教化"的治国目的。

儒学伦理思想作为封建统治阶级正统道德理论,在社会生活中发挥其独尊的作用。

三、魏晋隋唐时期我国传统道德思想

这一时期社会动荡,儒家、道家、佛家思想相互斗争,相互融合。

---

① 汉书·董仲舒传

这一时期社会局势比较混乱，只有更好地控制人们的思想才能保证统治的稳定性，出于这一考虑统治者开始利用宗教文化来稳定臣民、发动战争。另外，统治者之所以推崇名教还有一个重要的原因，即通过名教来为统治阶级放荡不羁、荒淫无度的腐朽生活方式作辩护。随着当时中国社会的经济转移、民族融合、文化交流和教育变革，适合封建门阀士族通知需要的“玄学”思想开始出现，他们以“三玄”，即《老子》、《庄子》、《周易》为主要研究对象，在伦理道德方面主要是论证“名教”与“自然”的统一。

魏晋玄学的盛行，玄学的传播依赖于当时的佛教，玄学与佛教有着密切的关系。佛教宣扬因果报应，转世轮回，主张“出世”，超脱现实，提倡修行成佛，今世的苦难是为下一世的福荫。大乘空宗的佛学思想与道家玄学思想类似，因此，许多佛教徒借助玄学传播佛教。同时，门阀士族为了巩固其统治和愚化百姓的需要，大力推崇佛教，因此这一时期佛教得到了迅速的发展，成为一股重要的宗教力量。

这一时期也出现了以范缜为代表的无神论者，他们从形神关系入手对佛学思想的理论基础神不灭论进行了批判。而且由于佛教与儒家伦理道德的格格不入，也引发了佛教与儒家礼教纲常的矛盾，产生了儒家的世俗道德与佛教的宗教道德之间的斗争。为此，佛教也力争调和儒佛，强调佛教教义、佛教的人生哲学与儒家伦理道德的一致性和互补性。总之，魏晋时期随着玄风的盛行、佛教传播，在伦理思想上出现了儒道释三家既相互斗争又彼此吸收的复杂格局。这种状况也直接影响了隋唐时期的伦理思想。

总之，魏晋至隋唐时期的伦理道德思想的突出特点是儒、佛、道三家在相互斗争的过程中相互吸收，趋向合流。

四、宋明时期我国传统道德思想

宋明时期，“存天理、灭人欲”的道德理性占据着主导地位。

宋代开始以后，中国封建社会进入了后期发展阶段，社会矛盾较为尖锐和复杂。统治者为了强化自己的统治，缓和各种社会矛盾，极力维护封建道德纲常，原有的思想已经很难维护矛盾丛生的封建统治，因此理学伦理思想应运而生。

从基本立场上来说，理学使儒家伦理思想获得了完备的理论形态，并以其新的形式重新取得了“独尊”地位。理学本宗孔孟儒学的立场，以继承儒家传统为出发点，同时又吸收佛、道思想，在道德的本原、人性论、理欲观、理想人格的培养等方面，集儒、佛、道于一体，以“理”为最高范畴，以“存天理、灭人欲”为基本纲领，形成了更系统更精致的封建伦理思想体系，也使儒家伦理思想的发展达到了最高阶段。“存天理，灭人欲”是理学各派别的共同思想纲领，其目的是以禁欲主义的思想强化封建礼教，反对农民阶级的“均贫富”的要求，维护封建纲常伦理制度。“存理灭欲”是理学伦理思想所推崇的理想人格标准，朱熹认为要通过“居敬穷理”的学者工夫，使用“学、问、思、辨”、知先行后的方法，而达到格物致知。朱熹明确指出：“知行常相须，如目无足不行，足无目不见。论先后，知为先；论轻重，行为重。”从这句话中我们可以看出，朱熹认为在道德发展顺序，“知先于行”。以此，朱熹在此基础上又提出了道德修养的基本上顺序，即“博学、审问、慎思、明辨、笃行”，此外，朱熹还提出了道德的修养原则，即“博约相济、积累渐进、日用切己、温故知新”。由此，儒家道德理学观思辨的理论体系才最终形成。在理学伦理思想中，其对于知行、“格物致知”还存在着不同的观点，并在当时的学术界产生了激烈的争论，由此，对传统道德修养理论的研究，又展开的新的篇章。

明代初年，就已经基本确立了程朱理学的统治地位。出现这种情况的原因是，针对当时社会的现实情况，理学要比儒学更加符合封建社会巩固统治的需要。在该时期，明代的理学家薛遍对朱熹的理学思想进行了发展，提出了“实得而力践之”和“下学人事，上达天理”的观点，并将此作为当时人们的道德修养的原则，其又进一步提高了道德实践的重要性。此外，另一位理学家吴与弼也对朱熹的理学思想有了新的发展，其将朱熹的理学思想与陆九渊的心学思想相结合，认为从先秦时期到宋代的儒家学说都是“存天理、灭人欲”，提出要“学为圣贤”的观点。该思想观点的具体实行方法是，“学圣人无他法，求诸己而已。”吴与弼认为：“欲到大贤地，须循下学工。文章深讲贯，道德细磨砻。”由此我们可以看出，该种“静观涵养”和“洗心”“磨心”的道德修养方式，实际上是理学和心学的结合。

五、明清时期我国传统道德思想

明末清初，社会和阶级矛盾日益突出，中国封建社会的发展开始步入晚期，并逐渐走向衰败。明中叶以后，我国开始有了资本主义的萌芽，然而却受到了封建专制主义的压制。封建统治者的高压政策、横征暴敛，阶级矛盾空前尖锐，最终导致了李自成和张献忠领导的农民大起义；满族贵族的入侵，使民族矛盾日趋严重，以程朱理学为代表的封建伦理思想，虽然仍处于正宗地位，但其专横、腐朽的思想统治，不仅禁锢了人们的思想，而且更为严重的是阻碍了社会的发展，给整个民族带来祸害。在这种特定的历史条件下，一批进步的思想家如李贽、黄宗羲、王夫之、顾炎武、颜元等人，对以程朱理学为代表的儒家学说进行了一定程度的批判，对统治中国千百年的儒学经典的统治地位形成了强烈的思想冲击。在道德伦理问题上，他们把道德与功利、天理与人欲统一起来。虽然他们的观点各异，批判侧重点也有所不同，但是他们都以程朱理学为代表的封建伦理思想为批判对象，带有反封建的启蒙意义。这些观点对近代乃至当代道德教育都产生了重要影响。

第二节　西方马克思主义者的道德理论

马克思和恩格斯基本上没有直接论述社会主义道德，这与他们最终的理想追求以及社会主义在整个马克思主义学说中的地位有着必要的联系。

一、对旧道德的批判

马克思和恩格斯对道德相当大的一部分论述是建立在对旧道德批判的基础上的，这也充分显示了马克思、恩格斯道德观的批判性。马克思，恩格斯对道德的研究是为当时工人阶级革命斗争服务的，因而革命的、批判的精神是他们伦理思想的一个本质特征。基于这种批判精神，马克思、恩格斯以唯物史观为指导，对以往的一切旧道德和当时占统治地位的资产阶级道德，进行了无情的揭露和批判。他们在对旧道德的批判中阐述了自己的道德思想，形成马克思主义初步的道德体系。

（一）对宗教道德的批判

马克思从基督教“原罪说”的根基角度揭示了宗教的所谓美德其实是自我污辱和自我折磨。马克思还在批判宗教的禁欲主义的过程中批判了宗教的虚伪性。传统的宗教认为我们在尘世中的享乐和欲望都是深重的罪孽，只有实行禁欲，才能保证灵魂的纯洁、洗脱身上的原罪。恩格斯则在《德国农民运动》一书中对这种反人性的、虚伪的禁欲主义进行了猛烈的批判。

（二）对封建道德的批判

马克思、恩格斯对旧道德的批判还体现在对封建道德进行批判的过程中。封建道德是从封建主阶级的阶级利益中衍生的，必然要带上剥削阶级的劣根性，并且随着社会的发展，封建道德的腐朽和消极也在马克思、恩格斯面前展露无遗。马克思、恩格斯认为，封建道德往往是具有神化了的等级特权意识，经常以宗教的形式出现，以宗教的特权进行等级的剥削，而且这种剥削在宗教的外衣下却是理所当然的。

（三）对资产阶级道德的批判

对于资产阶级道德，马克思和恩格斯更是进行了无情的批判。他们深刻地揭露了资产阶级道德的剥削实质、反社会性和虚伪性。在《共产党宣言》中，马克思指出利己主义是资本主义社会的主导道德观念，“它使人和人之间除了赤裸裸的利害关系，除了冷酷无情的‘现金交易’，就再也没有任何别的联系了。它把宗教虔诚、骑士热忱、小市民伤感这些情感的神圣发作，淹没在利己主义打算的冰水之中。它把人的尊严变成了交换价值，用一种没有良心的贸易自由代替了无数特许的和自力挣得的自由”。

二、对道德本质和特性的阐述

道德的本质问题是马克思主义所要解决的基本问题之一，马克思、恩格斯关于道德本质的认识包括以下几个方面。

（一）道德归根到底是社会经济状况的产物

恩格斯在《路德维希·费尔巴哈和古典哲学的终结》一书中，就对费尔巴哈抽象的人性论进行了深刻的批判：“费尔巴哈的唯心主义就在于：他不是直截了当地按照本来面貌看待人们彼此间以相互倾慕为基础的关系，即性爱、友谊、同情、舍己精神等等，而是把这些关系和某种特殊的、在他看来也属于过去的宗教联系起来，断定这些关系只有在人们用宗教一词使之高度神圣化以后才会获得自己的完整的意义。”

恩格斯在《反杜林论》中，则更具体地阐释了道德依赖于社会经济关系的观点，他说：“如果我们看到，现代社会的三个阶级即封建贵族、资产阶级和无产阶级都各有自己的特殊道德，那么我们由此只能得出这样的结论：人们自觉地或不自觉地，归根到底总是从他们阶级地位所依据的实际关系中——从他们进行的生产和交换的经济关系中，获得自己的伦理观念。”

（二）道德具有阶级性

道德不仅具有经济基础，而且具有阶级基础，换言之，道德具有阶级性。按照马克思和恩格斯的观点，以往的唯心主义的道德观把道德归结于唯心的观念，完全抹杀了道德的阶级性；实际上，在阶级社会中，道德必然带有阶级性，必然反映阶级之间的对立和矛盾，这是道德的基本特性。恩格斯举偷盗的例子鲜明地阐述了自己的观点：在一切私有制的社会中，存在着共同的道德戒律，这是由阶级利益的一致性所决定的，同时也隐藏着这样的论断——道德具有阶级性，私有制社会的道德具有共同的阶级特征。

（三）道德是不断发展进步的

唯心主义的道德学说总是把道德视为人的理性所固有的，道德具有空间的普遍性和时间的永恒性。马克思和恩格斯则认为没有抽象的、绝对的、永恒的道德，恩格斯在批驳杜林之流鼓吹的脱离社会经济发展的、超阶级的“永恒道德论”时，鲜明地指出：“我们拒绝想把任何道德教条当做永恒的、终极的、从此不变的道德规律强加给我们的一切无理要求，这种要求的借口是，道德世界也有凌驾于历史和民族差别之上的不变的原则。”

三、对共产主义道德的论述

马克思和恩格斯关于社会主义道德的思想还体现在对共产主义道德的论述上，虽然马克思、恩格斯本人并没有使用共产主义道德的概念，但是他们对未来社会道德也就是共产主义社会道德状况的论述都可以概括为共产主义道德。

（一）共产主义道德的特征

马克思和恩格斯首先论述了共产主义道德的特征，他们认为共产主义道德是全新的道德，是最高级的道德。总结他们的论述,概括起来共产主义道德主要有以下两个特征。

一是共产主义道德是全新的道德,是与阶级社会的道德相决裂的道德。马克思、恩格斯在《共产党宣言》中指出:“共产主义革命就是同传统的所有制关系实行最彻底的决裂;毫不奇怪,它在自己的发展进程中要同传统的观念实行最彻底的决裂。”因此,共产主义道德不是一种阶级道德,而是一种全人类性的道德,并不具有阶级性。

二是共产主义道德的实质是真正的人的世界和人的关系的体现。马克思和恩格斯认为“任何一种解放都是使人的世界和人的关系回归于人自身”,只有消除阶级对立才能实现这一点。

(二)共产主义道德的基本原则

马克思、恩格斯还充分论述了共产主义道德的基本原则,虽然他们没有提出“集体主义”这个概念,但是已经深刻地阐述了集体主义与利己主义的对立。在他们看来,共产主义者并不进行道德说教,他们的道德是与利己主义截然相反的,也就是追求一种社会利益与个人利益相统一的原则。我们在建设社会主义道德的过程中,必须认真地把握马克思和恩格斯关于集体主义原则的思想。

第三节 中国共产党人的道德理论

我党从成立之日起,就十分注重道德建设。从以毛泽东为核心的党的第一代领导人到以习近平为核心的党的新一代领导人,他们都形成了符合当时社会实际的、各具特色的道德建设观。

一、毛泽东的道德建设观

(一)毛泽东对道德问题的论述

毛泽东对道德问题的看法,主要是从“人性”出发的。毛泽东在青年时期，受到了老师杨昌济影响，接受了唯心主义的观点。认为，人性是抽象的，人是自然的产物，服从自然且必然具有一种自然的本性和自然的冲动。但是，在“五四运动”爆发之后，毛泽东开始初步对马克思主义学说体系有了理解，并且最终接受了马克思主义的观点，并最终成了领导战争取得胜利的重要引导思想。毛泽东开始对原来唯心主义人性论进行深刻的反思，阐明并发展了自己的马克思主义人性论，并对自己的道德思想进行引导和实践。

毛泽东认为，人的性质实际上也就是所谓的人性，从根本上说是由社会会性质决定的，资产阶级所宣传的抽象的人性是根本就不存在的。即使是在阶级社会，人性也是由阶级所决定的，只有阶级的人性，没有超阶级的人性。他指出，抽象的人性论，实质上是封建阶级、资产阶级的人性论。毛泽东所主张的是无产阶级的人性，人民大众的人性。无产阶级人性就是为人民大众的解放和幸福而奋斗，而不能抽象讲为了一切人。当然，无产阶级人性包括解放个性，这对于解放中国，使革命取得成功至关重要。民族压迫和封建压迫残酷地束缚着中国人民的个性发展，为了实现广大人民的自由发展，实现其在共同生活中的个性，结束这种思想的束缚，由此爆发了新民主主义革命。

毛泽东正是从马克思主义的具体的、阶级的、无产阶级的人性论出发，阐述了道德意义上的生死、善恶、动机与效果、五爱等内容。毛泽东看待生死的问题时，认为凡是为了无产阶级革命、为了人民的幸福而死，这就是死的有意义，死的光荣；反之，死就显得完全没有任何意义，甚至还会受到世人的唾弃，遗臭万年。他在《为人民服务》这篇文章中就深刻阐释了这个观点。在这篇经典的文献中，他引用了我国汉代著名史官司马迁的一句名言——“人固有一死，或重于泰山，或轻于鸿毛”，深刻地揭示了死亡价值的轻重之分；他还以马克思主义的观点对此做出了进一步的阐释：为人民利益而死，就比泰山还重；替法西斯卖力，替剥削人民和压迫人民的人去死，就比鸿毛还轻。因此，在“为人民利益而死”的刘胡兰牺牲后，他为其题词——“生的伟大，死的光荣”，充分体现了马克思主义的生死观；在对待善恶方面，青年时期的毛泽东就认为，善与恶并不是绝对的，其是相对的，在一定的条件下，善与恶的角色会随之发生改变。毛泽东认为，“恶也者，善之次等者也，非其性质本恶也”。该种思想的出现，为毛泽东以后接受马克思主义的善恶观，奠定了坚实的思想基础。

毛泽东在接受了马克思主义思想的洗礼之后，开始以唯物主义的观念，对善恶观念的绝对性和相对性进行了重新定义，认为“不同阶级有不同的道德观，这就是我们的善恶论”，他在读《西游记》第二十八回时的批语也反映了马克思主义的善恶观：“‘千日行善，善犹不足；一日行恶，恶常有余。’乡愿思想也。孙悟空的思想与此相反，他是不信这些的。”“他的行善即是除恶。他的除恶即是行善。”[①]这些话语生动地反映了毛泽东对孙悟空的善恶思想甚至是无产阶级的善恶思想的表述，对于无产阶级和革命者而言，行善必须除恶，除恶是行善的前提，只有铲除资产阶级、封建阶级及其残余，才能为广大人民的行善创造条件，才能建立新中国，建立符合广大人民意愿的国家。

（二）毛泽东奠定了公民道德的规范

1937 年 11 月 23 日，毛泽东《为陕北公学成立与开学纪念题词》中指出：“要造就一大批人，这些人是革命的先锋队，这些人具有政治的远见，这些人充满斗争精神和牺牲精神。这些人是胸怀坦白的，忠诚的，积极的，正直的。这些人不谋私利，唯一的为着民族和社会的解放。这些人不怕困难，在困难面前总是坚定的，勇敢向前的。这些人不是狂妄分子，也不是风头主义者，而是脚踏实地富于实际精神的人们。中国要有一大群这样的先锋分子，中国革命的任务就能够顺利地解决。”这里所说的革命的先锋分子的条件，实际上是对一个共产主义者在政治上、思想上、作风

---

① 毛泽东读文史古籍批语集[C].北京：中央文献出版社，1993，第 75 页

上、道德上的全面要求，这样的人，就是有共产主义高尚道德的人。他还十分重视道德榜样的社会作用，先后多次号召向鲁迅、徐特立、吴玉章、白求恩、张思德、刘胡兰、雷锋等为代表的具有崇高革命节操的英雄模范人物学习。他认为，“应该将各地典型的好人好事加以调查分析和表扬，使全党都向这些好的典型看齐，发扬正气，压倒邪气”[①]，通过教育引导人们具备公而忘私、坚定不渝、爱憎分明、艰苦奋斗、襟怀坦白、勇敢无畏、谦虚谨慎、脚踏实地、埋头苦干、克己让人、正直诚恳、勤俭节约、坚忍乐观等无产阶级的道德品质。1949 年 9 月，在中国人民政治协商会议第一届全体会议上经毛泽东提议，形成了建国初期“爱祖国、爱人民、爱劳动、爱科学、爱护公共财物”的全体国民的公德规范。

（三）毛泽东道德问题的核心——为人民服务

为人民服务是社会主义道德建设的核心，同事也是毛泽东伦理思想的核心，他们在发展马克思列宁主义的过程中，极大地发展了马克思为绝大多数人奋斗的观点，提出了为人民服务的思想，并在具体的中国实践过程中赋予了“为人民服务”许多具体的、发展的内容。

马克思和恩格斯曾经在《共产党宣言》中指出：“过去的一切运动都是少数人的或者为少数人谋利益的运动。无产阶级的运动是绝大多数人的、为绝大多数人谋利益的独立的运动。”这些论述中就包含着为绝大多数人谋利益的观点。列宁也曾经在许多论述中提出了为千千万万贫苦的劳动人民服务的观点。在这些马克思主义经典作家的论述中包含着许多“为广大人民服务”的思想，这些思想成为“为人民服务”思想的源泉，也使“为人民服务”的提出成为可能。

毛泽东是我们党为人民服务思想较为完备的最早提倡者，他最明确、最集中、最坚持地提出我们党要“全心全意为人民服务”。

① 毛泽东文集(第 6 卷)[C]. 北京：人民出版社，1999，第 255 页

早在1939年，毛泽东在2月20日晚上给时任中央书记处书记、中央宣传部部长张闻天的信中，就陈伯达的文章《孔子的哲学思想》阐述了自己关于“为什么人服务”的看法。在文章中，毛泽东在唯物史观的视角引导下，以批判的态度讨论孔子的道德观。他在信中写道：“关于孔子的道德论，应给以唯物论的观察，加以更多的批判，以便与国民党的道德观（国民党在这方面最喜引孔子）有原则的区别。例如‘知仁勇’，孔子的知（理论）既是不根于客观事实的，是独断的、观念论的，则其见之仁勇（实践），也必是仁于统治者阶级而不仁于大众的；勇于压迫人民，勇于守卫封建制度，而不勇于为人民服务的。”毛泽东在此阐述了对孔子的道德观的基本观点，也阐述了我们在看待其他道德观所应采取的方法和具有的批判精神。这段论述也表明了他的“为人民服务”思想是针对被压迫的人民所提出的，是无产阶级的道德观念。

1942年毛泽东在《在延安文艺座谈会上的讲话》中也明确地使用了“为人民服务”这个术语，然而他明确、正面提出“为人民服务”思想是1944年9月8日在张思德的追悼会上。毛泽东题写了“向为人民利益而牺牲的张思德同志致敬”这条挽词并以“为人民服务”为题发表了演讲。他在讲演中明确指出了，党存在的目的就是要为人民而奋斗，党的利益就是人民的利益，在革命时期，党和人民的最高利益就是实现国家的独立和民族的解放。所以“为人民利益而死，就比泰山还重”，“就是死得其所”。

在1945年，毛泽东进一步阐述了“为人民服务”的深层次思想。在党的七大上，他提交了《论联合政府》书面政治报告，其中在谈及人民战争，针对我党领导的人民军队之所以有力量时指出：“是因为所有参加这个军队的人，都具有自觉的纪律；他们不是为着少数人的或狭隘集团的私利，而是为着广大人民群众的利益，为着全民族的利益而结合，而战斗的。紧紧地和中国人民站在一起，全心全意为中国人民服务，就是这个军队的唯一宗旨。”这是毛泽东第一次明确地把“为人民服务”思想定位为中国共产党领导的人民军队的宗旨，号召全军要为人民服务。6月11日通过的《中国共产党党章》总纲载入:“中国共产党必须具有全心全意为中国人民服务的精神。”“每个党员都必须理解党的利益与人民利益的一致性,对党负责与对人民负责的一致性。”把为人民服务的精神写入了党章,升华为中国共产党全部事业的宗旨和行动指南,成了共产党员的根本政治要求。之后,毛泽东经常发表言论阐释“为人民服务”的深刻内涵。

二、邓小平的道德建设观

(一)培养有理想、有道德、有文化、有纪律的社会主义新人

邓小平从社会主义革命和建设的战略全局的高度来看待社会主义公德教育工作。他提出了关于加强社会主义精神文明建设,提高全民族的思想道德和科学文化素质的思想。社会公德教育,又是实现“四有新人”人才培养目标的现实需要。“我们在建设具有中国特色的社会主义时,一定要坚持发展物质文明和精神文明,教育全国人民做到有理想、有道德、有文化、有纪律”[①],这是邓小平的“教育要面向现代化、面向世界、面向未来,培养社会主义事业的建设者和接班人”教育思想的集中体现。“四有”新人的观点是邓小平站在现代化建设需要人才的背景下,在总结历史经验教训的基础上,根据时代发展和建设有中国特色社会主义的客观要求而明确提出的。这种思想把人的素质主要集中在追求理想、培养道德、学习文化、遵守纪律四个方面,基本上已经涵盖了人的素质结构的最主要的方面。

从公德教育的对象来看,邓小平十分重视对党员干部和青少年的公德教育,如从小对青少年进行理想和道德的教育和培养,把培养德智体全面发展的方针逐渐贯彻道德社会生活的各个方面,发挥社会主义文艺活动的积极作用,鼓舞人心等措施。邓小

① 邓小平文选(第3卷)[C].北京:人民出版社,1993,第110页

平的社会主义新人思想极大地丰富和发展了马克思主义关于人的本质、人的素质的理论，并在新的历史时期为人的解放和全面发展指明了道路，为道德教育和道德修养提出了明确的目标和任务，最终促进我国社会主义现代化事业的巨大发展。中国共产党是社会主义现代化建设的领导者，党员的道德水平至关重要，所以他说，“要教育全党同志发扬大公无私、服从大局、艰苦奋斗、廉洁奉公的精神，坚持共产主义思想和共产主义道德。我们要建设的社会主义国家，不但要有高度的物质文明，而且要有高度的精神文明。所谓精神文明，不但指教育、科学、文化，而且是指共产主义的思想、理想、信念、道德、纪律，革命的立场和原则，人与人的同志式关系，等等”①。“没有共产主义思想和没有共产主义道德，怎么能建设社会主义。党和政府愈是实行经济改革和对外开放的政策，党员尤其是党的高级负责干部，就愈要高度重视、愈要身体力行共产主义思想和共产主义道德。否则，我们自己在精神上解除了武装，还怎么能教育青年，还怎么能领导国家和人民建设社会主义！”②青少年是祖国的未来和希望，是社会主义事业的建设者和接班人，对青少年的公德教育关系到未来民族和国家的发展后劲。邓小平指出：“要努力使我们的青少年成为有理想、有道德、有知识、有体力的人，使他们立志为人民作贡献，为祖国作贡献，为人类作贡献，从小养成守纪律、讲礼貌、维护公共利益的良好习惯”③。

（二）先富带动后富、共同富裕的思想

这是邓小平伦理道德思想的集中体现，是他在改革开放的新时期提出的创举，为我国提高人民经济水平和道德素质提供了可能及其有效的途径。没有这个思想，就没有今天的社会主义现代化和社会主义道德建设。邓小平曾经说过，共同致富，将来总有

① 邓小平文选(第2卷)[C].北京:人民出版社,1994,第367页

② 邓小平文选(第2卷)[C].北京:人民出版社,1994,第367页

③ 邓小平文选(第2卷)[C].北京:人民出版社,1994,第369页

一天要成为“中心课题”。

邓小平倡导的“共同富裕”,当然不是一句抽象的口号,而是十分具体和实在的,也不仅仅是经济的,更是具有伦理道德意蕴的,他以一种功利主义的方式解决了人们的贫苦和发展问题。在邓小平共同富裕的思想中,“先富”与“共同富裕”注重关切在中国不要出现两极分化,这就是社会主义制度的人道性、道德性的重要体现,正如他所说的:“走社会主义道路,就是要逐步实现共同富裕。共同富裕的构想是这样提出的:一部分地区有条件先发展起来,一部分地区发展慢点,先发展起来的地区带动后发展的地区,最终达到共同富裕。如果富的愈来愈富,穷的愈来愈穷,两极分化就会产生,而社会主义制度就应该而且能够避免两极分化。”[①]同时“先富带动后富”也是对个人的鞭策,对个人勤劳的道德品质培养起到巨大的推动作用。邓小平提出走“勤劳致富”道路,注重人的德性培养和德性的力量,这是人的本质力量的重要体现。

三、江泽民的道德建设观

(一)“以德治国”与“依法治国”相结合

江泽民认为,对于国家的治理,需要法制和德治同时进行,二者相辅相成,不可或缺。在社会注意思想道德建设的过程中,江泽民对邓小平的“两个文明”建设思想进行了继承和发展,提出将“以德治国”和“依法治国”相结合的观点,并且对依法治国的思想也进行了进一步的拓展和丰富。以德治国指的是,要大力加强社会主义精神文明建设,将思想道德建设和思想政治工作作为国家治理的一个重要方针政策,要充分利用思想道德所具有的内在约束力,以此来对人们的日常行为进行规范,实现社会的稳定,推动

① 邓小平文选(第3卷)[C].北京:人民出版社,1993,第374页

社会的进一步发展。

在党的十六大报告中，江泽民概括了我们党对什么是社会主义、怎样建设社会主义，建设什么样的党、怎样建设党的认识，总结了十条宝贵经验。其中之一，就是“坚持物质文明和精神文明两手抓，实行依法治国和以德治国相结合。”随后，江泽民在文化建设与文化改革的问题中强调，要坚持“依法治国和以德治国相辅相成。”由此我们可以看出，在江泽民所提出的“三个代表”重要思想中，德治思想在其中占据了重要的地位。

针对中国特色社会主义建设的问题，江泽民提出，要坚持“依法治国”和“以德治国”相结合，并且还要将“以德治国”提高到治国方略的高度。该战略是在党和国家充分总结了国内外的治国经验之后才提出的，是对马克思主义国家学说体系的进一步丰富和发展，我国在社会主义初级阶段经济发展和文化建设的一个重要方略，同时也是对马列主义、毛泽东思想、邓小平理论的继承和发展。在国家建设的过程中，必须要遵守这一治国方略，这对我国精神文明的建设具有重要的导向作用，有利于我国社会道德体系的建设，有助于全面提高我国公民的道德素质。

（二）加强“四信”教育

所谓的“四信”，实际上指的就是，坚定对马克思主义的信仰、坚定对社会主义的信念、增强对改革开放和现代化建设的信心、增强对党和政府的信任的教育。江泽民还指出，只有社会主义和共产主义才是中国共产党的根本政治信仰，因此，共产党人绝对不能对自己的信仰产生怀疑和动摇，只有这样才能顺利实现我国社会的进一步发展。此外，江泽民对“三个代表”重要思想的内容还进行了进一步的深化，社会发展的根本落脚点是“始终代表中国最广大人民的根本利益”，只有全心全意为人民服务，为人民的利益着想，才能让人们感受到共产党人的诚挚心意，人们才能够坚定地跟随中国共产党走社会主义道路，对改革开放现代化建设充满自信，并为此作出自己的贡献。

（三）"以德育人"思想

江泽民提出，社会主义道德思想的价值目标是，以德育人，促进人的全面发展。在社会主义国家，人民才是治国的主体。要重视群众的力量，充分发挥"以德治国"的规范和约束作用，为"依法治国"提供道德保障，提高人民"治国"的能力。此外，"以德治国"的推行，还能提高公民的道德素质和公共行政的伦理水平。在实现人的全面发展过程中，提高公民的道德素质其中的一个重要方面。

在庆祝中国共产党成立80周年大会上，江泽民指出："要努力提高全民族的思想道德素质和科学文化素质，实现人们思想和精神生活的全面发展。"实现社会主义的现代化，不仅是要提高人们经济、文化水平，提高人民的物质生活，同时也要提高人民的思想道德素质，这样才能真正实现社会的现代化。人在实现全面发展之后，社会的物质财富也会相应地增加，人民的生活质量能得到全面的提高。应当明确的是，社会生产力和经济文化的发展水平是逐步提高、永无止境的，因此，人的全面发展程度也是一个逐步提高、永无止境的历史过程。这两个历史过程相辅相成、相互促进的关系，共同为社会主义现代化的实现提供重要力量。

（四）宣传工作的四项任务

江泽民认为，想要向人民宣传党的思想，首先应该先用科学的理论对自身进行武装，然后再通过舆论的形式对群众进行正确的引导，从而塑造人们高尚的品格。通过优秀的作品给人们鼓舞与激励，为培养有理想、有道德、有文化、有纪律的社会主义事业的接班人而奠定坚实的基础。

用科学的理论对自身进行武装，指的是：要始终坚持马克思列宁主义、毛泽东思想和邓小平理论的科学指导，宣扬用理论联系实际的优良学风。在社会实践中，通过对马克思主义理论的实际运用，展开对现实的思考，从而对马克思主义理论不断进行创新和拓展，建设有中国特色的马克思主义。引导广大的群众树立科学的世界观、人生观和价值观，坚定共产主义的理想信念，在全社会都树立起全心全意为人民服务的思想。

通过舆论的形式对群众进行正确的引导，指的是在对人们进行引导的过程中，要让其意识到，在所有的思想政治教育工作中，舆论工作是其中的重要一项，其同时也是对党和国家前途命运进行紧密联系的一个重要媒介。

塑造人们高尚的品格，指的是要牢牢把握邓小平提出的“四有信任”的总体目标，对群众展开以爱国主义、集体主义、社会主义为核心的思想道德教育。同时，在全党内还要开展对马克思主义基本理论、党的基本路线等方面的知识教育。在全社会中，要广泛开展艰苦奋斗、勤俭建国的教育，职业道德、社会公德、家庭美德教育，基本国情教育和法律知识教育，以及革命气节教育。这样做的最终目的是，将我国传统的道德观和我党始终坚持的高尚精神灌输到公民的意识之中，从而对自身的行为进行约束。

通过优秀的作品给人们鼓舞与激励，指的是在社会主义精神文明建设的过程中，要充分发挥文艺工作的激励作用，对人们的思想进行洗礼，引导人们塑造高尚的品德。江泽民指出，在党的文化文艺工作过程中，要始终坚持“二为”方向和“双百”方针，对思想主旋律大力进行弘扬，提倡文化多元化发展，鼓励那些内容健康积极、具有艺术魅力的文化作品的创作，从而鼓舞人们的意志，陶冶高尚的道德情操。

四、胡锦涛的道德建设观

（一）构建社会主义和谐社会是胡锦涛社会主义道德思想的目标模式

我们构建的社会主义和谐社会是一个在社会主义条件下充满创造活力、经济稳步发展、利益协调、生态良好、社会成员和睦相处的稳定有序的社会。和谐社会包括人自身的和谐、人与社会之间的和谐、人与自然之间的和谐。胡锦涛关于构建社会主义和谐社会的重要思想，既阐释了社会主义和谐社会的科学内涵和总体特征，又指明了我们构建社会主义和谐社会的总体要求。

和谐是与矛盾相对相生的概念，构建和谐社会是应对中国在发展过程中形成的各种矛盾的科学理念。社会主义和谐社会是中国特色社会主义的本质属性和目标模式。“社会和谐”是一个系统概念，这要求社会大系统的各要素共生、互依，其相互关系协调、有序，其功能不断优化、完善。和谐社会既包括经济、政治、文化与社会的协调发展，也包括人自身的和谐发展、人与社会之间的和谐互动、人与自然之间的和谐共生。构建社会主义和谐社会，要明确以“以人为本”为价值取向，以“和谐”为核心理念，以“创新”为思维方式，全方位促成一种协调、有序的社会发展态势。

构建社会主义和谐社会既是胡锦涛社会主义道德思想的内在要求，又是胡锦涛社会主义道德思想的实践目标，集中体现了胡锦涛社会主义道德思想与实践的理想模式。

（二）以人为本的科学发展观是胡锦涛道德建设观的价值理念

以人为本是科学发展观的核心，这一点体现了社会主义的优越性和本质特征，规定了发展的价值取向和最终归宿。从德治的角度看，它包括以下要义。

1.要坚持人民的主体地位

这是以人为本思想的基础。科学发展观坚持唯物史观，把人民群众作为创造历史的主体，作为建设中国特色社会主义事业的主体，人民群众在继续推进富强、民主、文明、和谐的社会主义现代化建设中发挥着无穷的积极性、主动性和创造性。科学发展观坚持人民主体地位的思想也回答了具体社会生活中公民的道德主体地位问题，这将有效地激发公民投身社会公共生活、履行道德义务的巨大潜能。

2.要让发展的成果惠及全体人民

这是以人为本思想的内在要求。人民不仅是创造历史的主体，还是创造价值的主体，对经济的发展最终目的就是为了满足人民日益增长的物质文化的需要。社会的发展离不开人民，需要人民群众的共同努力，由人民来共享发展的最终成果，在此过程中，要不断维护好与实现好人民群众的根本利益，正确处理发展中所遇到的各种各样的问题。

3.要关注人的全面发展

这是以人为本的深层含义。应当明确的是，在发展中要坚持"以人为本"，其指定就是要实现人的全面自由的发展，而不是要对人的发展进行约束。要全面关注人的生存与发展的权利，保障人民的权利和自由的实现，确保各项人权的顺利实现，重视提高人民的生活质量、发展潜能和幸福指数。此外，胡锦涛还重视对人民利益的倾斜和关怀，倡导引起度对弱势群体的关注，提倡仁爱与和谐，这是一种亲民爱民的高尚道德情怀的终极体现，同时也体现了我们党服务为民的思想。

（三）社会主义核心价值体系是胡锦涛道德建设观的核心内容

在党的十六届六中全会中，首次提出了构建社会主义核心价值体系的重大战略任务。在中央党校省部级干部进修班的讲话中，胡锦涛又进一步对构建社会主义核心价值体系的重大问题做了讲话，其强调要全面巩固全党和全国人民的共同思想，大力推动社会主义核心价值体系的构建。在我国社会主义现代化的全面发展中，社会主义核心价值体系发挥着重要的作用，其是社会主义建设的思想基石和精神依托，无论是在经济、政治、文化还是社会生活的各个方面都发挥着重要的作用，并且在人们世界观、人生观和价值观的形成和塑造过程中也起着重要的影响作用。

社会主义核心价值体系的提出和构建，是党在思想文化建设上的一个重大理论创新。我国在实行改革开放之后，在对人们的思想建设过程中，先后提出了加强社会主义精神文明建设、发展社会主义先进文化、坚持依法治国与以德治国相结合、建设社会主义思想道德体系等一系列重要任务和举措，这从根本上来说与社会主义核心价值体系的构建是一致的。中国共产党坚持“以德治国”，在此过程中，就要充分将社会主义核心价值体系的构建融入进去，并贯穿于社会主义建设的各个方面。

党的十六届六中全会通过的《中共中央关于构建社会主义和谐社会若干重大问题的决定》指出：“建设社会主义核心价值体系，形成全民族奋发向上的精神力量和团结和睦的精神纽带。马克思主义指导思想，中国特色社会主义共同理想，以爱国主义为核心的民族精神和以改革创新为核心的时代精神，社会主义荣辱观，构成社会主义核心价值体系的基本内容。”

社会主义核心价值体系概括了胡锦涛思想道德的核心内容，在社会主义和谐社会的构建中发挥着巨大的作用。其不仅吸收了我国传统道德观念中的积极因素，同时还借鉴了国外很多道德建设的有益成果，在人们思想观念的调整过程中，结合了当前社会变革和利益关系调整的现状，明确了现阶段不同阶层、不同群体在思想观念、价值取向、心理素质的倾向，对建设中国特色社会主义具有重大的理论价值。

（四）社会主义荣辱观教育是胡锦涛道德建设观的崭新内容

2006年3月4日，胡锦涛在看望政协委员时强调，要坚持“以热爱祖国为荣、以危害祖国为耻，以服务人民为荣、以背离人民为耻，以崇尚科学为荣、以愚昧无知为耻，以辛勤劳动为荣、以好逸恶劳为耻，以团结互助为荣、以损人利己为耻，以诚实守信为荣、以见利忘义为耻，以遵纪守法为荣、以违法乱纪为耻，以艰苦奋斗为荣、以骄奢淫逸为耻”教育我们的青少年和干部，树立社会主义荣辱观。

胡锦涛所提出的社会主义荣辱观，虽然字数不多，但内涵丰富、切中时弊，对现阶段人们思想道德的塑造提出了标准，体现了深刻的精神实质。“八荣八耻”是对正确的世界观、人生观和价值观的总结，是具有高尚的道德的人应该对荣誉和耻辱的看法和态度。

社会主义荣辱观不仅关系到一个民族道德和素质的修养，更是一个国家精神文化的基石。其可以反映出，国家在某一阶段中，社会的价值导向、人们的精神状态和社会的文明程度，对人们的社会活动制定了道德行为的价值标准和评价尺度，可以反映出人们在社会中的道德认知水平和道德塑造状况。中国历史悠久，文化深厚，我国在古代一直被称为是礼仪之邦，这就说明，我国古代的思想道德水平已经达到了一个很高的境界。因此，当前公民的思想道德假设也不能割裂历史，要积极继承我国古代道德建设的净化，继承中国民族的传统美德。在此过程中，还要注意与时俱进，反映现阶段社会发展的特征和人民思想的现状，体现出中华民族的特点。社会主义荣辱观中“八荣八耻”的提出，正是在发扬我国传统道德美德的基础上，又体现出了时代的特点。其寓意深刻，不仅涵盖了个人、集体和国家三方面的关系，同时还涉及了人生态度、社会风尚等方面的内容，明确了我国在现阶段人们应有的行为准则和价值取向，具有很强的思想性和指导性，对我国社会主义精神文明的建设具有重要的指引作用。

（五）“六个为什么”教育是胡锦涛道德建设观的思想基础

随着经济全球化的迅速发展，世界的格局也发生了重大的变化，各种思潮纷纷传入中国，对中国传统的思想道德观念造成了巨大的冲击。当前，虽然我国改革开放的事业已经取得了重大的成就，但是现有的国际情况下，我国改革开放的事业又重新站在了新的起点上，遇到了前所未有的机遇和挑战。纵观历史，我们可以得出这样的结论，即越是发展的关键时期，就越是矛盾激烈凸显的时期，这时候人们的思想也最为活跃。在这种时候，就更应该及时对人们的思想进行引导，为社会的发展凝聚其强大的精神动力。

在对公民进行思想政治教育的过程中，一定要主动结合国内外形势的变化，紧密联系现代化建设和改革开发的实际，引导群众的思想主导，积极开展“六个为什么”教育，即当代中国“为什么要坚持马克思主义在意识形态领域的指导地位而不能搞指导思想的多元化，为什么要坚持中国特色社会主义而不能搞资本主义，为什么要坚持公有制为主体、多种所有制经济共同发展的基本经济制度而不能搞私有化或纯而又纯的公有制，为什么要坚持人民代表大会制度而不能搞三权分立，为什么要坚持中国共产党领导的多党合作和政治协商制度而不能搞西方的多党制，为什么要坚持改革开放不动摇而不能走回头路”等重大问题，更好地统一思想、凝聚力量，巩固全党全国各族人民团结奋斗的共同思想基础，全面推进中国特色社会主义伟大事业。

五、习近平的道德建设观念

2013年9月26日，第四届全国道德模范及提名奖颁奖仪式在北京召开，习近平总书记在颁奖会上作了讲话。习近平总书记指出，“精神的力量是无穷的，道德的力量也是无穷的”。在中国民族的传统美德中，自强不息、厚德载物一直占据着重要的地位，其在支撑中华民族生生不息，持续繁荣的过程中发挥着重要的精神支撑作用，是我国改革开放事业顺利推进，实现社会主义现代化的强大精神动力。在中国社会主义道德建设的过程中，道德模范在其中充当了重要的楷模作用，引导社会公众向他们学习。因此，在社会中应广泛开展向道德模范学习的宣传活动，传播正能量，鼓励好人好事，弘扬真善美，为实现中华民族伟大复兴的中国梦凝聚起强大的精神力量和有力的道德支撑。

2013年11月，在对山东进行考察时，习近平指出，“国无德不兴，人无德不立”。也就是说，想要实现国家的富强与兴盛，对于公民道德的塑造与培养是必不可少的。要全面加强对公民的道德的教育和培养，激发人们多做善行的思想，帮助他们树立起正确的世界观、人生观和价值观。公民要在心中形成自己的道德责任和道德判断，不仅要提高自身的思想道德意识，同时还要提高自身实践道德的行为能力，引导人们进行真善美的生活。

习近平总书记关于思想道德建设的一系列新的思想、新的要求，为新时期的思想道德建设工作指明了方向、找准了方法。落实总书记讲话精神，就是要始终把弘扬中华民族传统美德、加强社会主义思想道德建设作为极为重要的战略任务来抓，推进社会公德、职业道德、家庭美德、个人品德教育，倡导爱国、敬业、诚信、友善等基本道德规范，培育知荣辱、讲正气、作奉献、促和谐的良好风尚，为实现中华民族伟大复兴的中国梦提供强大精神力量和有力道德支撑。

第三章　和谐社会的基本道德规范

早在17世纪，西方天主教就曾对我国的统治体制进行过评述，认为我国是一个依靠道德统治的国度。虽然这一点在当代学术领域之中仍旧有所争论，但是通过作者近些年的观察和反思，作者非常赞同这一说法。道德作为我国公民普遍的行事准则，全面地约束着我国公民的社会活动。因此，在我国建设和谐社会的大环境下，加强道德体系的建设将成为一个重要的组成部分。

第一节　社会公德

从当前，我国社会主义建设的实际需要出发，我国社会公德建设的主要内容可以划分为四个方面，分别是爱国、明礼、诚信、保护自然环境。这四个方面分别从不同的角度约束我国公民参与社会交往的各个方面。

一、爱国

（一）爱国的内涵

我们所说的“祖国”，是一个有着领土、民族、制度的社会共同体，一般称为民族国家。爱国主义是人们对祖国的忠诚、热爱和责任感，是把关心和维护国家利益、推动社会进步作为自己最大责任的思想观点和行为准则。爱国主义是一个历史范畴，在不同社会和社会发展的不同时期，爱国主义有着不同的内涵。中华民族历史上的爱国主义主要以维护祖国统一和民族团结、抵御外来侵略等为主要内容。在今天，热爱社会主义中国，早日实现祖国的和平统一，并积极地投身到中国特色社会主义建设中去，成为当代爱国主义的主题。

爱国主义的内涵可以概括为：首先，爱国主义调节的是个人与祖国之间的关系，反映了作为个体的人与作为整体的国家之间的思想意识上的联系。其次，爱国主义是民族精神的核心。中华民族精神是中华民族团结奋斗、绵延千年而不衰、创造人类历史奇迹的精神支柱，爱国主义则是这个精神支柱的核心。再次，爱国主义的实质是调节个人与祖国关系的重要道德要求、政治原则和法律规范。最后，爱国主义包含着对祖国的深厚感情，反映了个人对祖国的依存关系，是人们对自己故土家园、种族和文化的认同感、归属感、荣誉感和尊严感的统一。

（二）“国家”的维度分析

现代意义的祖国，通常存在于三个维度，分别是自然维度、社会维度和政治维度。下面一一进行分析。

1. 自然维度的祖国

在自然维度上，“祖国”通常是指本民族赖以生存的，由一定区域内的山河、土地、海洋等自然风貌和森林、矿产等自然资源所构成的国土。中华国土神圣不可侵犯，这是任何一个热爱国家的中国人应有的基本观念。

2. 社会维度的祖国

在社会维度中，“祖国”是指具有共同的经济生活、社会心理、语言文化和历史传统的地方，纵横交织的社会关系紧密联成一体的人民或国民。中华同胞相亲相爱是社会维度上热爱国家的至高要求。作为中华人民共和国的公民，不仅要关心自己的饮食起居，还要关注社会其他普通民众的基本生活。

3. 政治维度的祖国

在政治维度中，“祖国”是指为了维护社会共同体的秩序安全、主权稳定而建立起来实施阶级统治的强力政治机构。中华人民共和国的国民要热爱祖国，就要热爱社会主义，拥护中国共产党，并最终实现这几个方面的统一。

因此，祖国是一个集自然、经济、政治、历史与文化于一体的综合概念。爱国主义所忠诚、热爱的祖国是国土、国家、国民组成的社会共同体，因此，爱国主义必然以爱故土、爱国家和爱人民为最基本的内容。祖国并不是一个抽象的概念，她首先是我们脚下这块世代繁衍、生息的广袤土地，是我们生长于此的故土家园，我们对祖国的爱也就源于对这片养育自己的土地的最朴素而真挚的爱。

（三）爱国的基本要求

1. 爱祖国的大好河山

“禾苗离土即死，国家无土难存”，人们总是在对故土的一草一木、一山一水产生的美好感情基础上渐渐萌生对祖国的热爱之情，无论走到哪里，人们对故土家园的热爱和依恋总是会刻骨铭心。“一方水土养一方人”，祖国是生我养我的地方，祖国的山山水水滋养哺育着她的子子孙孙，祖国的大好河山是中华民族儿女成长的根基。

爱这片土地就要保护她、建设她。祖国的每一块领土都养育着我们中华儿女，也许她不够美丽，也许她还有残缺，但无论怎样，都不能阻挡我们对她的爱。爱祖国的土地是不需要理由的。

在当今国家发展之中，我们更要热爱和珍惜这一片土地。在国家的建设过程中，协调、平衡人与自然的关系。不因为暂时的政绩要求而破坏她。经济的发展模式尽量采取人与自然和谐发展的方式，倍加珍惜祖国的山川河流、田野矿藏，更好地保护、改造这片国土，尽可能地治理、改良这些不足之处。这种对故土家园、祖国山河的热烈、深沉、充满责任的爱，是爱国主义的最基本要求。

2.爱自己的骨肉同胞

爱自己的骨肉同胞,反映的是对整个民族利益共同体的自觉认同,我们祖国之所以可爱,不仅仅是因为她拥有幅员辽阔、物产丰富、山河壮丽的国土,更重要的是她拥有世世代代生存在这片国土上勤劳、勇敢、善良而智慧的人民。邓小平同志曾动情地说:"我是中国人民的儿子,我深情地爱着我的祖国和人民。"爱国爱民、忧国忧民、救国救民、强国富民从来就是联系在一起的。

爱自己的骨肉同胞,就是要热爱自己的兄弟姐妹,热爱自己的人民。人民是一个国家发展的主体。他们共同创造了祖国悠久的历史、灿烂的文明、进步的制度,使我们的祖国源远流长、繁荣昌盛。人民群众是历史的创造者,对人民群众感情的深浅程度是检验一个人对祖国忠诚程度的试金石。历史证明,所有爱国者都热爱自己的人民。爱国必爱民,爱民定爱国,这是爱国主义的基本含义和集中表现。

3.爱祖国灿烂的文化

文化传统作为一个民族群体意识的载体,是一个国家和民族的印记,是一个民族得以延续的精神源泉,是培养民族个性、民族心理和民族精神的沃土,是凝聚民族力量的重要基础。祖国的灿烂文化是使祖国山河具有了深厚人文底蕴的宝贵精神财富。共同的文化心理是区别民族和其他团体的重要标志之一。就某种程度而言,文化是一种生活方式,融入人们的日常生活中。古代中国创造了十分灿烂的文化,有许多优秀的思想宝库,在推动社会历史前进中产生过十分重要的意义。提倡爱国主义就要弘扬传统文化,这是因为传统文化是在几千年的历史中广大人民群众在辛勤劳动的过程中创造形成的,最具凝聚力、向心力,其本身就构成了爱国主义的深刻内涵。爱祖国灿烂的文化还应该认真学习和了解祖国的历史,深入理解祖国优秀的历史文化传统。

4.爱自己的国家

国家维护着社会共同体的主权安全和稳定,国家是社会共同体的必然存在形式，爱祖国必然要求爱国家，爱国家是爱祖国的政治原则。爱祖国不是抽象的，而是具体的。祖国的大好河山，自己的骨肉同胞，民族的灿烂文化是同具体的国家相联系的。我们每个人的发展都是同国家的发展和进步紧密相连的。国家的兴旺发达是一个人、一个家庭、一个社会得以兴旺发达最根本的原因。在强大的国家中，民族、家庭、个人会安居乐业、幸福健康；在衰败危亡的国家中，国民则不可避免地沦入贫困潦倒、流离失所的境地。国家的进步和发展是每个人的进步和发展的政治前提。爱祖国就要心系国家的前途和命运，就要把国家和人民的利益摆在首位，为祖国的独立和富强、为人民的解放和幸福贡献力量。爱自己的国家，不管到了哪里，都不要忘记生我养我的祖国，都不要忘记自己的根在哪。总之，个人的发展与国家的发展密不可分，民族的进步离不开国家的进步，关心国家的前途和命运，把国家的利益始终摆在第一位才是爱自己国家的真实表现。

（四）我国公民爱国道德的五个“统一”

1. 爱国与爱社会主义相统一

社会主义制度是我国的根本政治制度。中华人民共和国每一个公民必须坚持热爱社会主义中国。社会主义的建立，为新中国的繁荣发展提供了可靠的社会制度保障，改革开放 30 多年来，中国人民在社会主义制度之下，不断谱写着自强不息、顽强奋进的壮丽史诗。社会历史实践证明，我们取得成绩和进步的根本原因就是坚持走社会主义道路，坚持社会主义理论体系的指导。爱祖国，就要爱社会主义，二者是统一的。

2. 爱国与拥护中国共产党领导相统一

“没有中国共产党就没有新中国”，只有中国共产党才能带领人民当家做主，只有中国共产党才能给人民美好的生活。中国共产党是中国特色社会主义事业的坚强领导核心。新时期的爱国主义必须要拥护中国共产党的领导。

3. 爱国与拥护祖国统一相统一

爱国就必然要拥护祖国统一，这是基本的政治准则。在中华民族的发展史上，对国家主权、领土完整及民族感情的高度认同是中华儿女爱国情怀的重要体现。华夏儿女遍布世界各地。长期生活在祖国之外的同胞深受其他思想文化影响，对大陆缺乏了解，其爱国行为应当区别对待。政治上可以求同存异，但是拥护祖国统一的原则应是每个华夏儿女爱国的底线。

4. 爱国与坚持人民民主专政的统一

爱祖国与爱国家，两者既有联系又有区别。祖国是一个地域和民族概念，而国家则是一个政治概念，它是阶级进行统治的工具。当统治阶级代表进步力量，推动生产力发展的时候，爱祖国与爱国家是一致的；而当统治阶级代表反动势力，阻碍社会进步时，爱祖国与爱国家则是不一致的。人民民主专政的社会主义国家制度的建立，实现了爱祖国与爱国家的统一。当代中国，人民民主专政体现了中国亿万人民的共同意志，是中国人民浴血奋斗的结果和历史选择。人民民主专政的国家政权对内担负着捍卫人民革命斗争胜利成果和社会主义制度，组织、领导社会主义现代化建设，维护社会稳定的重要任务；对外担负防御外敌侵犯，保卫祖国神圣领土和国家主权以及国家的政治、经济、文化等方面安全的重要职责。所有这些都需要充分发挥人民民主专政的国家职能，而热爱祖国与坚持人民民主专政的统一，也就成了对大学生爱国主义的必然要求。

5. 爱国与坚持马克思主义的统一

在中国近代史上，无数爱国志士英勇奋斗，从太平天国到戊戌维新再到辛亥革命，表现出了极大的爱国热情，但都以失败而告终，其中一个重要原因就是缺乏科学理论的指导。爱国主义之所以要坚持以马克思主义为指导，是因为马克思主义是全党、全国各族人民团结奋斗的共同的理论基础和精神动力。中国共产党领导人民取得革命和建设的一切成果都来源于马克思主义的正确指导。

十月革命一声炮响，给中国送来了马克思列宁主义，中国革命的面貌从此焕然一新，我国的民主爱国斗争从此进入了新的历史阶段。历史发展的实践证明，在中国，如果没有马克思主义理论的指导，就不可能有社会主义制度的建立，也就不可能有改革开放的伟大成就。因此，在新世纪新阶段，要想在中国特色社会主义现代化建设中实现中华民族的伟大复兴，就必须坚持马克思主义的指导地位，高举邓小平理论伟大旗帜，全面贯彻“三个代表”重要思想和科学发展观。这不仅是社会主义爱国主义区别于以前其他爱国主义的一个重要标志，也是社会主义现代化事业不断取得胜利的重要保证。

二、明礼

（一）文明礼貌是公民道德之中的重要要求

孔子曾说：“不学礼，无以立。”文明礼貌是人们在社会交往和公共生活中所得的经验总结，它包含着待人接物、为人处世的精髓，也是社会的一种文明规范。对于协调人际关系，形成良好的道德风尚具有非常重要的作用。

人际交往中的文明礼貌看起来都是一些小节，似乎无足轻重，但是礼节却是增进人们的联系、促进社会交往、调谐人际关系的润滑剂。古代学者颜元就曾说过：“国尚礼则国昌，家尚礼则深修，心有礼则心泰。”人们相互交往中和悦的态度与亲切的称呼能够让人感受到社会上的尊重与友好。在文明社会中，讲究文明礼貌能够促进人们团结，建设人们沟通桥梁。

文明礼貌是社会道德的外衣。首先人们之间讲究礼节，能够让人们相互之间拥有受到尊重的情感。例如，相互熟悉的人见面打招呼是人之常情。走在路上，如果见到一个熟悉的人，我们很亲切热情地同他打了一个招呼却被无视。我们很正常的会给自己找一些理由，极力安抚自己对方为什么没有招呼自己，但是如果又发现这些理由都不成立，就会感觉对方的傲慢与对自己的不尊重，甚至觉得愤怒。再例如，我们和一个相同时间来的人排队买车票，自己按照秩序去排队，而别人却插队，直接来到最前排而且买到了票，这时我们的内心同样会感觉到不平静。因为我们在同样一个规则下没有得到足够的尊重。由此看来，文明礼貌的内核是尊重，而这与道德的要求是相符的。社会道德的本质即是尊重参与社会交往的人的意愿，尊重他们的付出与劳动。

（二）个人讲究礼仪应坚持的原则

1.真诚尊重的原则

由以上的论述可以看出，尊重是礼貌交往的首要准则。苏格拉底曾言："不要靠馈赠来获得一个朋友，你须贡献你诚挚的爱，学习怎样用正当的方法来赢得一个人的心。"

真诚是对人对事的一种实事求是的态度，是待人真心实意的友善表现。即要求在交际过程中做到诚实，不虚伪、不做作。现代礼仪的目的是为了交往，而交际活动如果缺乏真诚则不可能达到目的，更无法保证交际效果。

所谓尊重，即在自尊、自爱的同时，尊重他人的人格、劳动和价值，尊重他人的爱好和情感。古语云："敬人者，人恒敬之。"人与人之间相互尊重，才会减少摩擦与纷争，彼此间的关系才能和谐。

真诚和尊重是相辅相成的。待人以诚，即使方法不够正确也会得到对方的谅解。尊重他人，会让对方感到自己诚恳的态度。因此来看，真诚与尊重是互为一体的。

2.平等适度的原则

现代社会关系的首要特征就是平等，抛却财富、种族、背景。现代社会中，人与人之间只有社会分工和职责范围的差别，而没有高低贵贱之分。不论职位高低、能力大小，还是职业差别、经济状况不同，人人均享有平等的政治、法律权利和人格尊严，都应得到同等的对待，因此人与人之间交往要平等相待，一视同仁，相互尊重，不卑不亢。在人际交往过程中，人们礼仪的沟通是平等的。不讲究平等原则的礼仪交往会被人认为是骄傲自大的表现。

礼仪交往还应把握适度原则，即人们应视具体情况、具体场合使用相应的礼仪。与人交往中，既要做到彬彬有礼，但又不能低三下四；既要做到热情大方，但又不能阿谀谄媚；自尊而不自负；坦诚而不粗鲁；信任而不轻信；活泼而不轻浮；谦虚而不自卑；老练持重而又不圆滑世故。总之，在人际交往中必须坚持良好的人际关系所需要把握的广度、深度、尺度以及距离、频率等原则，方能在社交场合中使自己的言谈举止文明规范、合情合理。

3. 自信自律原则

自信是一种力量，它通过言语和神态表现，是给自己的一种肯定。因而自信原则在是社交场合中表现为一个心理健康原则，唯有对自己充满信心，才能如鱼得水，得心应手。正如古人所说："自信者，不疑人，人亦信之；自疑者，不信人，人亦疑之。"自信同样是人交往过程中的一张明信片，充满自信的人会让人感觉到阳光活力，缺乏自信的人会让人觉得空间灰暗，不愿与之交往。

4. 守信宽容的原则

守信原则就是就讲究信誉的原则。"言必信，行必果。"取信于人在交际中十分重要。这就要求我们在人际交往中运用礼仪时，诚心诚意，言行一致，表里如一。只有如此，自己在运用礼仪时所表达的对交往对象的尊敬与友好，才会更好地被对方所理解，所接受。与此相反，倘若仅仅把运用礼仪作为一种道具，在具体操作礼仪规范时弄虚作假，投机取巧，或事前一个样，事后一个样，有求于人时一个样，被别人所求时另一个样，则有悖礼仪的基本宗旨。

宽容的原则即与人为善的原则。在社交场合，宽容是一种较高的境界。要求人们在交际活动中运用礼仪时，既要严于律己，又要宽以待人。要多宽容，多体谅，多理解他人，而千万不要求全责备，斤斤计较，过分苛求。不要求其他人处处效法自己，与自己保持完全一致,是尊重对方的一个重要表现。

三、诚信

诚信是人际交往之中最重要的一张“明信片”。遵守信用承诺也是道德规范之中理所当然的要求。我国传统道德之中对信用承诺的要求十分具体,由此而发展出的要求也成为现代交往之中的规范。

(一)诚信是我国传统道德重要内容

诚信这一规范由诚和信两个方面组成。“诚”是指诚恳,是为人处事的一种态度,“信”是指信用,主要指人们相互交往过程中的活动。诚信这一道德要求人们做到言行一致。在中国传统道德体系之中,诚信是“修身之本”“立政之本”。孔子提出了很多与诚信相关的思想,例如“人而无信,不知其可也”,“子以四教:文、行、忠、信”。在孔子的思想之中,信被提高到了与忠孝同等的高度。孟子首次提出了诚信的观念,为诚信的内涵做了规定。荀子则基于治国的高度,认为诚信是君臣之间应该持有的基本伦理观念。后世儒家在孔、孟、荀的基础上继续阐发,确立一套完善的诚信伦理规范。

中国传统文化中对“诚”的界定主要有以下含义:一是把诚看作人的道德品性。诚是完善道德人格所必备的品质。我国历来重视人在行为和内心体验上的诚。二是把诚看作道德理想和道德境界。它深刻影响着人们的道德价值追求,影响着人们道德目标的确立,并直接影响着人们的道德意识和道德活动。三是把诚作为道德修养的方法。孟子讲“思诚”,荀子讲修养身心最好不过的是求诚的方法,王夫之讲“以诚立教”,都是把诚看作重要的道德修养的方法。四是把诚看作宇宙万物的本源,认为万物产生的原因和发展变化的规律及状态,都是由诚决定的,而且诚还是人们行为中诸道德品质的基础,是“五常之本”。

"信"作为中华民族传统德目之一,表现在个体上是人格完整的表征;运用在特定的社会关系中是人际交往的道德规范。一是信就是诚,信也表示诚实不欺的意思。中国古代把对神的诚敬、对君主的诚敬也称作"信"。对人的品质和人际关系来讲,信德中就含有"诚"的意思。二是信是朋友之道。三是把信看成礼的重要内容。四是把信看作存在于天地万物之间无所不在、无所不有的东西。

在中国传统伦理文化中,尽管"诚"、"信"有多种解释,在多种意义下使用,但其基本含义是相通的,都是真实不欺。这一点主要表现为两个方面:一方面是在人们相互交往的过程中,人们要做到诚实不欺,出言必行;另一方面是在个人修养的品质上,要不自欺,完善自身的道德人格。诚信即是一个人道德修养的内在必备品质和情操,也是与个人外在活动所统一的境界。由此看来,中国传统道德理论之中诚信折射出人们表里如一的品质。

言必诚信不仅是一切道德行为的基础,而且是一个人做学问、干事业的根本。程颐说:"修学不以诚,则学杂;为事不以诚,则事败;自谋不以诚,则是欺自心而自弃其忠;与人不以诚,则是丧其德而增人之怨。"[①]做学问不诚,学问就会杂乱无章;办事情不诚,事情就会失败;自己谋划不诚,就会自己欺骗自己而失去真实;与人交往不诚,就会丧失其品德而且会增加别人的怨恨。中国历史上有许多关于诚信的故事,反映了中华民族对诚信的道德传统的赞赏和重视。我国家喻户晓的"三顾茅庐"的故事就是其中之一。言必诚信,讲真话、实话,坚持真理,是一个人高风亮节的表现。中国历史上有许多史学家,不畏强权,忠于史实,为后人所崇敬。晋国的董狐不畏权势,秉公直笔写史,堪称风范。司马迁、陈寿等史学家,始终贯穿着写实的精神和原则,摒弃个人的感情好恶,留下了经久传世的巨著。

言必诚信,要求人们在言语、行动之前,要审慎地思考,使言

---

① 河南程氏遗书·卷二十五

行恰当可行而又合乎道义。首先，言而有信。只有发自内心深处的真实意愿，人们才能坚定地去践行。漫不经心，顺口之言，执行起来，极为有限。要么不能全心全意，要么就是流于表面应付，缺乏一种发自内心的持久力量，促使他努力行动，信守诺言。王通曾说“退之以诚，则不言而信”[①]。信离不开诚，做到诚就自然而然有信，诚是信的基础和保证。因此，人要讲信用，就要讲诚恳的话、实在的话、内心的话，这样才能有力地行动，达到言行一致。其次，信守承诺，应以正确的道理作指导，这与守信的品德形成和守信的实际效果关系重大。《论语·学而》中说：“信近于义，言可复也。”所做的诺言符合道义，就可以兑现。因此，人们常常将“信”“义”连用。可见，正当的承诺是信守诺言的基础。人们在生活中的许诺应符合社会道义，符合广大人民群众的利益。再次，言行一致。讲究信用，遵守诺言，是做人的美德。言而有信，言行一致，才能赢得他人的信赖和尊重，我国古代思想家墨子曾对人的言行一致做了高度概括，即“言必信，行必果”[②]。

在人际交往中，言必诚信有重要的现实意义。言必诚信是人与人之间相互信任建立的基础，如果不能以诚待人，也就不会获得别人的信任。所以，为人处世，就要重守诺言，不可失信于人。言必诚信，作为人与人之间和谐关系的基础，在朋友关系中更具有重要作用，它不仅是建立深厚友谊的基础，而且是朋友关系成就发展的前提。所以，“以势交人，势尽则疏；以利交人，利尽则散”，而以诚交友，则无论在什么情况下，朋友之间都能诚实守信，尽职尽责。言必诚信，是人的道德感和责任感的体现。一个人如果对别人没有诚意，不讲信用，不负责任，别人对他也就会失去信任，彼此间也难以建立起良好和谐的人际关系。而经得起考验的人际关系，才能显示出彼此间的道德责任感，因而人们特别重视患难之时结成的人际关系。

---

① 中说·周公

② 墨子·兼爱

总之，诚信美德在中国传统人际交往的道德中占有重要的地位。中华民族素来就有诚挚待人，诚实守信，言行一致的优良品质和传统，诚信美德对解决民族、国家、社会等各方面的矛盾，协调人与人之间的各种关系，对家庭和睦、社会安定、国家振兴、民族团结有重要的作用，诚信美德是中华民族伦理精神的重要内容。

（二）和谐社会视域下“诚信”的内涵

1. 诚信是社会人际关系和谐的重要准则

无数个个体组成了社会，社会的和谐就是个体之间的和谐。诚信是人际关系和各种社会关系和谐的灵魂。中华民族传统文化历来重视诚信在人际交往和人际关系调节中的价值，如孔子强调做人要“言必信，行必果”。人若不讲信用，就无法做人行事。

在社会主义和谐社会中，广大人民群众的根本利益是一致的，人与人之间应当是互帮互助、诚实守信、平等友爱、融洽相处的新型关系，这是社会主义制度优越性的具体体现。在任何一个社会，个体之间的矛盾是必然的。具体到我国社会主义社会，人民内部矛盾解决的好与坏，直接关系到我国社会主义和谐社会的构建。人们之间只有以诚相待，才能处理好各种内部矛盾，使人们各尽其能、各得其所。个人在人际交往中讲诚信，就会形成人际关系的良性循环。

然而，市场经济滋生的一些拜金主义思潮使得一些人为了金钱而缺失了诚信，社会生活中个人的不诚信现象屡有发生，如贷款不还、恶意拖欠水电煤等费用、伪造学历和文凭、伪造票据和证件、剽窃他人学术成果、欺诈他人以牟取私利等，这将影响人与人之间关系的和谐，影响社会主义和谐社会的实现。因此，这就要求全社会加强诚实守信的公民道德教育，将诚信友爱作为公民个体为人处世的原则，加大政策、法律及道德规范的宣传力度，使诚信友爱思想深入人心，促进社会关系的和谐，保障社会的长治久安。

2.诚信是建立市场信用制度的道德保障

诚信在市场经济得以良好运行的关键道德品质。市场经济十分重视契约的关键作用。人们相互之间完成一项交易就是建立在商品质量有保证这一重要契约的基础上。倘若双方交易的商品是残缺的,造成了对另外一方的不公正,如若不能够对这样的事情进行公正的处理,最终将会对市场造成危害。因此,交易的双方必须恪守公正和诚信的交易原则,按照公证诚信的要求履行自身的义务和行驶自己的权力。只有这样,市场经济的秩序才会越来越稳定。

市场经济的另外一个重要要求就是公平竞争,而诚信则是维护公平竞争的一个重要道德规则。市场经济是个体追求自身利益最大化的一种经济体系。在这一经济体系之中,市场中的经济主体必然要求自身最大的经济利益。因此,人们相互之间的经济矛盾必然是不可避免的。在这种情况下,人们必须要讲究诚信,以正当的渠道参与到市场竞争之中。

市场经济还是法治经济。而法治的良好发展必须要依靠人们内在的诚信自律。法治的前提是法律。用市场经济的角度看待法律即是一种契约,是人们认可的在完整的社会空间内所必须要遵守的契约。在这个契约之中,法律执行者不可擅自扩大法律约束的范围,法律遵守者不可触碰法律红线,违反者应该按照法律的规定受到相应的惩罚。这一人们认可的制度能够得到执行的一个关键则是法律诚信。参与法律活动的主体不能因为各自的经济利益,不顾法律规定。

3.诚信是社会职业道德的基石

江泽民在十六大报告中明确提出:“要建立与社会主义市场经济相适应、与社会主义法律规范相协调、与中华民族传统美德相承接的社会主义思想道德体系”①。显然,诚信之德是人与人交往中必须遵循的当然之则,是引导人们和谐、融洽相处的交往

① 江泽民文选(第3卷)[C].北京:人民出版社,2006,第560页

之道。

在我国传统的商业体系之下，“货真价实”“童叟无欺”这一类的经商美德，虽然是自然经济的产物，但在今天看来仍有巨大价值。诚信是职业道德的一个重要内容。各行各业的人们在自己的工作岗位上，应诚实劳动，为自己的岗位和企业的发展出谋划策并积极实践。这一点党政干部应率先垂范。在工作岗位上，政府公务人员应廉洁自律、勤俭奉公、全心全意为人民服务。对于其他岗位上的人员来说，要按照自己的职业要求正确对待自己的工作，或是团结协作，或是个体精研工作。总之，要认真对待自己的工作，在工作上做出自己应有的贡献。

诚实和信用都是人与人发生关系所要遵循的基本道德规范，没有诚信，也就不可能有道德，所以诚信是支撑社会道德的支点，是社会交往之基石。

4. 诚信是家庭和睦的渠道

中国传统道德认为，夫妻关系的好坏是关系到家庭和谐与否的基础，要使家庭关系和睦稳定，夫妻间就要恪守诚信。古人云：“贫贱之交不可弃，糟糠之妻不下堂。”其含义就是要求夫妇之间遵守诚信。

在当今快节奏的社会中，人与人之间的关系更多地被赋予了金钱的色彩，一些夫妻之间的感情也被金钱腐蚀了。他们背叛了曾有的海誓山盟，摒弃了诚信道德。同时，子女嫌弃父母，不赡养父母，甚至役使、虐待和嫌弃父母，榨取父母的血汗，挤占或抢占父母的住房和财产，残害父母的事常有发生，兄弟反目也屡见不鲜。江泽民在十六大报告中强调，依法治国和以德治国相辅相成。要建立与社会主义市场经济相适应、与社会主义法律体系相协调、与中华民族传统美德相承接的社会主义思想道德体系，其中“明礼诚信”被列入公民道德建设的基本道德规范。胡锦涛倡导社会主义荣辱观，号召全体公民要“以诚实守信为荣”。重温传统家庭美德，树立良好的家庭诚信之风，是使家庭走向美满和睦的正道。

5. 诚信是治国安邦的策略

诚信作为"仁、义、礼、智、信"五常之一，在中国古代，能否立信，能否取信于民，是关系到政权稳定乃至兴衰存亡的大问题。唐代魏征把诚信说成是"国之大纲"。可见"诚信"之重要。因此，取信于民与国家政权存亡相关联，是历史经验的总结，所以有"水可载舟，亦可覆舟"之说。

自新中国成立以来，我们党就把诚信作为治国理政的一个基本准则。毛泽东思想的内在灵魂是实事求是，其基本要求就是说老实话、办老实事、做老实人，要求党员干部在做工作的时候能够忠诚于人民、忠诚于国家、忠诚于党。改革开放的总设计师邓小平在谈到改革开放的时候把诚信作为改革开放的一个重要准则，他曾不止一次的强调诚信的重要性。"中国是信守自己的诺言的国家"；"领导要取信于民，使党内信得过，人民信得过"；"一切企业事业单位，一切经济活动和行政司法工作，都必须实行信誉高于一切。"[①]进入市场经济时代，江泽民非常重视诚信对市场经济建设的重要性，他说："没有信用，就没有秩序，市场经济就不可能健康发展。要在全社会强化信用意识，加强公民诚实守信的道德教育。"

进入21世纪，随着经济全球化的不断深入和社会主义市场经济体制的建立，以胡锦涛为核心的党中央集体提出了依法治国和以德治国相统一的方略，把诚信确立为发展社会主义市场经济的主要任务之一，强调诚信建设在全面建设小康社会中的重要作用，公民道德建设要坚持"以诚实守信为重点"，提出了"以诚实守信为荣，以见利忘义为耻"为内容之一的社会主义荣辱观，并提出要建立健全社会信用体系，把诚信建设同增强全社会的诚信意识和加强党的执政能力建设紧密地联系在一起，把诚信建设摆到了更加突出的地位。习近平总书记在2013年8月28日至31日在辽宁考察时强调，领导干部要把深入改进作风与加强党性修养结

① 邓小平文选(第3卷)[C]. 北京：人民出版社，1993，第296页

合起来，自觉讲诚信、懂规矩、守纪律，襟怀坦白、言行一致，心存敬畏、手握戒尺，对党忠诚老实，对群众忠诚老实，做到台上台下一种表现，任何时候、任何情况下都不越界、越轨。

毛泽东、邓小平、江泽民、胡锦涛、习近平关于诚信的论述，极大程度上落实了诚信在治国理政和社会主义建设过程中的内容，赋予诚信以时代特色，指明了新时期诚信的建设方向。

6.诚信是世界安宁的源泉

习近平同志近期在论述中韩两国友谊的时候提到诚信是中韩两国友谊发展的基础。在国家交往的过程中，国家之间的交往是国际社会安宁与团结的基础，而国家之间交往的基础则是国家外交活动过程中的诚信道德规范。

当今世界，在和平与发展已成为时代主题的背景下，仍然存在着局部地区的战乱，霸权主义、强权政治、单边主义横行，恐怖主义肆虐，世界仍然处在不安宁和不太平之中。其中一个重要原因就是某些国家、某些政治势力为了自身的狭隘利益，不惜背信弃义，抛弃承诺，欺骗讹诈。20 世纪 90 年代以来，我国坚持独立自主的和平外交政策，通过对话、协商、谈判等策略，和平解决同其他国家的分歧和争端，稳定大国关系，加强同广大发展中国家的合作，致力于建立公正、公平、合理的国际政治经济新秩序，取得了令人瞩目的成就。2005 年 9 月 15 日，在联合国成立 60 周年的首脑会议上，胡锦涛发表了题为“努力建设持久和平、共同繁荣的和谐世界”[①]的重要讲话，在讲话中，胡锦涛提到国家恪守诚实信用维护世界和平与发展的重要性。一个国家是否守信对于一国的信誉和威望具有重要的影响作用，更会影响到该国的国际发展环境。从当前经济全球化的发展要求看，诚信已经成为一国经济交往的重要准则。

① 胡锦涛.努力建设持久和平、共同繁荣的和谐世界[N].人民日报，2005－09－17

四、保护自然环境的生态道德与生态世界观

（一）生态伦理观的三个层面

儒家核心的道德要求为“仁”，是对人进行社会交往的一种要求，但是扩充开来，仁又逐渐成为人与自然交往的一个重要准则。在不妨碍人际交往的前提下，爱护自然已经成为儒家广义上“仁”的重要内涵。由此看来，生态伦理在儒家思想之中已经初步成形。在唐宋以后，佛教大规模的发展，注重自然的慈悲之心成为佛教伦理的一个重要准则。众生平等的观念经过佛教的推广逐渐成为我国传统道德观念之中的一个共识。道法自然，道教对于自然的关注源自于其教义之始。道教提出了“慈心于物”的道德认知与佛教的慈悲之心融合为一。从这三点来看，生态伦理观在我国一直就存在，是我国道德观念的一个重要组成部分。

1.敬畏自然

敬畏是人们面对强大而又神秘的大自然力量最直接的感受。我们可以从原始民族的图腾崇拜中观察到这个信息。随着科技力量的加强，人们逐渐开始在较大程度上把握自然、改造自然，而人们对自然力量的敬畏感也逐渐开始衰退。

纯正的科学研究是以生命的原态来研究的，展示了对生命本身的尊重。在浩渺的宇宙中，生命神奇的现象至今来说仍是这个星球所独有的。作为科学研究来说，越是珍贵的东西越应该珍惜。科学研究的内容应在尊重生命的前提下进行。从目前人类通过科学研究所掌握的知识来看，人类对外界的认识可以说是非常少。如果我们在这种情况下，冒昧地去掌控世界，必然要遭受自然界的惩罚。因此，我们没有理由不敬畏自然。

对自然的敬畏要求人类在进行自身实践活动的过程中心存忌惮，放弃人为过度的开发和破坏。这一点既是出于对自然和天

地的尊重，也是对人类长远发展慎重的考虑。地球上的生态是一个庞大而又复杂的食物关系网络，任何一环都具有十分重要的作用。一旦人类进行大规模的开发，将这个网络打破，就有可能对人类自身的生存环境造成严重威胁，最终也妨碍到人类的生产和生存活动。在目前我们对自然了解远远不够的前提下，我们首先应该做的就是维护大自然现有的存在状态，对大自然的一切存有敬畏和谨慎之心。

2. 悲天悯人

无论是东方文明，还是西方文明，慈悲之心是其应有之内容。工业文明对生活状态的破坏，使得人们变得更加功利，更加自私自利，不知奉献而一味索取，市场经济的法则使人们的社会关系开始物质化。从某种意义上而言，这是传统慈悲之心在人类世界的消退，绝非当代人所应有的情怀。

儒家伦理以孝道为始，敦促人们要常怀对父母及长辈的感恩之情。从感恩出发，推而广之，这一片天地是万物生长的首要环境，万物又给人类的生长奠定了物质基础，人类更应该拜谢天地、拜谢万物对自己的生养大德。传统孝道教育符合构建社会主义道德体系的内在要求。家庭有其孝，尊老爱幼，其乐融融；单位有其孝，上行下效，竭忠尽智，事业兴旺；社会有其孝，人人抱有一份尊重情怀，社会便会和谐。树立感恩父母、感恩师长、感恩社会、感恩自然的理念，使人们懂得珍惜与感激，从而促使人们学会以善意的眼光看待周围的自然环境，用自己的付出回馈自然、社会和他人，从而增强自己对万事万物负责的责任意识。

人对天地万物的悲悯之情还源于人对外界的友爱之情。人总是善于把外界山川的各种植物当做生灵对待，从而实现自身感情的转移。人与山川、草木、虫鱼、鸟兽之间的感情与人们之间的感情有所不同。人们之间的感情交流是口头语言与肢体语言的相互配合。而山川、草木、虫鱼、鸟兽则因口不能言而无法在语言上与人实现交流，通常以其他的自然反应方式实现双方的交流。因此，双方的交流是一种不对等的关系，人们必须放低自己的姿态，使自己和自然环境处在一个平等的环境上。

“慈”是长者对幼者的爱护之情。生态文明之中的慈就是把人类之间的爱护之情转化为人类对外界、对大自然的爱护之情。这种爱护之情不仅是针对大自然的，还是针对未来人类的。当代人只有爱护当前的自然环境，才能给未来人类留下一个适宜的环境。因此，当代人要把对待大自然的爱护感情和人类对后代的爱护之情等同起来，持有爱护自然就是爱护人类自己的观念。

3. 生态正义

生态正义是生态伦理之中的一个内容。从伦理学的角度看，“正义”是伦理之中的一个概念，是基于“正当”的一个高级概念。西方伦理学家罗尔斯对正义的解释是每个人在相容的情况下所拥有的最广泛的基本自由体系。其他人对这一概念解释的观点相对来说也比较类似。如果把正义的观念放在生态观念之中，就是指每一个物种在相容的情况下所拥有的最广泛的自由体系。也就是说，生态正义是考虑其他物种的广泛正义观念。如果从时间的角度来划分，生态正义的观念还要将物种延续考虑进来。

综合以上论述，生态正义的内涵可以划分为代内正义、代际正义和种际正义。所谓代内正义实际上是指生活在同一时代的人群所应具备的正义观念，代际正义则是将时间考虑进来的正义观念，种际正义则是指在物种平等的观念下人们对待其他物种所应持有的正义观念。因此，代内正义、代际正义和种际正义之间的区分很明显，是在不同维度下划分的正义观念。而其联系也非常紧密，即是保持一种正义观念，从而使得地球的生态系统能够持续下去。代际正义和种际正义的观念是代内正义观念的发展，是人类传统社会孝与慈在生态环境问题上的衍生。

代际正义、种际正义与代内正义的不同在于诉求的种族是不相同的。代际正义和种际正义在整个人类社会的存续需要人类觉醒自身整体和长远利益观念，这与文物保护中的观念有类似的地方。这一种正义观念是人类社会针对时间维度的人类和生态维度的种族而保持的一种良知。

生态正义的存在有其正当性。人类为自己的社会设定了维持整个社会运行的道德与法律,是为了通过保持一种观念实现整个人类社会运行的秩序,而这种观念就是正义,也就是保持整个人类社会稳定运行的人类行为的正当性。这种正当性要求人们在对待其他人类个体的时候能够保证将他们看作一种合乎人类应有状态的生命,而非可以随意肆虐的物。当人类认识到这种正当性不仅仅存在于当下的人类社会之中之时,代际正义和种际正义的观念就产生了。也就是说,代际正义和种际正义是为了保证整个人类社会能够在时间维度上(代际正义)和生态维度上(种际正义)保持活动正当性。这种正当性要求人类活动能够长久的维护人类社会在这个星球的自然繁衍,从而使得整个社会能够在长久的状态下以一种良好的姿态存在于这个社会。因此,代际正义和种际正义的观念要求人类应以一种对待人类个体的观念保持人类社会发展的可持续性。

代际正义和种际正义的观念要求人们能够具备保持物种延续的观念。物种繁衍是生物的自然权力。人类可以因为生存的需要利用一部分自然资源,但是不能威胁或者损害一个物种在生态环境中的生存与繁衍。当前,世界各个国家纷纷制定了《环境保护法》,其目的就在于实现生物物种多样性的长期延续,对于部分破坏物种繁衍、导致物种灭绝的行为进行了法律和舆论的严惩。

总之,代际正义和种际正义是生态正义观念的一个重要构成部分,维护了整个生态环境的可持续发展。代际正义和种际正义的观念需要人类社会的良知。物种的繁衍是生物物种无法诉求的自然权力,即对人类社会活动的正当性生物物种无法抗争。因此,人类社会的活动对于生态正义来说是一个错误不断累积的过程。人们需要通过自己的良知实现对人类社会所应持有的代际正义和种际正义观念。

（二）生态世界观

1.生态世界观的含义

生态世界观是对原有世界观观念的扩大化。生态世界观认为世界是一个完整的有机整体，人类只是其中的一个部分。作为一个整体论和有机论的世界观，人们认识到人类同世界是一个联系着的整体，是包含在自然之中的一个部分，人类应以平等的观念对待其他物种和生命。

2.生态整体主义

生态整体主义观念是生态世界观的发展。这种观念认为人类是自然界众多物种之中的一种，并不比其他物种更好或者更坏。在整个生态系统中，只有在人类能够有助于这个生态系统运行时，才会有自己的价值。生态整体主义观念在人类社会中一直长久存在着，时至今日，已经逐渐形成基于人类社会整体观念的丰富系统，将个体和整体的关系考虑了进去。

3.人—自然—社会的协同发展

生态伦理学具有革命性，这种革命性表现在它对根深蒂同的人类中心主义提出了挑战，其主流意识形态是非人类中心主义。它强调自然界具有内在价值，并把道德关怀的对象从人这一物种扩展到了人之外的其他物种和整个生态系统。在生活方式上，生态伦理学主张用节制物质欲望的“生活质量”概念来代替工业社会的“生活标准”概念。在社会政治领域，生态伦理学要求建立一种更有利于环境保护的公平的分配模式；主张一种多元化的、以自治的共同体为主要形式的政治结构，其基本原则是自由、平等和直接参与，从而促使人类的发展从片面发展走向人—自然—社会的协同发展。

第二节 职业道德

一、职业道德的概念

职业道德与人们的职业生活紧密地联系在一起，它是从职业活动中引申出来的。所谓职业道德，就是指从事一定职业的人们在职业生活中所应遵循的道德规范以及与之相适应的道德观念、道德情操和道德品质。职业道德是社会主体道德体系在职业活动中的体现。职业道德与职业活动相互联系。从事共同职业的人们，由于有着相似的教育和工作背景，因此其理想、兴趣、爱好、习惯和心理特征都比较相似，并且在一定的关系下，这些人们具有特殊的职业责任和职业纪律。在这种职业责任和职业纪律的要求下就产生了一定的职业道德要求。

职业道德是现实社会道德总体体系的一个重要组成部分。正如恩格斯指出的，“实际上，每一个阶级，甚至每一个行业，都各有各的道德”。[①] 职业道德可区分为两个层面，即基础层面和具体层面。基础层面的职业道德是指具体社会的职业道德原则及其规范的抽象，是所有职业所具有的职业道德的总体概括；具体层面的职业道德是指以特定社会的基础层面职业道德作为依据，并根据本行业的特殊要求而制定的具体职业道德要求。从哲学上讲，基础层面的职业道德和具体层面的职业道德之间的关系是一般和具体的关系。

二、职业道德的产生与发展

职业道德是随着生产力和生产关系共同发展的历史范畴。

① 马克思恩格斯选集(第4卷)[C].北京：人民出版社，1995，第236页

从其产生过程来看,职业道德的产生和发展必须具备两个条件。首先是社会分工。这是产生一定职业道德的前提。其次是职业活动。这是产生职业道德的基础。

从上面的论述来看,职业道德的产生是在一定的物质基础之上,人们对职业活动产生的社会关系的伦理规范。职业活动从本质上说是一种特定的社会关系。雇主与雇工之间发生了以职业为基础的交换关系。而在同行之间,这种交换关系又演化成为一种特定的社会关系。职业道德作为一种伦理规范约束着行业内的所有从业者。

从社会分工的时间可以看出,职业道德产生于原始社会后期。由于金属器具极大地改良了社会生产效率,专一的社会生产使得一部分人从农业生产之中解放出来,具有了粗略的职业划分。由于利益调节的需要,各个行业具备了最初始的行为规则。对此,恩格斯在谈到道德起源时曾说:"在社会发展某个很早的阶段,产生了这样一种需要,把每天重复着的生产、分配和交换产品的行为用一个共同规则概括起来,设法使个人服从生产和交换的一般条件。这个规则首先表现为习惯。"[①]原始社会的职业道德是职业道德十分粗略,处于职业道德发展的萌芽阶段。

在奴隶社会,生产力和社会分工出现了较大发展,最为典型的是出现了脑力劳动和体力劳动分工,脑力劳动者成为社会的管理者,脑力劳动者和体力者之间出现较大程度的利益矛盾。这就要求各个职业活动者约束自己的行为使其符合一定的社会行为规范。这给职业道德的产生奠定了坚实的物质基础,职业道德成为社会分工中所必需的重要内容。孔子曰:"百工居肆以成其事,君子学以致其道"[②],"其身正,不令而行;其身不正,虽令不从。"[③]古希腊思想家柏拉图在他的《理想国》一书中提到过四种美德:智

① 马克思恩格斯全集(第2卷)[C].北京:人民出版社,1972,第538—539页

② 论语·子张

③ 论语·子路

慧、勇敢、节制、公正。他认为哲家的道德是智慧,武士的道德是勇敢,自由民的道德是节制,而所有居民都应具有公正的美德。从这些文献之中,我们可以看出,在奴隶社会,职业道德作为道德规范的一个重要体系已经有了较大的发展。

封建社会是职业道德的缓慢发展时期,已经渐渐勾勒出职业道德的外形。我国有句谚语"三百六十行,行行出状元",民族英雄岳飞曾说过"文臣不爱钱,武将不惜死",工商业者应秉持"和气生财,童叟无欺",医疗工作者应做到"救死扶伤",而在西方社会最为典型的职业道德就是骑士精神。这些都是封建社会职业道德的典型。然而在封建社会中,由于存在着严格的等级制度,一些社会发展所必需的行业备受歧视,职业道德未获得真正的发展。

职业道德在资本主义社会获得了前所未有的发展。资本主义生产是以机器大工业为基础的社会化大生产。生产力逐渐发展的结果是社会分工进一步细化,社会上各个职业之间的依赖关系越来越密切。在第二次世界大战以后,第三次科技革命又使得社会分工分化到一个更加深刻的程度,各行各业的关联度都达到了牵一发而动全身的地步。在这种生产力背景下,各个职业都负有对整个社会进步不可推卸的责任。职业道德的发展自然成为一个十分必要的内容。职业道德甚至作为一门必修的课程走入了社会课堂。

社会主义制度的建立为职业道德的发展创造了更多的社会条件,劳动与责任将逐渐走向人们的意识领域之中。但由于历史原因,我国的职业道德发展依旧十分不成熟,制约职业道德发展的因素依然存在。随着社会生产力的发展,信息流动越来越发达,各个行业的行为将受到最为广泛的社会监督。因此我们有理由相信,在社会主义社会职业道德的面貌将焕然一新。

三、职业道德的构成要素

职业道德作为一个相对独立的规范体系,是由职业理想、职业态度、职业责任、职业技能、职业纪律、职业良心、职业荣誉和职业作风等要素构成的。这些要素从不同层面反映着职业道德的特殊本质。

（一）职业理想

职业理想是指人们对未来自身职业发展的期望。职业理想是一定社会理想在个人职业选择和实践中的具体体现。职业理想具有明显的个性化特征，是与个人紧密联系的。一方面，职业理想受到社会公众的监督和制约，另一方面职业理想则受到个人主观能动性的直接作用。

（二）职业态度

职业态度是指从业人员在职业活动中的行为表现，其实质是劳动态度。劳动态度是从业人员承担职业责任的基础。

职业态度是对个人的具体职业活动要求，具体讲职业态度主要有两点：端正的劳动态度和踏实认真的态度。端正的劳动态度要求无论什么样的工作都要积极努力，做出个样子来。踏实认真的态度要求要认真实践本职业特殊的行为规范，长期坚持，绝不松懈。

（三）职业责任

职业责任通常是指从业者对整个行业和社会所应承担的特定义务。一般情况下，职业责任是以法律的或行政的形式确定的，具有强制性和规范性。

在社会实践中，职业责任关系到整个社会的安定与和谐，因此也关系到个人职业活动的成败。例如注册会计师，注册会计师若不能按照行业准则审计企业账目，自身不仅要受到相关的法律惩处，所在的企业也会受到一定的惩罚，最为著名的就是安然事件。承担一定的职业责任，履行一定的职业义务是一个从业人员最起码的道德要求，也是职业活动得以进行的前提。

(四)职业技能

职业技能是从业者从事职业活动时所应具备的业务能力。职业技能是职业道德的载体和表现手段。职业技能本身并不是职业道德,但它却应被有道德的人操作。从业者使用职业技能应符合基本的职业道德规范。另外,从业者还应积极学习,保持自己的职业技能适应时代发展的需要,否则,再好的职业技能也会成为明日黄花。

(五)职业纪律

职业纪律是一种以规章、制度、条例等形式来维持职业活动正常秩序,调节职业活动各种现实关系的行为准则。职业纪律的效能介于法律和道德之间,它的表现形式具有职业道德的一般特点。在人们的职业道德修养水平发展不平衡的情况下,纪律具有不可或缺的作用,事实上如果没有纪律的约束,人们将失去职业活动的自由,整个社会生活也会变得不可思议。邓小平指出:“我们这么大一个国家,怎样才能团结起来、组织起来呢?一靠理想,二靠纪律。”①纪律的重要性客观上要求每一个从业者坚持不懈地遵守和维护,使之习惯成自然,成为自觉的职业行为。

四、职业道德的特征

职业道德是社会道德在职业生活中的具体体现,具有不同于一般性道德规范的职业特征。具体表现在以下四个方面:

(一)对象上具有鲜明的专业性

从职业道德针对的群体来看,职业道德的调节范围仅限于从业人员。不具备从业资格的人员不受职业道德的规范。然而,对

① 邓小平文选(第3卷)[C].北京:人民出版社,1995,第216页

于其他人士来说也应该了解职业道德，这对整个社会的进步具有一定的积极意义。

由于职业道德规范的是专业人员，所以从具体层面认识的职业道德具有鲜明的专业性，是特定行业的行为准则。每一个行业的职业道德是不可以相互替代的。

（二）内容上具有稳定性和连续性

职业道德反映着社会对这一职业以及行业对从业人员的特殊要求。这种特殊要求是随着长期的社会职业实践而变化的，具有一定的稳定性和连续性。这种稳定性和连续性具有一定的世代相袭的道德心理、道德习惯和行为特质，其通常还体现为不同职业的从业者在道德风貌上的明显差异。

（三）形式和方法上具有多样性和灵活性

为了适应现代社会的发展，职业道德在表现形式及方法上通常会根据实际情况做出相应的变化，因此具有多样性和灵活性。同一个行业不同的单位，往往会有各自不同的规章制度、工作守则、奖惩条例、服务公约、注意事项，乃至誓词、口号等。这种具体的职业道德具有很强的针对性，往往是根据行业职业道德的基本精神针对单位所在的特殊环境所制定的，对于单位内的从业人员具有较强的引导作用。

（四）行为上体现自律与他律的统一

职业道德对从业人员职业行为调节的最终指向是整个群体的利益关系。在现实中各行各业的职业道德是同从业人员自身的利益密切相关的，当从业人员不能履行某一道德规范时，或存在明显差距时，往往会面临各种类型的惩戒、舆论谴责，甚至被淘汰出局。比如商业上的“缺一罚十”规范，其作为一种公开的对外承诺，直接体现了自律与他律的统一。

五、职业道德的作用

一个社会的道德规范正常运转必须借助于各种职业活动的有机联系和有序进行。类似地，一个社会的伦理道德作用的发挥必须要依靠职业道德作用的发挥。整体上看，职业道德的社会作用主要体现在以下三个方面：

（一）职业道德使从业者道德品质成熟化

单纯谈论社会的道德原则往往十分抽象，抽象的原则要运用到社会中必须具体化、个性化。前文说过，职业道德是社会道德的具体体现。例如爱国主义这一抽象的道德准则，在外事工作中，爱国主义表现为“不卑不亢，有礼有节，宠辱不惊”。在法律工作中，爱国主义表现为“无畏无惧，公正无私”。在国家安全工作中，爱国主义表现为“保守秘密，慎之又慎”。

职业道德使从业者道德品质成熟化，是指从业者在经过职业道德的学习和实践之后，可以在一定程度上改变或加深他们在接受教育之时形成的道德认识，使他们的道德观念随着这一过程逐渐调整、充实、提高，从而日趋成熟。

（二）职业道德推动市场经济健康有序发展

亚当·斯密在《国富论》中提到了市场经济是一只“看不见的手”，隐形地操纵和调节着市场。“看不见的手”在对市场进行调节的过程中，并没有对人们内心的道德准则进行调节。参加市场活动的人由于受到价值规律的刺激，可能会过度的追求高额利润，不断突破原有的道德底线，最终导致了一些社会丑恶现象，使人们深恶痛绝。无论是从道德认识利益出发，还是从人类的整体利益出发，人们都应该杜绝市场经济中的这些丑恶现象。市场经济之中的另一只“看不见的手”——职业道德开始发挥作用，从人的内心深处规范人的经济活动。人们抵制丑恶现象的种种方式，其本质上都是与职业道德紧密联系的，最终结果也将指向人的职业道德。从这个角度看，职业道德的不断发展，使各种背离职业道德的行为逐步得到遏制，将最终有利于推动市场经济的健康发展。

六、职业道德教育的内容

（一）正确的职业观教育

正确的职业观教育是大学生职业道德教育中的首要内容，职业观教育主要包括以下三个方面：

第一，劳动光荣教育，使大学生认识到劳动是他们生活中的一个重要需要。无论从事什么样的劳动，劳动者的关系都是平等的，无高低贵贱之分。

第二，尊重劳动果实教育。任何劳动的结果都是应该尊重的，因为从事任何职业都不易，都需要付出辛勤的汗水。另外大学生还要充分肯定自己劳动的价值，只要肯钻研业务，勤勤恳恳地劳动，行行都可以出状元。

第三，自我价值教育。大学生要正视自己的能力，树立远大的职业理想，把个人理想与社会需要结合起来，把个人利益同国家、社会利益捆绑在一起。

（二）主人翁劳动态度教育

《中华人民共和国宪法》规定："国有企业、城乡集体经济组织的劳动者都应以国家主人的态度对待劳动。"职业道德教育的内容应该使大学生认识到自己是国家的主人，是劳动的主人。他们的劳动成果既是为了自己走向更加美好的生活，同时也是为了国家更加强大，人民更加富足。因此，应该教导大学生以主人翁的态度对待各项生产和劳动，尽自己的能力去工作和劳动。

(三)履行职责,遵守纪律教育

职责是各行各业的从业者对整个社会与国家应该承担的责任。从业者在自己的工作岗位上所承担的职责就是要忠于职守,认真负责。职业规章制度规定了每个从业者都应该履行的重要职业纪律。作为即将走向工作岗位的大学生,要让他们懂得劳动者应有的职业纪律观念,严格遵守职业规章制度。没有责任心和遵守纪律的观念,劳动生产将无法顺利进行。

因此从以上论述来看,培养大学生的职责观念和纪律观念要远比学习一项技术更重要、更艰巨。应当使学生懂得无论是什么职业,都必须认真学习职业责任方面规定,并忠于职守。

第三节　家庭美德

家庭美德是当代大学生所必须具备的思想道德素质之一。家庭美德教育也是大学生所必须要接受的道德教育的一项重要内容。家庭美德涵盖了家庭所有关系的正确处理方式,与个人的幸福生活密切相关。

一、家庭美德的主要内容

在家庭生活中,每个公民都应遵循家庭美德这一重要行为准则,并以此作为调节家庭内部成员和与家庭生活中人际交往关系的行为规范。家庭美德涵盖了夫妻、长幼、邻里之间的关系。个人的幸福生活,不仅与自身的能力密切相关,还与自己所处的家庭环境密切相关。众所周知,一个幸福美满的家庭,不仅对社会的和谐安定有重大意义,还对个人的生活有重要的影响。维护良好的家庭美德对自身的发展有重大的意义。家庭美德的基本要求包括以下几个方面的内容。

(一)尊老爱幼

尊老爱幼是指尊敬老人、孝敬父母、爱护幼年子女和全社会的少年儿童,关心下一代。尊老爱幼是我国的传统家庭美德,自古以来就十分受到推崇,从当前以及今后的社会发展状况来看,这一重要家庭美德也是我们将来所必须要推崇的一条家庭规范。百善孝为先,孝敬父母是中华民族的传统美德。在人一生所有的社会关系中,只有父母与子女的关系是永远都不需要任何代价的,亲情是所有人都抹不去的真感情。没有亲情的人是不可能具有真正善心、爱心亦或者任何良心的。孝敬父母,尊敬长辈,爱护幼小,是一个人应尽的本分,是最重要的一项美德,也是各种社会道德形成的最首要前提。

幼小,作为一个家庭未来发展的希望,理应受到特殊的关爱与照顾。在他们还不够健壮之时,必须要有成年人在物质和精神上的照顾与培育。

(二)男女平等

男女平等是指男女在政治、经济、文化和社会生活以及家庭生活等各方面享有平等的权利,履行相似的义务。根据我国《宪法》第 48 条之规定,中华人民共和国妇女在政治的、经济的、文化的、社会的和家庭的生活等各方面享有同男子平等的权利。

男女平等在我国,是一项重要的家庭美德,这是社会主义国家区别过去旧制度国家的一项重要体现。男子与女子在生理构造上具有显著的不同。男子在气力、体格上都具有优于女子的生理优势,这也是我国过去女子受歧视的一个重要原因。然而在新中国新社会必须实行男女平等的家庭关系,使女子从被压迫的政治现状中解放出来。

男女平等在新的科技条件下具有重要的意义。一方面,女子有自己独特的优势,能够弥补男子的不足。例如,女子在教育方面能够以自己独特的母性关怀感化孩子,让孩子走向一条正确的道路；另一方面，男女平等对家庭和睦具有重要意义，因为在确定家庭决策之时，男女共同商议能够确定一项更加有利的决策。

（三）夫妻和睦

夫妻是家庭的重要成员，夫妻关系是家庭关系的核心。夫妻和睦，志同道合，共同进步，是维护整个家庭和谐、融洽的关键，也是家庭生活中应该遵守的重要的行为准则。

（四）勤俭持家

勤俭持家是一个健康家庭所必需的一个重要标志。勤俭持家一方面要求男女双方都能够积极工作，扩大家庭收入；另一方面要求量入为出，俭省不必要的开支。勤俭持家一直都是中华民族的传统美德，是一个家庭逐渐走向兴旺的重要保证。

（五）邻里团结

俗话说："远亲不如近邻。"好的邻里关系，可互为助手、互为依靠，有益于各家生活。不恰当的邻里关系处理方式，不仅会影响到街坊邻里的安定，而且还会败坏社会风气。所以，邻里团结不仅有利于每个家庭的安定幸福，也有利于全社会的精神文明建设。

二、大学生家庭美德教育的方法

大学生家庭美德教育的方法多种多样，这里仅根据家庭美德的内容提供两个方面的方法，仅供参考。

（一）培养高尚的恋爱观

恋爱观是家庭美德养成的第一个方面。一旦在恋爱中确定其基本态度，就能确定其基本的家庭道德观念。在恋爱中，人应持的态度主要包括以下几个方面：

1. 平等互尊

男女双方在爱情关系发展中始终都应处于平等地位。不管客观因素差异多大，都有平等地叙述自己意愿的权利。双方应该相互尊重对方在家庭、学习、工作、兴趣、爱好等方面选择的权利，在顺利时互相勉励，在困难时互相帮助。弗洛姆曾在他的文章中指出，尊重对方不是惧怕对方，而是努力使对方能够成长和发展自己。[①]

2. 感情专一

爱情中的道德最重要的是对爱情忠贞、专一。爱情关系一旦建立，双方应把感情集中在对方身上，严守信义，至死不渝。因为特有的情感和义务只存在于两人恋爱之中。能审时度势、急流勇退的人才是真正懂得爱情的人。我国伟大的教育家陶行知先生曾做过很形象的比喻：爱之酒甜而苦，两人喝是甘露，三人喝是酸醋，随便喝要中毒。

3. 坦荡无私

真心相爱的男女双方，不会庸俗的盘算，也不会斤斤计较得与失。常言道：一个人的痛苦两个人分担，痛苦就会减半；一个人的快乐两个人分享，快乐就会加倍。爱情的无私表现在给予而不是索取。检验真正爱情的唯一坐标就是无私奉献。过分苛求对方而不愿为对方做出任何努力的人不可能获得真爱，也永远不会找到幸福的港湾。

4. 理解信任

“长相知，不相疑”，这是幸福家庭的必备条件。相互信任是幸福爱情的纽带，是爱情之树常青的甘霖。男女双方不要无休止地窥测考验。无端的猜测是在自寻烦恼，过度的考验是在伤人害己。窥测考验可能会拉开心灵的距离，是男女之间缺乏信任的表现，是不幸的祸根。

---

① [美]弗洛姆. 爱的艺术[M]. 上海：上海译文出版社，2008，第67页

5. 理智高尚

爱情的特征在于爱情是人类美好而又复杂和难以驾驭的感情。爱情的自然属性可以使爱情产生崇高的、无所畏惧的精神和力量。而爱情的自然属性则可以让人产生本能、狂热、自发和放纵，冲破道德和法律的约束，冲破人格和尊严的屏障。感情和理智的冲突，往往使恋爱双方把握不住自己，做出越轨行为。

马克思曾经指出："在我看来，真正的爱情是表现在恋人对他的偶像采取含蓄、谦恭乃至羞涩的态度，而绝不是表现在随意流露热情和过早的亲昵。"[①]不论恋人之间爱得多么如胶似漆，多么亲密无间，都不能丧失理智的观察力和判断力。恋爱中的同学要用理智控制情感，培养高尚的情趣。善于情感自控的青年能够了解自己的心，赋予自己隐私的情欲以新鲜的诱惑，用理性来测量。

（二）增强家庭责任感

1. 婚姻家庭关系的实质

恩格斯说："在整个古代，婚姻都是由父母为当事人缔结的，当事人则安心顺从。古代所仅有的那一点夫妇之爱，并不是主观的爱好，而是客观的义务；不是婚姻的基础，而是婚姻的附加物。"[②]尽管人们意识到"当事人双方的相互爱慕应当高于其他一切而成为婚姻基础"。[③]

但在一般情况下，男女之间相互结合仍然建立在政治、经济的基础之上，这时的婚姻逐渐地转化成为一场交易。恩格斯一针见血地指出，"买卖婚姻的形式正在消失，但它的实质却在越来越大的范围内实现，以致不仅对妇女，而且对男子都规定了价格，而

① 马克思恩格斯全集(第31卷)[C]. 北京：人民出版社，1972，第520页

② 马克思恩格斯选集(第4卷)[C]. 北京：人民出版社，1995，第74—75页

③ 王露璐. 马克思主义经典作家的爱情婚姻家庭道德观[J]. 江苏大学学报(人文社会科学版)，2007(06)

且不是根据他们的个人品质.而是根据他们的财产来规定价格”。[①]

恩格斯明确地指出,“在私有制消亡以后的未来社会中,婚姻的基础将是性爱即爱情”。[②] 这说明只有在共产主义制度下,人类婚姻才能真正以爱情作为基础。这是因为,在资本主义生产关系被消灭以后,人们选择配偶的经济因素相应地被消除。到那时,“男子一生中将永远不会用金钱或其他社会权力手段去买得妇女的献身;而这一代妇女除了真正的爱情以外,也永远不会再出于其他某种考虑而委身于男子,或者由于担心经济后果而拒绝委身于她所爱的男子”。在这种情况下,两性的结合“除了相互的爱慕以外,就再也不会有别的动机了”。[③]

2.对待婚姻需慎重

恩格斯提出“只有继续保持爱情的婚姻才合乎道德”[④],是针对异化的择偶制,不能视作个体对婚姻家庭关系不负责的理由。在离婚问题上,恩格斯一直否定轻率的行为。他在1888年谈到离婚问题时曾指出,“每个丈夫会发现自己妻子的某些缺陷,反之亦然,这是正常的”[⑤]。在遇到矛盾时,夫妻双方应相互谅解,寻求矛盾的合理解决,“只有在万不得已时,只有在考虑成熟以后,只有在完全弄清楚必须这么做以后,才有权利决定采取这一极端的步骤,而且只能用最委婉的方式”。[⑥]

马克思主义一向反对滥用离婚自由的权利,反对在婚姻家庭关系上见异思迁、不负责任的轻率行为。马克思曾经指责一些离

① 马克思恩格斯选集(第4卷)[C].北京:人民出版社,1995,第77页

② 王露璐.马克思主义经典作家的爱情婚姻家庭道德观[J].江苏大学学报(人文社会科学版),2007(06)

③ 马克思恩格斯选集(第4卷)[C].北京:人民出版社,1995,第80页

④ 王露璐.马克思主义经典作家的爱情婚姻家庭道德观[J].江苏大学学报(人文社会科学版),2007(06)

⑤ 详见人民网:http://cpc.people.com.cn/GB/10886200.html

⑥ 马克思恩格斯全集(第37卷)[C].北京:人民出版社,1971,第107页

婚者"仅仅想到两个人，而忘记了家庭"，"忘记了几乎任何的离婚都是家庭的离散"，"谁也不是被迫结婚的，但是任何人只要结了婚，那他就得服从婚姻法……婚姻不能听从结婚者的任性，相反，结婚者的任性应该服从婚姻。"[①]夫妻关系总体来说是一种社会性行为，不是个人不负责任随心所欲的产物。一个人选择伴侣不仅要考虑自己，还要考虑对方，还要考虑整个家庭关系。一个家庭不仅仅关系到自己，还有他人，还有自己的子女。承担起家庭的责任，是成家最起码的准则。

3.对待责任需担当

大学生要增强爱情责任感。大学生应认识到，选择了爱情必须承担相应地责任。在爱情之后，我们将迎来婚姻家庭，生儿育女，这些都包含着责任和义务，是任何人都不应逃避的。列宁在关于恋爱的道德要求中强调，"恋爱牵涉到两个人的生活，并且会产生第三个生命——一个新的生命。这一情况使恋爱具有社会关系，并产生对社会的责任"。[②] 这种"社会关系"和"社会责任"正是恋爱中所包含的道德关系和道德责任。

大学生要增强家庭责任感。婚姻生活在浪漫之外，还包含着对下一代的社会责任，这是维持一个家庭更加稳定的因素。恋爱中的人对此应有充分的心理准备。这些是伴随着爱情和婚姻而生的，同时也巩固了爱情和婚姻。在夫妻关系出现动荡、裂痕的时候，这种对家庭和下一代的义务和道德观念会加以补救。因为这对具有高尚情操的恋人来说，是两者必须履行的义务。

车尔尼雪夫斯基认为，"爱情赋予万事万物的魅力，其实决不应该是人生中的短暂现象，这一道绚烂的生命的光芒，不应该仅仅照耀着探求和渴慕时期，这个时期其实只应该相当于一天的黎明，黎明虽然可爱、美丽，但在接踵而至的白天，那光和热却比黎明时分大更多"。能够领会这段话的人，应该是已经掌握了经营

① 列宁全集(第25卷)[C].北京：人民出版社，1988，第347页

② 蔡特金.列宁印象记[M].北京：三联书店，1979，第69—70页

爱情和婚姻秘诀的智者。夫妻之情是爱情成熟结出的幸福之果，双方都应该为对方做出些自我牺牲。如果双方都愿意尽自己的责任，那么婚姻将不会是爱情的坟墓，而是人间天堂。

恋爱时往往把对方理想化，“情人眼里出西施”，而婚后却感到并不是那么理想。这种差异，对大多数夫妻来说，是在所难免的。毕竟在恋爱时被理想化的人与物同现实生活中的存在很大差距，这也是现今很多年轻夫妻婚姻解体的主要原因之一。他们大多是独生子女，从小受到过多呵护，不太愿意迁就别人.不想为了对方而对自己进行任何调整。目前出现的“闪离族”，就是这样的情况。实际上，只要夫妻双方逐步减少对爱情的幻觉，胸怀诚意，积极地面对现实问题，尽量去适应对方，必定会推进夫妻感情向更深层次发展。最终就会像歌词中所唱到的那样：“我能想到的最浪漫的事，就是和你一起慢慢变老。”

第四节　个人品德

从个人品德的含义来看，个人品德涵盖了上述三个方面的全部内容。这里做出区分实际上就是要对上述三方面的内容再做补充，也就是说，这里的个人品德是指个人除了社会公德、职业道德、家庭美德之外的其他道德内容。

一、个人品德的功能

（一）陶冶人格情操

在现实生活中人格有高低、好坏之分，其根源就在于个人品德的优劣。我们总是希望与那些热情友善、谦虚谨慎的人交往相处，也总是对那些严于律己、光明磊落的人充满好感，就是他们的人格魅力在无形中感召吸引着我们。一个人只有具备良好的品德，才能受到他人的尊重，实现做人的尊严和价值。

第一，培养健康情趣。在多元价值充斥的现实社会，个人品德修养的现实意义在于能够培养催人奋进的高尚志趣，养成健康向上的生活情趣，保持高尚纯洁的精神追求。健康的生活情趣既是一种生活追求，更是一种精神力量。培养积极健康的生活情趣，有利于促进人际和谐与个性发展。个人品德建设就是要通过学习和实践，树立正确的世界观、人生观、价值观，不断陶冶情操，净化灵魂，砥砺心志，时刻保持思想的纯洁和精神的高尚，正确把握自己，避免因盲目追求而导致在无穷变化的现实世界中迷失方向，即使在艰难困苦时刻，也不会随波逐流、丧失信念和勇气。

第二，养成良好习惯。人的美德有赖于良好习惯的养成，但是高尚的个人品德教育也有助于养成良好的习惯，这是一种定型性行为，它可以决定人的命运、改变人的一生。道德总是借助于习惯养成获得自身发展，而良好习惯养成又是道德教育的不变初衷。所以，从一定意义上说，个人品德修养就是一个习惯由被动到主动、由自发到自由的养成过程。

（二）追求人生幸福

幸福是衡量人生的唯一标准，是所有目标的最终目标。我们今天谈个人品德建设，不是要标榜道德，而是去追求幸福。

人生幸福的初级形态是自我安宁感，即求真。真是自由的第一个层面，就是人的认识正确地反映了客观事物的本质和规律。真的本质在于合规律性，标志着主观符合客观、主体和客体在观念形态上的统一。

人生幸福的中级形态是自我实现感，即向善。善是自由的第二个层面，是人与人之间的一种价值关系，它所呈现的是人的思想行为符合内在的良知标准。善的本质在于合目的性，标志着客体符合主体，主体和客体在现实形态上的统一。善是“从人们对待满足他们需要的外界物的关系中产生的”[①],以有利于自身及他人或社会为目的,如果说真的尺度是客观的、外在的、是不以人的意志为转移的,那么善的尺度却是内在的,所反映和体现的乃是主体的意志。

人生幸福的高级形态是自我愉悦感,即尚美。美是自由的第三个层面,是人的本质力量在客观对象中合乎人性的实现或对象化,它是心灵完全自由的表征,是主客体之间的和谐关系。美的本质在于既合规律性又合目的性,是在真和善的基础上主体与客体的和谐统一。美可以作为娱乐的手段,这是美的一般功能,而美的内在价值也是特殊功能即陶冶人的情操。对美的拥有使得自我在自己的特定个别存在中获得超越有限自我的喜悦感。

二、个人品德素养的提高

社会道德与个人品德尽管有各自的内容和作用领域,有明确的区分,但两者又有着密切联系。两者具有一体两面、不可分割的关系。为提高社会道德水平,必须高度重视个人品德素养的提高。

(一)提高个人品德素养,才能有效强化社会道德建设

社会道德的实施必须以个人品德为基础和必要环节。没有社会成员的身体力行、自觉行动,换言之,没有把社会道德内化为个体的道德素养,就不可能有社会道德的贯彻落实、发扬光大。一个人要能自觉地遵守社会道德规范,必须经过道德内化诸环节,包括:

一是提高道德认识。道德认识是指对道德知识的理解和掌握,有意识地培养和提高个体的道德认识水平是十分重要的。从心理学的角度看,认识是情感产生的依据,是进行道德意志锻炼

① 马克思恩格斯全集(第19卷).北京:人民出版社,1963,第406页

的内在动力，是决定行为倾向的思想基础。在现实生活中，有些人之所以会产生这样那样的不道德行为，甚至违法犯罪，一个重要原因就在于他们缺乏道德的基本知识，分不清是非、善恶、荣辱、美丑的界限。提高道德认识，从道理上懂得什么是好、什么是坏、什么是善、什么是恶、什么是美、什么是丑，提高道德判断和评价能力，才能真正具备道德意识，提高自身道德行为。

二是培养道德情感。仅仅有了道德认识，并不一定能够形成高尚的道德素养。道德素养的提高和道德品质的铸就还依赖于高尚的道德情感。冷酷无情的人往往是缺乏道德感的人，这种人即使深谙各种道德知识，但对善恶也会无动于衷。道德情感是指人们对道德规范、道德理想的内心体验，如对高尚道德行为的敬仰和爱戴，对不道德行为的愤怒或厌恶。有了高尚的道德情感，才能有正确的义务感、责任感、荣誉感和正义感，才能自觉履行社会道德规范。

三是坚定道德信念。道德信念是发自内心的一种坚定信心和责任感，是深刻的道德认识和炽热的道德情感的有机统一，是理与情的“合金”。它在道德内化过程中占据核心和主导地位，道德信念一旦形成，就具有稳定性、持久性和一贯性。正确、坚定的道德信念能使个体终身受益。

四是锻炼道德意志。道德意志是人们在履行道德义务过程中所表现出来的战胜困难和克服障碍的毅力，它是贯彻道德信念，并且使道德行为持之以恒的重要精神力量，因而也是道德内化的重要因素。

五是培养道德行为。看一个人是否具备一定的道德品质，不在于他的言论多么动听，而在于他的行为是否高尚，言行是否一致，能否始终如一地把道德原则和规范贯彻到实践中去。因此，加强道德行为训练，使道德行为成为人们的自然习惯，是道德内化的落脚点。

道德的本质是内在的，任何一种社会道德都只有经过以上诸环节转化为个人品德，才能成为真正意义上的现实的道德。社会道德的生命力，最终取决于每个个体的道德自律程度和由此构成的整体综合效应。社会道德如不内化为个人品德，成为个体自觉自愿的行动，那么社会道德就会蜕变为苍白无力的说教。所以，古人云："行道而得之心谓之德。"

当然，个人品德的形成也依赖于社会道德。个人自出生始就生存于一个特定的社会文化环境中，并受其制约和影响。因此，任何个体的道德行为准则和价值目标，既是对现实生活的反映，也是对历史上沿袭下去的社会道德的不断内化。任何个人品德在本质上都是社会道德的内化、个体化。没有社会道德规范的影响和外在道德环境的熏陶，就不会有个人品德的形成。

（二）提高个人品德素养才能发展社会道德

社会道德内化、个体化的过程，也就是它作用于并转化为个人品德的过程。社会道德作为一种外在于个体的道德规范，在历史的长河中反复冲刷、反复筛选，最终形成一种定型的理性形式，并通过对个体的影响、熏陶，积淀于人们的心中，塑造了个体的道德灵魂，这就是社会道德对个人品德的作用和转化。在这一过程中，个体在对社会道德规范作深刻反思的基础上，由内心萌生出对这些规范的真挚敬仰。这一过程一旦完成，外在于主体的社会道德规范就转化为个体自身的道德立法，原先与个体相对立的、被个体视为异己的社会道德规范将被个体视为自己给自己制定的具体的道德准则，从而自觉地贯彻实施。即使面临复杂的社会环境，既成的道德准则失灵，或社会舆论的监督亦付阙如、发生困难时，也能坚持道德要求，保持高尚道德品质。从这个意义上说，大多数社会成员的个人品德素养高，社会道德水平就高；反之，必然难以形成良好的社会道德风尚。

在社会道德规范作用于个人品德并转化为个体内心道德法则的过程中，义务和良心是两个必经环节。可以说，义务和良心是推动社会道德水平提高的内在动力源。

所谓义务，一般是指个人对他人和社会应尽的责任。社会上有各种各样的义务，诸如政治义务、法律义务、道德义务。道德义务则指是个体对他人和社会应尽的道德责任。道德义务大致上分为三类：①对社会、对人类应尽的义务，如爱祖国、爱人民、维护世界和平等；②对他人应尽的道德义务，如在家庭中应尊老爱幼，在工作中应遵守职责；③对自己应尽的义务，如自尊、自爱、自重，尽量发挥自己的潜力等。把客观的义务内化为个体的责任感，是把外在的客观的道德要求转化为主体道德自觉意识的首要环节。在现实生活中，单纯的义务还是一种外在的道德要求，是责任的外在形式，责任感的树立标志着主体对义务的自觉意识。义务的贯彻是建立在主体觉悟基础上的，一个人觉悟到应尽的义务，才能把义务转化为责任；才能在处理个人与社会、个人与他人的关系时，自觉承担对社会、对他人的责任，使个人利益服从集体利益，自觉按道德要求来行动。

道德义务在个体身上的内化，以自律准则（内心的道德法则）的形式积淀下来，就是良心。良心是道德规范自律性的最集中表现，它作为一种自觉的道德意识，是隐藏在人们内心深处的一种意识活动。良心包含着理性，是人的理性的"精粹"的积淀；良心又包含着意志，是人的意志力成为习惯、下意识的强劲表现；良心还包含着种种非理性的东西：直觉、本能、信仰，等等。因而，良心不是单纯的道德认识、道德情感和道德意志，而是道德的知、情、意诸心理因素的综合统一。它是敏锐地表达道德满足或不满足的感觉，并以个人的深刻感受形式表现出来。良心一旦形成，就具有相对稳定性，能比较持久地对人们的行为起作用。道德作用要靠社会舆论，特别是内心信念，而内心信念就是通过良心而发挥作用的。良心在道德内化过程中起着重要作用。道德内化的最终目标是将外在的社会道德转化为人们自我控制的道德——心理机制。良心正是这种机制的展现，表现为：

一是帮助个体进行行为选择。良心包含道德理性观念，又包括情感态度和意志力，因此，在道德行为选择中，人们可根据内心的理性，分清善恶是非，并通过情感的发动和意志力的选择，形成符合道德的动机，否定不道德的动机，指导人们做出符合一定道德准则的选择；或使人们在良心的自我控制下，防患于未然，阻止越轨的意图。

二是监督和调节个体的行为。个体的行为是内在动机与外部环境相互作用的过程，行为的客观后果随时会反馈回来，影响个体的内在动机和心理。这时，就需要良心的监督和调节，以随时调整行为的方向，坚持道德行为，尤其是当社会舆论的监督难以起作用或发生困难，以及生活转折关头，更需良心的监督和调节，才不至于忘乎所以，做出缺德悖理之事。

三是评价个体自身的行为。在行为之后，良心能对自己行为的后果和影响做出一定的评价。凡是履行道德义务，尽到了责任，会感到欣慰；对不良行为的后果，会产生内疚和惭愧的心情，即受到良心的谴责，表示忏悔和赎罪。

可见，在道德内化过程中，良心好比“道德的卫士”、“内心的道德法庭”或“内在法庭的审判官”。良心与义务的内容是一致的，良心是从主体角度看待社会的客观道德义务。良心与义务的内容都是社会关系和道德关系，它们是在社会道德的影响和熏陶下形成的，是社会道德的个体表现。社会道德需要每个人来维护，因而任何社会道德，包括社会公德，都必然会对个体产生影响，并转化为个人的道德品质。

个人品德对社会道德的实际推动过程，也就是个人品德作用于社会道德的过程。个人品德的完善、个人品德素养的提高，必以积极的方式影响全社会成员，并逐步为广大社会成员所接受，上升为普遍的东西，成为该社会道德实践的具体内容，从而推动包括社会公德、职业道德和家庭美德在内的社会道德的建设。而且，先进个人道德可以超越某种滞后于时代的社会道德，提出新的道德理想、道德规范和道德境界，在一定的社会文化氛围中，自我主宰、自我立法，并以自身的良好形象净化道德环境。如在世风日下的时代，一个有自己道德信仰的人，能自觉地抵制颓败的风气，保持高尚的品行；在众人如蝇逐臭般地追名逐利的时代，有道德意志的人能保持淡泊的心境。而当全体或绝大多数社会成员的个人品德目标取向同当时社会道德目标取向相抵触时，社会道德的运行就必定受到阻滞，这也是个人品德影响社会道德的一种表现。

在社会道德和个人品德的相互作用中，社会道德具有主导性、支配性和制约性；个人品德则将普遍、抽象的社会道德规范具体化为个体现实的道德活动。

社会道德与个人品德的相互作用往往通过两者的矛盾、对立或冲突表现出来。这是因为，社会道德并非铁板一块，不同的社会道德规范往往存在矛盾和对立，而个体间道德素养的差异又必然引起个人品德间的冲突。社会道德和个人品德的矛盾和冲突正是社会道德和个人品德生成、运动和发展的内在动力。首先，正是这种冲突，促使社会倡导的占主导地位的社会道德更贴近大多数社会成员的实际道德水准和需要。其次，正是在这种冲突中，优秀的个人品德才迸发、提升为群体道德，成为推进社会道德规范不断完善的动力。诚然，就每一具体的历史阶段而言，社会道德和个人品德相冲突的结局是多种多样的，这两种道德的具体发展道路也是曲折的、反复的。然而，就总趋势而言，社会道德的进步是必然的，尤其是在社会变革、转型期，不同的社会道德规范之间、社会道德与个人品德之间、不同的个人品德之间及个人品德自身之间的冲突、更新和演变，更是整个社会道德进步的力量源泉。

（三）社会道德的提升有赖于个人品德的提升

社会道德与个人品德并不能截然分开。从内容上看，两者之间往往“你中有我，我中有你”，相互包含，相互渗透，融为一体。一方面，社会道德的原则和规范并不完全是外在于道德主体的纯客观道德要求。在目前我国倡导的社会道德中，相当部分的原则和规范是涉及个体的道德自律准则的。例如，我国倡导的“五爱”精神、“五讲四美”、见义勇为等具体要求和规范，就无不涉及道德理想、道德情感、道德责任感等个人品德内容。另一方面，个人品德的内容无非就是社会道德的内化。从某种意义上说，个人品德就是包括社会公德、职业道德和家庭美德在内的社会道德的个体化表现形式；或者说，个体内心中感觉到的社会道德规范。与个人品德融为一体的社会道德才是完整的社会道德，因为在其中，既有外在的道德要求对个体行为的监督和制约，又有个人品德素质的升华，这样的道德规范既是人们外在行为的监视者，又是人们内心的支配者。与个人品德融为一体的社会道德将是最有效的道德规范，因此，我们在强化社会道德建设的过程中，必须高度重视个人品德素养的提高。

第四章　和谐社会公民道德建设的主要内容和基本要求

和谐社会视野下公民道德建设有其特定的内容和要求。从其内涵来看,和谐社会的公民道德建设应以为人民服务为核心,以集体主义为原则,以社会主义核心价值体系为总的引领。

第一节　核心内容——为人民服务

为人民服务是社会主义道德建设的出发点和落脚点。在社会主义道德建设的过程中,面对改革开放和建立社会主义市场经济新体制的复杂形势,必须始终坚持全心全意为人民服务的宗旨。

一、"为人民服务"的含义

为人民服务不仅是个道德问题,更是个政治问题,是关乎我们党生死存亡,关乎我们的解放运动是否能够取得胜利的根本准则,是我们一切工作的出发点。正如毛泽东所言:"全心全意地为人民服务,一刻也不脱离群众;一切从人民的利益出发,而不是从个人或小集团的利益出发;向人民负责和向党的领导机关负责的一致性;这些就是我们的出发点。"[①]"为人民服务"思想主要有以下内涵:

① 毛泽东选集(第3卷).北京:人民出版社,1991,第1003页

（一）为人民服务首先是指为"人民"服务

毛泽东非常重视服务对象的定位问题，他认为"为什么人服务的问题，是一个根本的问题，原则的问题"[①]，解决了为什么人的服务才谈得上正确的服务。实际上，重视"为什么人服务的问题"是马克思主义的优良传统，也是马克思主义之所以成为科学理论的重要原因，也是革命的落脚点。马克思在学生时代就立下了"为人类福利而劳动""为全人类作牺牲"的志愿。但是当他突破了唯心主义思想的束缚，成为一个真正马克思主义者之后，便意识到所谓"人类"这个概念的抽象性。在《共产党宣言》中，他批判了历史上运动的局限性，提出了无产阶级运动的服务对象问题，他认为："至今发生过的一切运动都是少数人的运动，或者都是为少数人谋利益的运动。无产阶级的运动是绝大多数人为绝大多数人谋利益的独立自主的运动。"[②]从此，"为绝大多数人谋利益"也就成为反映无产阶级革命运动的根本宗旨和无产阶级道德观念的全部精髓的论断。列宁在谈到为谁服务的问题时说："不是为饱食终日的贵妇人服务，不是为百无聊赖、胖得发愁的'一万个上层分子'服务，而是为千千万万劳动人民，为这些国家的精华、国家的力量、国家的未来服务"[③]，并强烈批判了"人人为自己，上帝为大家"那个可诅咒的准则，进一步提出"为千千万万劳动人民"服务的要求。而毛泽东则具体地定位在为广大的"人民"服务，符合人民群众是历史的创造者这一唯物史观的观点和中国的实际，科学地解决了服务的对象问题。

（二）以人民群众的根本利益为核心

无产阶级（工人阶级）作为代表先进生产力的新型阶级，在利益代表性上与其他阶级的一个根本的不同，就是没有自己的私

① 毛泽东选集（第 3 卷）．北京：人民出版社，1991，第 857 页

② 马克思恩格斯全集（第 4 卷）．北京：人民出版社，1979，第 477 页

③ 列宁选集（第 1 卷）．北京：人民出版社，1995，第 666 页

利，它只有解放全人类，才能最后解放自己。因此，作为工人阶级和中华民族先锋队的中国共产党，从它诞生的那天起，在第一个党纲中，就公开宣布，要为消除社会的阶级区分而奋斗，要"消灭资本家私有制，没收机器、土地、厂房和半成品等生产资料，归社会公有"[①]。中国共产党除了代表工人阶级和人民大众的利益之外，没有自己的私利。这就是毛泽东所说的："共产党员是一种特别的人，他们完全不谋私利，而只为民族与人民求福利"[②]。毛泽东还从关心群众的角度阐述："关心群众生活就是关心群众的痛痒，就得真心地为群众谋利益，解决群众的生产和生活问题，盐的问题，米的问题，房子的问题，衣的问题，生小孩的问题，解决群众的一切问题。密切联系群众，体现在实际的问题上就是关心人民疾苦，群众的利益无小事。"[③]他认为我们党"是为民族、为人民谋利益的政党，它本身决无私利可言"，我们的军队"完全是为着解放人民的，是彻底地为人民的利益工作的"。他还把是否符合人民群众的利益作为判断工作的最高标准。毛泽东时时告诫我们："一个人无论学什么或做什么，只要有热情，有恒心，不要那种无着落的与人民利益不相符合的个人主义的虚荣心，总是会有进步的。"[④]当然，在社会主义的革命、建设与改革时期，也必然是这样。"我们的改革和建设，只有得到人民群众的理解、支持和参与，充分发挥人民群众的积极性和创造性，才能顺利推进；党的领导地位，只有赢得人民群众得信赖和拥护，才能巩固和加强。如果失去人民的支持，我们党就会一事无成，就不能生存。"[⑤]

---

① 中国共产党第一个纲领．中共中央文件选集（第 3 册）．北京：中共中央党校出版社，1989，第 3 页

② 毛泽东文集（第 3 卷）．北京：人民出版社，1999，第 47 页

③ 毛泽东选集（第 1 卷）．北京：人民出版社，1993，第 138 页

④ 毛泽东书信选集（第 4 卷）．北京：人民出版社，1996，第 306 页

⑤ 江泽民．党的建设的目标和任务．十四大以来重要文献选编．北京：人民出版社，1996，第 979 页

（三）发扬毫不利己，专门利人的无产阶级精神

毛泽东同志要求我们要把自己当做人民群众的公仆，不论职位高低贵贱，所有人都是人民的勤务员，都要为人民服务，都要毫不利己。他在《在延安文艺座谈会上的讲话》中谈到鲁迅的时候，要求一切共产党员、一切革命家，都应该以鲁迅为榜样，做无产阶级和人民大众的“孺子牛”，做到鞠躬尽瘁、死而后已。他还在《纪念白求恩》中热情赞扬加拿大共产党员白求恩医生毫不利己、专门利人的崇高品德。他说：“白求恩同志毫不利己、专门利人的精神，表现在他对工作的极端负责任，对同志对人民的极端热忱”，“他以医疗为职业，对技术精益习之精”，“每一个共产党员，一定要学习白求恩同志的这种真正共产主义的精神”，“我们大家要学习他毫无自私自利之心的精神。从这点出发，就可以变为大有利于人民的人。”①可见，毫不利己、专门利人的无产阶级精神也是为人民服务的主要内容之一。

在改革开放和社会主义现代化建设新的形势下，“为人民服务”虽然本质如一，但是拥有了更多的与时代相适应的内涵。在新的历史发展时期，我们党全心全意为人民服务思想的鲜明时代内涵是保证人民当家做主的权利和努力改善民生。邓小平指出，政治上，充分发扬人民民主，保证全体人民真正享有通过各种有效形式管理国家，特别是管理基层地方政权和各项企业事业的权力，享有各项公民权利。1999 年初，江泽民强调指出实现维护和发展人民群众的利益，始终是我们最大最重要的政治目标。这表明，在政治领域上维护和发展人民群众的根本利益、保障人民享有各项当家做主的权利是新形势下为人民服务的重要内涵。在新形势下要做到为人民服务还必须努力改善民生。民生问题是直接关系到人民群众切身利益的问题，也是广大人民最为关心、最重视的问题。这些问题如何解决、解决的效果如何，直接关系

---

① 毛泽东选集(第 2 卷). 北京：人民出版社，1993，第 322 页

到人民对执政党执政政策的认同和拥护，影响到整个社会的稳定和发展，也直接关系到我们党“为人民服务”宗旨的实现，也关系到社会主义道德建设的成败。在党的“十七大”报告中，我们党先后提出了“优先发展教育，建设人力资源强国”，“实施扩大就业的发展战略，促进以创业带动就业”，“深化收入分配制度改革，增加城乡居民收入”，“加快建立覆盖城乡居民的社会保障体系，保障人民基本生活”，“建立基本医疗卫生制度，提高全民健康保障水平”和“完善社会管理，维护社会安定团结”六大方面的内容。这些内容全面覆盖了人民最关心的民生问题，句句反映了广大人民的心声，反映了立党为公、执政为民、权为民所用、情为民所系、利为民所谋的“为人民服务”思想新的时代内涵。

（四）我为人人，人人为我

为人民服务首先是先进性道德的表现，是对共产党员和各级干部的要求，但随着社会环境的变迁，为人民服务思想的实践范围也在不断扩大，为人民服务的精神也引申出新的内涵和要求。《公民道德建设实施纲要》指出：为人民服务“不仅是对共产党员和领导干部的要求，也是对广大群众的要求。每个公民不论社会分工如何、能力大小如何，都能够在本职岗位，通过不同形式做到为人民服务”。社会主义道德建设之所以要以为人民服务为核心，或者说，为人民服务之所以能够成为社会主义道德建设的核心，正是由于经过60余年的社会主义实践，我国的人际关系、社会风尚和人民群众的道德觉悟发生了根本性的变化，从而为在全社会普及为人民服务的思想创造了坚实的前提条件。

为人民服务不是高不可攀，不是只有共产党员和少数先进分子才能做得到。其实，为人民服务包含着不同层次的要求。全心全意为人民服务，这是高层次要求，表现为毫不利己、专门利人、一心为公、大公无私，这是对共产党员和一切先进分子的要求，雷锋、孔繁森就是其中的代表。为人民服务还有低层次的要求，这就是在与人相处中，要尽量做到替别人着想，力求有利于他人，有利于社会，使自己行为能够给他人和社会带来有益的结果，顾全大局，先公后私，公道正派，也是为人民服务；能公私兼顾，遵纪守法，不损害他人利益，只要靠自己的诚实劳动取得的正当利益，在自己行为的同时也是为他人服务的，这种既利己也利人的行为，在道德上也应当给予肯定，它也是在为人民服务。

社会公德是全体公民在社会交往和公共生活中应该遵循的行为准则，涵盖了人与人、人与社会、人与自然之间的关系。在社会公德领域体现“我为人人，人人为我”的要求，就是要在社会交往和公共生活中，创造“设身处地”“将心比心”“以心换心”的道德氛围，人与人之间互相体谅，互相谦让，互相尊重，每个公民都自觉践行文明礼貌、助人为乐、爱护公物、保护环境、遵纪守法的社会公德规范，努力在社会上做一个好公民。

正如《公民道德建设实施纲要》所规定的：“为人民服务作为公民道德建设的核心，是社会主义道德区别和优越于其他社会形态道德的显著标志。它不仅是对共产党员和领导干部的要求，也是对广大群众的要求。每个公民不论社会分工如何、能力大小如何，都能够在本职岗位，通过不同形式做到为人民服务。在新的形势下.必须继续大张旗鼓地倡导为人民服务的道德观，把为人民服务的思想贯穿于各具体道德规范之中。要引导人们正确处理个人与社会、竞争与协作、先富与共富经济效益与社会效益等关系，提倡尊重人、理解人、关心人，发扬社会主义人道主义精神，为人民为社会多做好事，反对拜金主义、享乐主义和极端个人主义，形成体现社会主义制度优越性、促进社会主义市场经济健康有序发展的良好道德风尚。”

二、为人民服务的基本要求

任何一种文化、一种精神都具有民族性，都是以自己的民族精神为依托的。雷锋精神既吸纳了中华民族传统文化的精华，又通过新的实践丰富了中华民族的民族精神。其中，雷锋同志服务人民、奉献社会的价值观,不仅彰显了其个人崇高的精神,更是时代进步、社会发展不可缺少的动力与支持。任何一个民族的发展都需要精神动力和智力支持,如果缺乏强大的精神动力和智力支持,任何经济发展和社会前进都将难以持久或者严重失衡。尤其是在今天,高尚价值观的缺失很容易使经济活动变成一种纯粹的物质利益冲动和追求。所以,在今天,作为新时代的大学生,我们更需要雷锋精神,更要将服务人民、奉献社会作为新时期中华民族精神、时代精神的一部分,作为我们不懈追求的思想境界和精神支柱。要做到"以为人民服务为荣",必须要做到以下几点。

(一)对广大党员干部的要求

第一,以人民群众的根本利益为一切言论行为的最高准则。这种准则,不仅是判断是与非、真理与谬误的准则,而且是判断对与错、善与恶的准则,是世界观、人生观、价值观相统一的准则。

第二,确立为人民大众谋利益的原则立场,做人民的公仆和勤务员。共产党人除了谋人民大众的公利,并无自己的私利;共产党人不是清教徒,也不是苦行僧,共产党人也有利益追求,但共产党人应把自己的利益追求,体现在为人民谋公利的奋斗之中。

第三,坚持人民群众创造历史的唯物史观,相信人民群众、依靠人民群众、关心人民群众的疾苦。为人民服务的信念是否真实而坚定,一个重要的鉴别办法,就是看是否相信世界历史是人民创造的。群众史观和英雄史观,对人民群众的力量的看法具有天壤之别。只有正确解决历史观的问题,相信人民群众在历史中的主体作用,才能够真心实意地依靠人民群众从事革命、建设和改革的伟大事业,也才能够真正与人民群众心连心、同呼吸、共命运,想人民之所想,急人民之所急,为人民排忧解难。

第四,从群众中来,到群众中去。来自群众,服务群众,不仅是一种工作方法,更是相信群众、依靠群众、为群众服务的具体表现。既不能脱离群众,高高在上,也不能落后于群众,做群众的尾巴;既要当群众的学生,也要当群众的先生,而要当群众的先生,先得当群众的学生。

第五，端正党风，反对官僚主义，清除官本位和特权思想等没落观念，同腐败现象作坚决斗争。只有端正党风，才能够保持党同人民群众的血肉联系。党的作风是党的性质、宗旨、纲领和路线的重要体现，是党的创造力、战斗力和凝聚力的重要内容，因此，党的作风关系党的形象，关系人心向背，关系党的生死存亡，关系国家的前途命运。只有清除各种没落观念，反腐倡廉，才能够保证党拥有良好的作风。“不坚决惩治腐败，党同人民群众的血肉联系就会受到严重损害，党的执政地位就有丧失的危险，党就有可能走向自我毁灭。”端正党风、反腐倡廉，是为人民服务的要求，而真正实践为人民服务，又是端正党风、反腐倡廉的根本措施。

（二）对广大人民群众的要求

1. 饮水思源，热爱人民

时代造就英雄，但每一个英雄的背后，都有许许多多甚至我们无从知道姓名的人们奉献的身影。这些名不见经传的奉献者，构成英雄史诗不可或缺的历史背景，他们才是历史真正的主人。历史的衣袂一舞千年，在这千年的舞台上，是人民书写着不朽的神话：淘尽秦时明月、大汉雄风，却淘不尽千古风流。人民的力量，惊涛摧不垮，骇浪打不散——从南湖到井冈，从延安到北京，昂首走上天安门城楼；从改革开放到全面建设小康社会；从举世瞩目的三峡工程到西部大开发；从 1998 年抗洪到抗击“非典”；从加入世贸到申奥成功；从人类基因的突破到神舟六号的升空……人民，在东方的地平线上展开画卷，打造了一个崭新的东方国度。

铭记人民，是对岁月的缅怀；铭记人民，是对历史的尊重。作为社会主义建设者，当我们回望历史，我们应心存感激与尊重；而历史的缔造者——人民，更值得我们深深的敬爱！饮水思源，是朴素的真理，也是永恒的启示！

2. 尊重人、理解人、关心人，发扬社会主义人道主义精神

我国是社会主义国家，在共产党领导下，人民行使当家做主的权利，因此，从根本利益上说，人民群众之间不存在根本的利害冲突。这就为人与人之间互相尊重、互相理解、互相关心，真正发扬社会主义人道主义精神，提供了可靠的制度保证。在改革开放和社会主义市场经济的条件下，我国社会出现了一些新情况，并产生了一些新矛盾，但从总体上讲，这些新产生的矛盾，大多属于人民内部矛盾，可以也应该从善良的愿望出发，通过人与人之间的相互沟通理解求得解决。在社会主义制度下，应当充分体现人与人之间的亲善关系，对那些由于各种各样的原因而遭受困难的人们，每一个公民都应该伸出援助之手，乐善好施，扶贫济困，给予那些弱势者物质上和精神上的关怀和帮助。

3. 脚踏实地，服务人民

1944 年 9 月 8 日，毛泽东在中共中央警备团追悼张思德的会上发表了题为“为人民服务”的著名讲演。几十年过去了，“为人民服务”的口号依然回响在祖国的四面八方，激励了一代又一代共产党人，造就了中国共产党同人民群众始终保持血肉联系的优良传统，在各个历史时期出现了富有时代精神的英雄模范。同时，广大人民群众同样践行着“为人民服务”的精神，“为人民服务”的思想和行动在中国革命和建设事业的各个历史时期都发挥着中流砥柱的巨大作用。

“服务人民”在每一个不同的时代被赋予了不同的内涵。对当代大学生们来说，服务人民更多的是一种价值理念，一种人生追求。和平年代不需要大学生们为国为民抛头颅、洒热血，或是“我以我血荐轩辕”，而是将服务人民以更为平和的方式浸入到我们每个人的日常生活、学习以及就业当中。

4. 正确处理个人与社会、竞争与协作、先富与共富、经济效益与社会效益的关系

在社会主义市场经济条件下，要正确处理国家、集体和个人

的关系，在不损害社会利益和他人利益的前提下，鼓励公民个人通过诚实劳动与合法经营，追求个人的正当权益，保护一切合法的劳动收入和合法的非劳动收入。既要勇于竞争，又要有序竞争；既要反对平均主义，又要防止收入悬殊；既要重经济效益，又要兼顾社会效益，不能为了个人发财而唯利是图，坑蒙拐骗，害人害己。

第二节　基本原则——坚持集体主义

集体主义作为社会主义道德的原则，始终是社会主义国家伦理道德思想中占主导地位的思想。在当前实行社会主义市场经济的条件下，集体主义确实面临许多新情况、新问题和新挑战，需要结合新形势，深入认识集体主义的本质，大力弘扬集体主义的精神。

一、集体主义的基本内涵

集体主义是社会主义道德的基本原则。在建设中国特色社会主义的实践中，要对全体公民开展以为人民服务为核心，集体主义为原则的社会主义道德教育。因此首先要正确认识集体主义的科学含义。

社会主义集体主义的“集体”，既不能狭义地理解为某个小集团或某个单位，也不能理解为经济所有制意义上的“集体”。在这里，“集体”是指以无产阶级为核心的利益集团。在建立国家以后，无产阶级的集团扩大为包括整个国家和社会在内的所有集体。在我国，社会主义的集体主义原则中包含的维护整个集体的利益，实际上就是指维护无产阶级为核心的全体劳动人民的共同利益。

涉及利益问题的时候，必然要正确处理集体利益和个人利益之间的关系。社会主义中的集体主义原则在处理利益问题的时候,包含了以下基本内容。

(一)坚持集体利益与个人利益的统一

改革开放,发展社会主义市场经济,个人主体地位得到凸现.个人的主动性、积极性和创造性受到重视,与此相关联,个人利益也日益得到肯定和关注。但是,发展社会主义市场经济是中国特色社会主义经济体制改革的一种选择。因此,在市场经济条件下强调个人利益,重视发挥个人的积极性,其最终目的不是为了某个个人的利益,少数人的富裕,而是如邓小平所说的:为了发展社会主义社会的生产力,为了增强社会主义国家综合国力,为了提高人民的生活水平,为了全体人民的共同富裕。一句话,社会主义市场经济更好地体现了个人利益与集体利益的统一。正是由于集体利益与个人利益的这种内在统一性,决定了我们党改革开放以来一直提倡要兼顾集体利益和个人利益,反对不顾个人正当利益的抽象集体主义和不顾集体利益的极端个人主义。

集体利益与个人利益这种辩证统一、相互依赖、相辅相成的关系,要求我们在对待和处理社会主义的国家、集体和个人利益关系方面,必须兼顾三者利益,毛泽东早在1956年就强调:“不能只顾一头,必须兼顾国家、集体和个人三个方面。”“都必须兼顾,不能只顾一头。无论只顾哪一头,都是不利于社会主义,不利于无产阶级专政的。这是一个关系到六亿人口的大问题,必须在全党和全国人民中间反复进行教育。”①

我们党之所以强调和坚持集体利益与个人利益相统一的原则,是因为在当前公有制占主体的多元利益得到彰显的生产关系之中,个人利益同样具有重要地位。在当代中国,所谓国家利益就是指工人阶级和最广大人民的经济、政治、文化和社会等多方面利益的综合。首先,国家、集体的利益是广大劳动人民个人利

① 毛泽东著作选读(下册)[C].北京:人民出版社,1986,第726—729页

益的综合,其利益实现需要重视每个个体的利益。其次,个人利益的实现需要在国家和集体利益同时实现的基础上。覆巢之下,安有完卵。在国家利益和集体利益无法实现的情况下,个人利益也就成了无源之水、无本之木。我国每个劳动者的劳动过程都是在这个国家集体利益的平台之上。一旦国家利益无法得到保证,就面临着平台坍塌,个人利益崩盘的现实。

(二)集体主义具有优先性和首要性

在社会主义社会,集体利益一般是指工人阶级和全体人民在政治、经济、文化、社会等各个方面的共同利益,这种利益关系到广大人民群众的休戚荣辱,是其关键的利益。在社会主义社会中,集体利益与个人利益从根本上来说是一致的,在一般情况下是不会发生对抗或冲突的,但是,当发生对抗或冲突的时候,集体主义原则就要求个人利益服从集体利益,在必要的时候,为了集体利益就要牺牲个人利益,以至于为了捍卫集体利益而献身。但是个人利益服从集体利益不是无条件的、绝对的,而是有条件的和相对的。当个人利益和集体利益产生冲突之时,个人利益会丧失正当性。这时的做法普遍是牺牲个人利益保存集体利益。这种牺牲是必要的。首先,这是一种保存整个集体利益的高尚道德行为。其次,这对于个人来说是一种两难选择,因为集体利益无法保证,个人利益同样无法保障。从这两点看,牺牲个人利益保障集体利益,对个人来说不仅是一种荣誉还是维护自身真正利益的正确选择。当然,牺牲个人利益只是必要时候所不得不采取的一种措施。在总的方向和原则上还是要保障个人利益和集体利益的共同存在,即不轻易牺牲个人利益。

(三)尊重和维护个人利益

应该指出的是,我们党所主张的个人利益是个人的正当利益,不是个人不正当的利益。个人利益从一般意义上讲就是个人一切需要的总和。人的需要在任何时候都是客观存在的,而且是多种多样的。个人需要或个人利益如果孤立起来看，并无所谓正当与不正当，个人需要或个人利益正当与否，是同他人利益、归根到底是同社会整体利益相比较而言的。因此，个人利益正当与否的尺度，就是社会整体利益的尺度。从社会整体利益的尺度看，凡是与社会整体利益在价值目标上保持一致的个人利益，凡是能够增进社会整体利益的、至少是不损害社会整体利益的个人利益，在社会主义集体主义看来就是正当的个人利益；反之，则是不正当的个人利益。

对个人利益的肯定和重视是集体主义原则所坚持的基本内容之一。保护个人利益这也是马克思主义经典作家的一贯精神。马克思、恩格斯在《神圣家族》一书中指出："既然正确理解的利益是整个道德的基础，那么就必须使个别人的利益符合于全人类的利益。"①

改革开放以来，本着对个人正当利益的认识，我们党在阐释社会主义道德建设的集体主义原则时，在强调集体利益高于个人利益、个人利益必须符合集体利益的同时，又强调要尊重和维护个人利益。邓小平曾说过："每个人都应该有他一定的物质利益。"②在现实生活中，有时集体利益与个人利益也会出现一些矛盾和冲突。改革开放以来，我们党就遇到过这些具体情况，如为了集体的发展利益，需要征用农用地、需要拆迁居民住房、需要移民等。在这种情况下，怎样办？我们党探索出通过集体与个人平等协商，由集体"合理的补偿原则"来解决的办法。市场经济是关注个体利益的一种经济发展形式。在经济形态上，集体利益的地位和个人利益是等同的。一般来说，集体无权要求个人处于发展和保护集体的原则而牺牲个人利益。但是在上文的特殊时期，个人利益会被牺牲掉。随着市场经济的发展，我国宪法 2004 年修正案要求国家施行"合理的利益补偿原则"。在宪法的实践活动

① 马克思恩格斯全集(第 2 卷)[C]. 北京：人民出版社，1995，第 167 页

② 邓小平文选(第 2 卷)[C]. 北京：人民出版社，1994，第 337 页

中，个人利益在"合理利益补偿原则之下"得到了保障，实现了个人利益和集体利益的统一。

二、集体主义是我国社会主义道德体系的基本原则

为什么说我国社会主义道德体系的基本原则是集体主义？道德原则是调整个人与他人、个人与社会之间相互关系的各种行为规范的出发点和价值准则，集中反映道德的社会本质和阶级属性。道德所调整的人和人之间的关系有许多方面，实质上是调整利益关系，也就是个人同他人、个人同社会的利益关系。集体主义之所以作为社会主义道德的基本原则，有以下主要原因。

（一）集体主义是人类社会的必然选择

集体主义是人类社会的一种历史的、必然的选择。以社会为本位的集体主义符合人类社会历史发展的客观规律，更符合社会主义社会的价值目标。它从社会历史发展的客观规律出发，把人类在社会主义历史阶段上的相互结合而不是相互孤立，理解为一种合乎规律的历史选择，即理解为一种历史的必然而不是某些思想家或某一特殊阶级的任性需要与想象。每个现实的个人，必须采取集体的、合群的方式，才能生存，单个的个人离开群体，就无法生活，这是历史的和自然的条件所决定的。作为现实的个人来说，即便不直接采取集体的、与其他人共同完成的生活形式，他的个人生活也是社会生活的表现和确证；人们使用的言语也都是社会性的，否则，他便不称其为人。社会绝不是抽象的单个人的简单相加之和，而是一个由许多个人的生命活动所形成的社会关系构成的开放的复杂巨系统。也正是在这个角度上，马克思才说"社会不是由个人构成，而是表示这些个人彼此发生的那些联系和关系的总和。"所以，社会与个人相比，社会是个人的存在方式，社会是一种有机性质，是一个与单个个人不同的系统；社会较个人更根本，所以以社会为本位的集体主义就是人类社会的一种历

史的必然。

（二）社会主义集体主义是社会主义经济关系的客观反映和必然体现

从社会经济发展的客观规律来看，向社会主义经济制度过渡，将是资本主义经济发展的客观结果。社会主义运动在经济领域所要达到的目标，需要并造就了作为一种经济学说的社会主义集体主义。它的核心内容就是：占主体地位的公有制、社会化大生产和以无产阶级（工人阶级）为主体的人民群众在生产管理中的主人翁地位。社会主义经济关系的基础是劳动人民共同占有社会生产资料，反映的最基本的利益关系是劳动人民的根本的、长远的和共同的利益。维护、巩固和发展社会主义公有制，维护劳动人民的这种共同利益，就是社会主义道德赖以存在和发展的基础。反映和体现这个基础的道德观念，必然是社会主义集体主义。

社会主义集体主义是符合无产阶级和一切劳动人民的利益的基本道德原则，我们为了维护社会主义，为了维护无产阶级和劳动人民的根本利益，为了整个社会的和谐发展，必须自觉维护和积极实践社会主义集体主义原则。社会主义集体主义是调节个人与社会、国家、集体利益关系的最基本原则，它指导每个大学生自由健康地发挥自己的个性，施展才华，提高能力，作出贡献。

（三）坚持集体主义，反对个人主义

坚持社会主义集体主义的一个应有之义，就是反对资产阶级个人主义。资产阶级个人主义是一个复杂的思想体系，它的潮起潮落，是复杂的社会经济、政治和文化关系的一种直接和间接的反映。因此，对于个人主义的正确态度，一是要旗帜鲜明地加以反对和抵制；二是要从理论上认清个人主义的实质，从纷繁杂乱的线索中理出个人主义的思想核心，有针对性地反对个人主义，切忌简单化和一刀切。

1.个人主义

个人主义,是指一种以个人至上,以个人为核心,只顾个人利益,不顾他人利益,一切以个人利害和目的为标准和行为准则的思想体系。它是随着私有制的产生而产生,随着私有制经济的发展而发展起来的,到了资本主义社会在资产阶级身上发展到顶峰,成为资产阶级的人生观、价值观、政治观、伦理学说和社会哲学。个人主义是一切以个人为中心,一切从个人出发,来看待世界、看待社会和人们之间关系的。它是资本主义经济关系的思想理论的反映和表现,是西方资产阶级意识形态的重要内容。个人主义的主要内容包括有:①个人主义作为一种价值观,强调个人本身就是目的,具有最高价值,社会只是达到个人目的的一种手段。总是把个人和社会的关系放在绝对对立的两极中去考虑问题,时时处处事事强调以个人为中心。②个人主义作为一种政治思想,片面强调个人的自由、民主和平等,反对社会和国家对个人的任何干预和限制。③个人主义作为一种财产制度,强调和维护私有财产制度,主张私有财产制度是永恒的和神圣不可侵犯的。实质上,个人主义是同资本主义基本经济制度紧密联系的,同社会主义相对立的一种思想体系。

2.集体主义与个人主义的对立

集体主义思想与个人主义思想的对立,从集体主义一词出现以来算起,已有二三百年历史了。总起来说,集体主义与个人主义之间的对立,与社会主义和资本主义的对立是紧密相连的,或者说,是社会主义和资本主义对立的一种必然反映。

对立的实质,是在经济制度、又是在生产资料所有制方面的对立。社会主义集体主义,本质上是社会化大生产需要生产资料的社会占有形式,需要劳动者之间的相互协作、相互依存的生产形式的反映;而资产阶级个人主义,则是资本主义私有制的反映。

3.弘扬集体主义精神

弘扬集体主义精神,就是从价值导向上引导人们坚持以国家、集体利益为重，个人利益服从国家和集体利益，坚持社会主义方向。弘扬集体主义精神的价值导向，一方面能够使我们个人的正当利益得到维护，个人物质财富和精神生活不断得到提高；另一方面能够使我们集体中的每一个人来关心集体的利益，重新凝聚集体利益的力量，这样就能激发广大人民群众维护集体利益的自尊心、自豪感和自信心。从以上这两个方面，弘扬集体主义精神是激励我国劳动人民积极投入社会主义现代化建设过程中重要的精神力量。

集体主义的价值导向是有效抵制各种非物产阶级思想侵袭和毒害的一个重要武器。我国当前和今后一个时期都将长期处于社会主义初级阶段。在这个阶段，我国社会的一个基本特征就是生产力和生产关系的状况都非常不完善，旧的生产关系将长期阻碍我国社会的发展进步。在这种状况下，我们必须弘扬集体主义精神，为每个人确立自主、自立、自强的精神，从而自主抵制各种非无产阶级思想。

弘扬集体主义精神，坚持集体主义价值导向，对于全面建成社会主义小康社会具有极其重要的作用。我国当前的经济状况要求我们必须不断改革旧的经济体制，破除一切经济发展的阻碍。集体主义精神代表着我国广大人民群众的根本利益，与社会主义改革的方向是一致的。在较长时期内，我国的社会改革必须坚持维护集体利益，发挥劳动人民群众的创造性，从而推动我国的社会建设。这时就必须发扬集体主义精神，牺牲一部分个人利益，从而破除改革的阻碍，为我国社会建设拓宽道路。

第三节　以社会主义核心价值体系引领社会思潮

以社会主义核心价值体系引领社会思潮是社会主义核心价值体系建设的重要内容。引领社会思潮，就是要围绕社会主义核心价值体系建设，排除各种错误思潮的干扰，形成公民道德建设的主流形态。

一、引领社会思潮与坚持马克思主义的指导地位

社会主义核心价值体系的首要内容就是坚持马克思主义思想的指导地位。改革开放时期社会思潮纷纭激荡，要在本质上识别和分析这些社会思潮，就需要运用当代最先进的思想武器——马克思列宁主义、毛泽东思想和中国特色社会主义基本理论作为思想武器。这就要求我们首先学习和研究马克思主义基本理论，学习党的历代领导人在新的实践中运用和发展马克思列宁主义、毛泽东思想的新经验和新成果。

（一）引领错误思潮要学习马克思主义基本理论与最新成果

有的错误思潮打着马克思主义的旗子歪曲马克思主义。如一些鼓吹只有民主社会主义才能救中国的人，歪曲恩格斯《法兰西阶级斗争导言》的论述，引用了其中的600字，把恩格斯晚年打扮成一个反对一切革命斗争、只讲合法斗争的改良主义者，第二国际修正主义理论的倡导者甚至说这是恩格斯的"最后遗言"。实际上，只要读过恩格斯原著，就可以弄清，恩格斯原文有20页，14000字，他们引用的600字，是从恩格斯原文中八个地方摘引出八段话拼凑而成的，根本不是恩格斯原文，也不是恩格斯的原意，更谈不上是恩格斯的"最后遗言"。在德国社会民主党发出上述《导言》后，恩格斯给费舍回信说："我尽可能考虑到你们的严重担忧……然而我不能容忍你们立誓忠于守法，任何情况下都守法，甚至在那些已被其制定者违反的法律面前也要守法，简言之，即忠于右脸挨了耳光再把左脸送过去的政策。"①可以说，恩格斯生前的"最后遗言"，恰恰是对德国社会民主党和第二国际改良主义、修正主义错误倾向的严厉批评。

① 马克思恩格斯全集(第39卷)[C].北京：人民出版社，1974，第401页

再譬如，我们党提出构建社会主义和谐社会理论，这是社会主义理论的一个创新，其本质是正确处理人民内部矛盾，是社会主义社会与阶级对抗的旧社会的一个本质区别。但是有的人却把和谐社会理论歪曲成和马克思主义辩证法相对立的思维方式，甚至直接批评毛泽东《矛盾论》中的有关对立统一规律的论述。只要我们认真读一读毛泽东的《矛盾论》、《关于正确处理人民内部问题》等著作，就可以知道对立统一是世界一切事物发展的永恒动力，构建社会主义和谐社会只能理解为正确处理非对抗性矛盾的一种形式，而不是无矛盾的调和，在充满对抗和非对抗矛盾的世界，提出构建和谐世界的主张，只能理解为揭露霸权主义破坏社会和谐的本质，只有反对霸权主义的强权政治，才能促进世界的和平与发展。

我们要真正认识学习马克思主义基本理论的重要性，要认识缺失马克思主义基本原理的武装，就容易迷失方向，在方向、道路问题上发生摇摆。只有扎扎实实地学习马克思主义基本理论，才能不断加深对马克思主义的立场、观点、方法的理解和掌握，坚定共产主义理想和建设有中国特色社会主义信念；才能在风云变幻的形势面前，不断增强抵御各种风险和正确识别与分析各种社会思潮本质的能力。

（二）引领社会思潮，促进中国特色社会主义理论的大众化

中国特色社会主义理论大众化的实质是全民树立共同理想的实践活动。树立建设中国特色社会主义的共同理想，是涉及培养社会主义事业的接班人，保住我们的社会主义事业千秋万代永不变质的大事。社会主义祖国的命运，不能仅仅寄托在少数素质较高的领导人身上，而要着眼于广大人民群众社会主义觉悟的培养。一方面，只有在一个广大民众普遍树立中国特色主义共同理想的社会环境中，才能保证选拔出来的接班人，特别是掌握党和国家最高权力的领导人，确实是马克思主义者。在一个信仰危机、科学社会主义理想缺失的社会环境里，很难保证党和国家的

最高权力掌握在马克思主义者手里。另一方面，只有在坚定的马克思主义者占据了党和国家最高权力的情况下，才能对群众进行普遍、深入的马列主义、毛泽东思想、中国特色社会主义的教育，树立建设中国特色社会主义的共同理想。邓小平指出："光靠物质条件，我们的革命和建设都不可能胜利。过去我们党无论怎样弱小，无论遇到什么困难，一直有强大的战斗力，因为我们有马克思主义和共产主义信念。有了共同的理想也就有铁的纪律。无论过去、现在和将来，这都是我们的真正的优势。"①正是基于此，胡锦涛在党的十七大报告中提出，要实现当代马克思主义的大众化，在全党和人民群众中进行中国特色社会主义共同理想教育。

研究和引领社会思潮是中国特色社会主义理论大众化的重要途径。社会思潮之所以称为"思潮"，是因为这些思想对人民群众有广泛的思想影响。纷纭激荡的社会思潮促进了人民群众对改革开放历史走向的深入的思考，也提出了一些人们感到困惑的问题。如果我们能针对这些困惑，有的放矢地进行中国特色社会主义共同理想教育，把传播理论与满足人民群众理论需要相结合，马克思主义理论大众化就能成为人民群众自觉的理论学习活动。邓小平强调，"我们说的做的究竟能不能解决问题，问题解决得是不是正确，关键在于我们是否能理论联系实际。"②推动中国特色社会主义理论大众化必须坚持理论联系实际，从当代中国改革开放和现代化客观存在的现实出发，不回避现实社会矛盾，直面社会思潮的热点、难点、疑点来学习、研究中国特色社会主义理论。人们才会觉得中国特色社会主义理论是能满足自身需要的科学理论，中国特色社会主义大众化的目标才能真正实现。中宣部理论局主编的《六个"为什么"》等一系列《理论热点面对面》的通俗理论读本，用人民群众熟悉的语言、事实和方式，针对群众最关心的思想困惑，进行中国特色社会主义理论的普及，受到了广

① 邓小平文选(第3卷)[C].北京：人民出版社，1993，第144页

② 邓小平文选(第2卷)[C].北京：人民出版社，1994，第113页

大人民群众欢迎，促进了中国特色社会主义理论大众化，这些就是明证。

二、要在坚持中国特色社会主义共同理想之中引领社会思潮

中国特色社会主义体现着当代中国发展进步的根本方向，集中体现着中国人民群众的根本利益和愿望。要实现长治久安，必须坚定不移地在广大干部和群众中进行中国特色社会主义共同理想的教育，这样才能做到党和国家永不变质，不走斜路。

在改革开放的伟大实践中，我们开辟了中国特色社会主义道路，形成了中国特色社会主义理论体系，确立了中国特色社会主义制度，回答了党和国家举什么旗、走什么路、坚持发展什么制度的问题。道路、理论体系和制度，三者有机地统一于中国特色社会主义伟大实践中，推动社会主义中国不断前行。与此相反，苏联、东欧国家的执政党之所以垮台，就是因为那里的执政党在举什么旗、走什么路、坚持发展什么制度问题上犯了方向错误。使得错误思潮泛滥，许多上层干部成了新自由主义、民主社会主义的代理人，广大干部群众在思想上发生了信仰的危机，对社会主义理想失望、人心涣散、社会动乱。

所以，树立中国特色社会主义共同理想，必须与各种错误思潮划清界限。

中国特色社会主义道路的核心是“一个中心，两个基本点”。“一个中心”就是以经济建设为中心，这是由我国社会主义初级阶段的基本国情决定的。“两个基本点”，即坚持四项基本原则，坚持改革开放，确立了改革开放的正确方向。改革开放 30 多年的历史证明中国特色社会主义道路是在不断排除各种“左”和“右”的思潮中向前推进的。

中国特色社会主义理论体系包括邓小平理论，“三个代表”重要思想和科学发展观等不断发展的马克思中国化理论成果。邓

小平理论开辟了中国特色社会主义道路，提出并推进了中国特色社会主义理论的发展，它的核心是回答什么是社会主义、怎样建设社会主义的问题，这就要求人们的思想从各种社会主义的错误模式的理解和束缚中解放出来，包括超越历史条件，对马克思主义个别论断作教条式理解的僵化的社会主义；脱离社会生产力和生产关系的基本情况，把社会主义理解为正义、人道等美好的愿望化身的空想社会主义；“文化大革命”中以阶级斗争为纲，对广大干部和群众进行迫害，用封建专制歪曲的“社会主义”以及实质是改良资本主义的民主社会主义等。要从这些错误思想和思潮的影响中解放出来，走科学社会主义与中国国情和时代特征相结合的中国特色社会主义道路。

“三个代表”重要思想在总结苏共亡党和中国社会主义改革建设历史经验的基础上，提出了建设什么样的执政党、怎样建设执政党的问题。并且结合现实提出了我国执政党建设面临的执政考验、改革开放考验、市场经济考验、外部环境考验；化解精神懈怠的危险、能力不足的危险、脱离群众的危险、消极腐败的危险，突出强调全面推进党的执政能力建设和先进性建设的伟大工程，不断提高党的建设科学化水平。所以，“四个考验”和“四种危险”的核心是理想信仰问题，是中国共产党广大党员能否凝聚在中国特色社会主义奋斗纲领上的问题，一个执政党的力量不在于他现在掌握了多少权力，而在于他能否以理想信仰的力量成为团结全国人民的政治核心，如果一个政党成了各种社会思潮五味杂陈的俱乐部，那就不可能经受住“四种考验”、战胜“四种危险”。

科学发展观是在新世纪、新阶段，是在改革开放取得巨大成就，但又面临一系列深层次矛盾的攻坚阶段提出来的。正如胡锦涛指出的，这些矛盾“艰巨性和繁重性世所罕见”“规模和复杂性世所罕见”，“困难和风险也世所罕见”①。科学发展观第一要义是

① 胡锦涛．在纪念党的十一届三中全会召开30周年大会上的讲话[N]．人民日报，2008－12－19

发展，核心是以人为本，基本要求是全面协调可持续，根本方法是统筹兼顾。它要求为了人民的根本利益，全面推进经济、政治、文化、社会和生态文明建设，进一步回答了什么是社会主义、怎样建设社会主义，建设什么样的党，怎样建设党的问题；创造性回答了实现什么样的发展，怎样发展的问题，使我们党对中国特色社会主义的认识达到了新的高度。

科学发展观和引领社会思潮是什么关系呢？正确引领社会思潮需要从两个方面着手，一是对各种错误的社会思潮进行旗帜鲜明的、科学的分析批判；二是沿着正确方向推进改革开放，用中国特色社会主义实践的成就，回答错误思潮的挑战。这两方面相辅相成，敌对势力宣扬的“中国崩溃论”“社会主义失败论”就会失掉存在的依据。譬如，对于新自由主义思潮，一方面要从理论上进行批判；另一方面，2008 年以来资本主义金融、债务危机的发展，中国风景这边独好的历史事实，也是对新自由主义的批判，理论上的批判也要利用实践得出的有力佐证，对新自由主义反映资本主义社会基本矛盾的本质给以揭露，对中国特色社会主义本质的优越性给以科学的分析，这两方面相辅相成，人们对新自由主义的幻想才能真正克服。

三、引领社会思潮与弘扬民族精神和时代精神

爱国主义为核心的民族精神和改革创新为核心的时代精神是以社会主义核心价值体系引领社会思潮的重要内容。

当代中国，把爱国主义和社会主义结合在一起，与实现国家统一、反对分裂结合在一起，与推动世界和平发展结合在一起，赋予爱国主义新的时代内涵，“振兴中华，实现中华民族的伟大复兴”，已经成为所有中华儿女团结奋进、撼天动地的伟大精神力量。中国正在以“面向世界、面向未来、面向现代化”的宽广视野和民族精神屹立于世界民族之林。

弘扬以爱国主义为核心的民族精神必须排除民族虚无主义

和狭隘民族主义思潮的干扰。只有深刻揭示这种思潮的本质，才能增强民族自信心和自豪感，提高对爱国主义和民族精神的理解，才能把爱国主义和社会主义结合起来，信心百倍地从事中国特色社会主义事业。

中国实行和平发展的战略方针，以自身的发展推动各国、各民族的共同发展，维护世界和平，反对霸权主义，赢得了发展中国家人民的普通赞誉。但是，某些敌对势力把中国和平发展的方针，歪曲为狭隘自私的民族主义。必须揭露这种思潮的霸权主义本质，引导中国人民树立和平发展的大国心态，才能在复杂多变的国际环境中立于不败之地。

中国的革命和建设从来需要创新精神，毛泽东思想和中国特色社会主义就是马克思主义中国化理论两次创造性的伟大飞跃。改革开放时代特别需要创新精神。改革开放是社会主义制度的自我完善，需要在实践基础上形成的体制创新和理论创新的引导和支撑。

改革开放的目的是解放和发展生产力，它在理论与体制创新的同时，还需要科技创新及与科技创新相关的体制创新。改革开放30多年来，我国的生产力得到了巨大的解放和发展，但是，如何从“中国制造”的大国发展为“中国智造”、“中国创造”的大国，迫切需要科技创新相应的体制创新。中国走农业国转变为工业国的道路，走工业化和信息化相结合的现代化发展道路，走后发展国家迎头赶上的发展道路等，都需要科技创新和相应的体制创新，需要千千万万像钱学森、袁隆平这样的创新性人才。

总之，创新精神是改革开放时代精神的必然要求和重要特征。创新精神的本质是实事求是、讲究科学，弘扬创新精神就是使人们从一切违反科学、违反实事求是的思想束缚中解放出来。因循守旧阻碍创新，违反科学、脱离实践、追求时髦和新奇是曲解创新，只有一切从实际出发，进行艰苦的科学探索才可能有真正的创新。

四、引领社会思潮与践行社会主义荣辱观

社会主义荣辱观的教育，要求引导人民群众分析、鉴别各种相关的社会思潮，增强道德判断力，形成全社会的良好道德风尚。

改革开放以来，在思想道德建设方面出现了极为矛盾的现象。一方面，爱国主义、社会主义、集体主义的主旋律不断唱响，雷锋精神不断弘扬，最美妈妈、最美教师、最美护士、最美司机、最美“托举哥”等感人事迹和高尚思想不断涌现，思想道德建设愈来愈为人们重视；另一方面，受资本主义腐朽文化和市场经济负面因素影响，个人主义、拜金主义、享乐主义等思潮一度泛滥，自私自利、唯利是图、不讲诚信等思想行为和奢靡腐朽的生活方式也在腐蚀社会风气；一些封建主义思想文化也“沉渣泛起”，封建迷信和宿命世界观在一部分地区的干部和群众中蔓延；某些涉及历史观的文学、影视作品戏说、编造历史，诋毁革命历史人物，消解高尚民族精神；一些旅游景点，关于历史古迹、历史名人、历史事件的解说渗透着令人啼笑皆非的唯心主义编造。在我国经济市场化，利益主体多元化的背景下，不同社会阶层和利益集团道德立场、道德观念的分化乃至对立，高尚精神的弘扬和低俗精神蔓延的并存，已是不争的现实。

因此，我们必须大力推进包括“八荣八耻”在内的社会主义核心价值体系建设，加强社会主流舆论对有关思想道德的引导。要科学分析、正确对待中华传统文化和当代资本主义文化。对封建社会和半封建半殖民社会遗传下来的中华传统文化，既不能全盘否定，搞历史虚无主义，也不能全盘肯定，搞文化复古主义；在全方位对外开放背景下，对来势汹汹的资本主义文化绝不能“兼收并蓄”，要有力抵制其错误的核心价值观念和一切消极腐败的因素；有效防范和应对国外敌对势力对我国实施的思想文化渗透战略，克服只抓 GDP、不抓思想文化的“意识形态幼稚病”。要积极推进包括“八荣八耻”在内的以社会主义核心价值体系为根本的，

民族的、科学的、大众的社会主义文化建设，有效挤压腐败低俗文化的空间。要进一步加大党政干部思想道德建设，充分认识少数干部理想信仰缺失，道德精神滑坡是精神懈怠、能力不足、脱离群众、消极腐败“四大危险”的思想根源，是某些领导干部走向违法犯罪的思想根源。官德不修、民德难立，只有党的干部，特别是领导干部率先践行“八荣八耻”、社会风气才能根本好转。

第五章 和谐社会公民道德建设的运行机制

道德建设的运行机制是指在保障道德建设顺利进行的过程中,充分发挥各个环节的相互作用,充分调动各相关因素的关联性,以发挥整体的效用与机能,进而形成和谐社会要求的道德规范体系。本章主要从三个方面来阐述和谐社会道德建设的运行机制,即:道德建设的调控机制、道德建设的教育机制、道德建设的宣传机制。

第一节 道德建设的调控机制

道德调控,是指在社会中一定的阶级或群体为使其所规定的各项道德原则、道德规范、道德价值观念被大众所接受并自觉地转化为他们的道德认识、道德情感以及道德意念,动用各种社会力量,采取多种社会措施,进而使社会大众适应社会、阶级以及群体的价值目标的活动过程。① 研究道德建设的社会调控机制,可以帮助我们更好地运用各种对道德行为产生约束的因素,进而对公民的行为进行规范和约束,使之形成良好的道德习惯,产生良好的行为方式。

一、道德建设调控机制的含义

根据道德调控的方式和手段,可以将此调控体系分为两个组

---

① 唐凯麟.伦理学[M].北京:高等教育出版社,2001,第196页

成部分：以“软”方式为主要调控方式的部分和以“硬”方式为来保证强制实施的部分。前者主要通过道德教育提高公民的道德认知、培养公民的道德情感，从而达到规范公民行为的目的；后者借助带有一定强制性的“硬”手段来强化公民的道德认知、道德情感和道德行为习惯的养成。两类调控手段取长补短、相辅相成，共同促成公民道德调控体系的建立。

之所以要研究探讨道德调控的运行机制，是因为只有了解了道德调控这一社会性活动的构成部分，组成要素及其相互之间的结构关系，才会正确解释说明道德调控活动的运行状态和运行规律，只有正确理解道德调控在有规律运行过程中所发挥的作用及其作用过程和作用原理，才会为道德调控功能在社会层面上的实现提供理论指导，这样才不会使道德建设流于形式，真正将其落到实处。

道德调控机制中，很重要的两个方面就是社会赏罚机制与良心调节机制。因而在此处，我们有必要对这两个调控机制进行阐述。

（一）社会赏罚机制

1.社会赏罚机制的内容

社会赏罚机制，顾名思义，就是社会组织利用“赏”和“罚”两种不同的方式，针对社会成员的履行社会义务的表现，按照一定的价值标准和社会程序，对其进行的奖励和惩罚。此处的奖励和惩罚既有物质上的，又有精神上的。一般是给行为表现优秀者予以奖励，对行为表现较差者予以惩罚。作为社会调控的重要手段，社会赏罚机制发挥着十分重要的作用，它能调节人们的行为方向，促使人们做出符合社会规定的行为方式的选择。社会赏罚机制的重要作用还体现在它对社会政治、经济、法律以及行政和舆论的影响，通过直接影响社会运行的各要素来间接影响道德主体的行为选择。实践证明，科学的社会赏罚机制的建立，不仅能促使人们有效地认识社会、认识自己，通过比照正确的社会所要求的行为规范来合理地调整自己的行为，使自身的行为符合社会的需要，同时，还能协调个人、集体、国家三者之间的各种关系，通过这些复杂关系的不断调节，使得个人乃至整个社会的思想道德水平和科学文化素质都得到较大提高。

2.社会赏罚机制的作用

社会赏罚机制的作用主要表现在它对道德关系的调控上，其调控主要是通过社会赏罚这一调节机制，不断的影响人们的思想观念、行为习惯、行为方式以及生活方式。社会赏罚的道德调控功能实际上是以一个阶级或群体所规定的社会道德，来实现对人的观念、行为和社会关系的约束限制、规范引导、鼓励推动等。

社会赏罚机制的作用，主要体现在以下四点。

(1)对不良行为的惩罚作用。对不良行为的惩罚主要是指社会对行为不良者予以制裁，通过这种方式来阻止不良行为的发生。对不良行为的惩罚不仅体现在对行为不良者的惩戒，使其弃恶从善，摒弃错误的行为；同时还体现在其对周围人的警示和告诫作用，通过“杀一儆百”“以儆效尤”的效用以使周围的人明白什么是应该做的，什么是不该做的，进而使他们确立正确的道德价值取向。

(2)对优秀行为的奖励作用。社会给行为优良者以各种形式的奖赏，对受赏者来说，既有利又有名，显然是一种极大的鼓舞、激励、推动和支持。与上述效应一致，它在影响行为优秀者的同时，还会对周围的人产生相当大的作用，对他们来讲，这就是眼前的一块界碑和路标，一种典范和生活前景。这会诱导并推动人们选择和追求有积极社会意义的行为目标和行为方式。这种支持、鼓励、推动和诱导，实际上就是对某种理想道德价值或理想人格的推崇和颂扬。同时，社会赏罚机制还可以通过树立各行各业的典型人物，通过这种典型示范辐射作用来教育、诱导人们形成良好的社会道德风尚。

(3)对全体社会成员的感化作用。社会赏罚机制还能对人们的心灵起道德渲染和感化作用。社会组织和政府部门一般是组织社会赏罚的部门和主体，这些赏罚机制一经社会舆论的传播，其社会辐射作用往往广大而强烈，并且总是具有一定的权威性，同上述两条一样，这种赏罚作用不仅会对当事人产生心灵和心理上的道德影响，而且会使全社会形成一种强烈而浓重的弃恶扬善风气。除此之外，社会赏罚机制还能使现实生活中的人们接受一定的道德生活信息，并引起内心世界的某种变化，使其心灵或受到陶冶，或受到感染，或得到升华，从而影响人们的行为选择和生活追求。可以说，社会赏罚机制实际上是一种特殊形式的道德劝诫和道德教化。这种道德宣示、教化、劝诫，由于其直接诉诸于个人切身利益有关的功过、荣辱、得失，因此它肯定会引起人们的心灵震撼，使这些人们反省和检查自己的行为取向，思考自己对社会应有的道德价值关系，进而选择合理的行为目标和行为方式。在我国的现实生活中，该机制的这一功用是十分明显和突出的。

(4)对全体社会成员的约束作用。这一作用主要是针对不具有“自律”精神的社会成员，社会赏罚机制会对它们有硬约束作用。一个具有道德自律精神的人会遵从道德，他会出自内心地对道德规范进行理解和认同；但是如果仅仅是因为某种外在的作用或威慑使然，那他就只处在道德上的“他律”阶段。人的道德自律精神不是天赋的，它不仅需要一定的经历、体验、知识作基础，而且需要相当程度的理性思维能力和自我意识。因此，一个社会在任何时候都无法使所有的社会成员都同时具有道德自律精神。即使是对于完成社会化过程的成年人来讲，如果他的道德认识、道德情感、道德意志不健全，那么也就不会自觉地遵从社会道德。因此，一个社会在推行某类道德主张时，决不能等待所有的人都先具备了自律精神再实施社会的道德程序，也不能仅依靠宣传和说教的方法来宣讲一些理论上的知识，而社会赏罚机制正好可以弥补这方面的不足。社会赏罚机制为人们画出了一条道德上的警戒线，逾越它就意味着遭受惩罚、付出代价。这就对那些不具有道德自律精神的人形成了一种强有力的外在约束，使他们不得不将自己的行为限制在社会的最低道德要求之内。

（二）良心调节机制

1. 良心调节机制的含义

社会主义市场经济下的道德建设，不仅仅要靠“硬性的”社会赏罚机制来保证实施，还要靠良心调节机制这种“软性的”约束来辅助其实施。良心调节机制是一种以道德主体进行自律调节的方式，它属于道德建设中的重要一环，所谓的良心调节机制，就是为使社会成员自觉自愿的履行社会规定的各种社会道德规范和一些基本的道德准则而通过社会成员的心理作用将社会道德把外在的道德义务转化为内在的道德责任感，它可以积极地影响并促进社会成员道德观念向道德行为的转化。

2. 良心调节机制的作用

良心调节机制作用的发挥有三个主要的方面，它可以是在行为发生之前就发挥自己的调节作用，可以在行为正在发生的过程中调节自己的行为，也可以在行为产生之后才发挥自己的效用。根据其发挥作用的时间点的不同，可将其作用分为三个部分：即在行为发生前的作用、在行为中的作用、在行为发生后的作用。

（1）良心在行为前的作用

人们在表现出某种行为之前，总是会先在心里进行行为方案的判断、分析和选择的过程，确保他们的行为方式符合自身的价值取向（当然这个价值取向可能是正确的，也可能是错误的），趋向一定的价值目标。这种选择的过程可短可长，它不仅受到外部环境因素的限制，还受到良心的影响。他们总是要依据一定的道德原则和道德规范来确定自己的行为动机，在良心的促使下，他们不会做出有悖于自己道德标准的事情，在进行自我分析、自我检查、自我判断的基础上，他们会产生起强烈的道德责任感，并自觉地将履行某种社会义务内化为自己内在的自觉要求。这种自觉自愿的承担社会责任、履行社会义务的做法并不会受到社会赏罚机制或是社会舆论监督的影响，不管有无别人监督，他们都会做出符合社会规范的行为。并且，从另一个角度来讲，在社会监督作用，社会赏罚机制以及社会舆论影响下的社会成员行为，较之其在良心作用调解机制下的社会行为，后者显然会更有效更持久。社会赏罚机制下的社会成员的价值观念选择可能只是暂时的，不得已的，他们很可能是迫于社会压力或是舆论压力而不得不做出一些违反自己认知、价值或是“良心”的事情，但是一旦失去了这种赏罚机制的环境，一旦脱离这种舆论包围的氛围，他们就会“原形毕露”，就会做出不道德的行为。

(2)良心在行为中的作用

良心在行为中的道德导向作用主要是通过它对人们的思想、情感、意识、理念、行为方式和手段的选择起着监视和引导的作用，这种作用是通过两种不同的具体方式来表现：一是强化作用；二是抑制作用。这与激励理论中斯金纳的强化作用十分类似，斯金纳的强化作用也是包含两个方面的内容，一是正强化；二是负强化。都是通过对不同行为的支持激励或是反对抑制作用来实现，这里所说的支持激励是对符合社会道德要求行为的支持激励，同样的反对抑制也是针对那些不符合社会道德要求行为的反对抑制。良心可以使人们在行为发生进行的过程中认识到错误，发觉出情感的干扰以及情况的变化，然后及时地纠正自己的自私欲念和偏颇情感，是他们及时改变自己的行为方式，使自己的行为趋于更高的道德境界，避免产生不良的后果。在行为发生能的过程中，良心之所以能够发挥作用，是因为人们常常会在行为目标实现的过程中遇到一些意想不到的困难，产生一些情绪干扰。人们在实现行为目标的过程中，难免会受到一些来自其他的动机或目的的干扰和诱惑，他们会对自己现在正在朝着的目标或方向产生疑问，然后会动摇自己的信念，有的意志不坚定的主体成员会直接向邪恶的势力投降，做出一些有悖道德原则和道德理念的事情；同时由于人们在制定目标、实现计划、履行义务时，由于缺少一些必要的知识、经验和技能，往往会对目标的认识不够深刻，进而在实现目标的行动中对各种可能遇到的困难和障碍估计不足，然后影响道德目标的实现。这些状况的有效预防和及时避免，都有赖于良心调节机制的作用发挥，通过良心调节机制，人们会调节自己的行为方式和行为方向，始终朝着社会所期望的道德目标前进。

(3)良心在行为后的作用

良心在行为后的作用，突出地表现在道德评价上。道德评价是指当一种社会行为发生之后，人们会对自己的行为影响或者行为后果做出客观的评价，会判断出其行为的善恶褒贬，进而在接下来的社会行为活动过程中不断对自己的行为方式进行调整，以使其适应社会的道德要求，维持社会的正常秩序。只有在一个人的行为发生之后，他下才会意识到自己的行为是否符合道德，是否为社会增加福利，是否给周围乃至全社会带来了积极的影响。当他的行为给社会带来福利，为他人带来幸福，给周围人树立好的榜样，成为好的道德模范时，他会获得满足感和成就感，进而在以后的行动中，加强这种行为，反复强化这种行为，反之，当他觉得自己的行为有损于社会道德，不符合社会的要求，违背了社会的期望时，他在之后的行为活动中会不断告诫自己提醒自己，要不断弱化这种行为出现的频率直至消失，避免自己受到良心的谴责。事实上，良心调节机制发挥作用主要是在行为产生之后，只有在行为发生之后，人们才会在实际的行为后果和影响中，对自己之前的行为做出全面深刻的认识，进而对此做出良心上的正确评价。良心不仅是行为选择的引导者，同时是行为后果的仲裁者和评价者，这就是良心在调节个体行为中的双重角色。

二、加强道德建设调控的方法

(一)充分发挥规章制度和国家政策的导向作用

要加强公民道德建设，不仅要靠教育的理论指导作用，也要靠法律、政策和规章制度等的强制作用。

加强社会主义法制建设是思想道德建设健康发展的重要保

证，要建设社会主义法治国家，不仅仅要注重道德建设，同时还应注意法制建设，要将二者充分有效地结合起来，加强社会主义法制建设，不仅要认真抓好全民法治宣传教育，同时还要加大执法力度，对社会上的各种违法犯罪活动严厉打击，加大执法的力度，使那些违反公民道德标准的行为受到彻底的严厉的制裁，维护正常的社会秩序、公共秩序，使得公民道德具有强大的法律力量做后盾。

各项经济、社会政策，对人们的价值取向、道德行为有着直接影响。国家和社会政策的制定必须要体现社会主义精神文明的要求，同时必须反映公民道德建设的要求，要适应社会政治经济发展的需要。各项制度、规章、政策的制定不仅要体现对正当合法行为的保护，通过保护这些合法行为，提倡并鼓励社会大众多为他人和集体作贡献；这些政策的制定还要体现对违反公民道德行为的惩罚与制裁。只有这样，才能为公民道德建设提供正确的政策导向，避免隐政策的错误制定而给社会带来的消极后果。

公民良好道德习惯的养成是一个长期、渐进的过程，我们需要通过各种行政规章以及道德守则和公约来把思想引导与利益调节、精神鼓励与物质奖励统一起来，为公民道德建设提供有效的制度保障。

（二）运用法律的权威来保障公民道德建设

道德和法律是调整人们行为的两种社会规范。道德是靠自觉自律，是强调要充分发挥主观能动性的；法律是靠强制他律，是靠外在的因素来推动公民道德建设。

公民道德建设是一个漫长的过程，它需要的是恩威并施，标本兼治。这里的“威”就是指法律的强制约束力，“恩”就指的是良心调节机制的约束作用。当前我国正处于社会转型期，道德规范不能仅仅依赖良心和人格权威来发挥作用，要借助法律的功能发挥来保证复杂的社会条件下，多变的国际背景下各种社会利益关系之间的平衡，只有这样，“和谐社会”的构建才会有保障。之所以必须要有法律的力量来保证公民道德建设的要求，是因为法律实施自身就是一个惩恶扬善的过程，它体现着诚信、公平、正义、平等等道德价值观；再者，良心这种内在柔性的动机力量难以承担道德知识向道德行动转化的众人，它必须借助法律系统来保证实施。将道德内容法制化是守住公民道德建设过程中的道德底线的唯一出路。这一理念包含两个方面的内容；一是将道德原则上升为法律规范，二是将底线道德转化为法律条款。

把一些道德原则上升为法律规范。法律与道德之所以在价值取向上存在一致，就是因为他们有共同的经济基础，虽然法律与道德是公民道德建设的不同表现形式，但是两者在具体内容上具有互动性。之所以要把有些道德原则上升为法律规范，一方面是因为道德规范本身的软性约束不足以对某些有害的社会行为产生强制的约束和严肃的惩罚；另一方面将道德原则上升为法律规范可以使法律规范更人性化，更具有德性内涵。宪法里有很多明确的规定就是将道德规范依法律的形式确定下来，以“国家提倡”的形式将其纳入国家的根本大法，之一举动明确了道德建设的重要地位。

把一些底线道德转化为法律条款。比如《老年人权益保障法》明确规定，子女要孝敬父母，常回家看看。《婚姻法》中的“尊老爱幼”、“男女平等”、“一夫一妻制”等等，法律规范与道德规范在内容上直接重合，法中有德、德中有法，法律为道德建设提供了强有力的制度支撑。

道德规范毕竟是一种靠社会舆论维护的软约束，我们之所以要将某些底线道德转化为法律条款，是因为人们在从事社会活动，进行价值判断和行为选择时，他们首先要考虑的就是“不违法”，对于大多数社会公民来讲，明知违法犯罪却还铤而走险的行为几率毕竟是很小的，只有在确定了自己的行为不会触犯法律，不会违背相关制度规定的规则规定之后，他们才会放心大胆地做这些“法无禁止”的事情。但是正是由于我国目前现行法律体制和法律制度不够健全，一些相关的规定还很不完善，这就为某些

“投机钻营”的人提供了可乘之机，他们会利用道德和法律之间的一些“灰色地带”来滥用权利和权力，进而做出一些对国家、对社会、对集体有重大危害的事情，因此，我们要将道德内容法制化，要尽最大可能来避免或禁止这些巧言善变之徒利用法律的漏洞来侵犯他人权利，损害社会秩序，危害国家安全。同时，将一些道德底线转化为法律条款，对于创造和谐稳定的社会环境，实现新时代条件下习近平总书记提出的“中国梦”也具有至关重要的现实意义。

但道德立法绝不是万能的，道德立法，固然可以维系层面的道德秩序，却不一定培养出具有实事求是品德的人。因为法律对行为主体的作用是有限的。在执法过程中就不可避免地会出现逃避法律制裁、立法失效的情况。正是由于如此，道德立法还必须依靠社会舆论和监督机制的作用。

（三）运用道德奖惩机制进行道德调控

道德奖惩机制亦即赏善罚恶。赏善罚恶，顾名思义，就是对“善”的行为进行奖赏，对“恶”的行为进行惩罚。在本节的前半部分我们已经论述过，这是一种与斯金纳的“强化理论”有异曲同工之妙的奖惩机制。它主要包含两层意思；一是对那些符合道德规范，其行为有利于集体，有助于国家的行为主体根据其表现给予某种程度上的奖励，此处的奖励既有物质方面的，也有精神方面的，应视行为主体的特征而定，主要的目标是为了使其继续保持良好的行为，鼓励行为主体向善。但是由于此处的行为主体并非同一种人或者说由于它们并非是同一类人，不同形式的奖励对于而言，其激励程度并不尽然相同，因此，对行为主体所实施的奖励要视他们的性格特征，行为习惯或是消费偏好等而定。例如有的人喜欢经济金钱方面的奖励，就可以在他按照道德规范的要求完成一定的行为之后给予其金钱方面的奖励；有的人并不追求金钱上的满足，他们需要的可能是获得集体或者全社会的认可与尊敬，这种情况下应对它们进行公开表彰，可授予其类似于“道德模范”的称号来强化其行为。另一个方面就是对那些不符合社会要求，有损道德规范，损害集体、社会以及国家利益的行为主体进行某种程度的惩罚。道德赏罚机制是整个社会实现良性运行的重要机制。良好的道德奖惩机制不仅有助于完善个体道德，而且最为关键的是有利于整个社会道德风尚的提高，在全社会形成良好的道德环境和道德氛围，对全社会公民的良好道德规范的形成具有十分重要的意义。

在实践中，道德赏罚主要包括以下两个方面。

一是经济赏罚。经济赏罚一般指给予行为主体实物或金钱等物质方面的奖励和处罚。过去我们总是强调对于“见义勇为”、“舍己救人”的英雄表现和高尚行为进行精神方面的奖励，但是毕竟这些我们所说的“道德模范”“社会榜样”是生活在我们身边的现实中的公民，他们也需要继续为生活而奔波，有时候与其给予其优厚的精神奖励，还不如给他们物质奖励和经济奖励更能激励他们，这样就可以有效地避免“英雄流血又流泪”的现象。比较值得提倡并发扬的好的做法是在全社会范围内设立见义勇为基金会组织，成立专门的基金小组，负责发放一些实物的、经济的、能解决他们燃眉之急的物质援助，是他们在经济补助，解决一些细小的生活问题的同时，对国家社会有进一步更深层次的情感。就惩罚而言，经济惩罚较之其他方面的惩罚也具有其不可替代的一面，大多数的社会公民从事社会工作，虽然说为社会的发展，经济的增长付出了自己的时间与精力，但他们在这个过程中也创造了自己的劳动价值，获得了相应的“物质回报”，从某种程度上来讲，他们进行社会工作的主要目的就是为了获得这一部分“劳动报酬”，因此，如果在经济方面给予这些行为有损社会道德规范的公民以严厉的惩罚，那他们将改变自己不道德的社会行为，这种方法见效快且比较持久。这方面国际上做得比较好的是日本和新加坡，我们可以借鉴这些国家的经验，在经济惩罚机制发面有更进一步的发展与突破。

二是行政赏罚，行政赏罚就是在道德赏罚机制建立的过程中，将德行表现结合起来。可以采用建立个人道德赏罚档案的方法，用此种方式来促进各行各业的在职者不断提高自身的道德素养，在他们的人事考核和绩效奖金以及职务升迁的过程中，充分考虑道德的因素，这样有利于在全社会总成良好的道德风尚。

（四）充分重视舆论监督的引导作用

舆论是公众道德选择的引导者，是人们道德实践的评价者，是社会的良心。社会监督系统中的舆论也随着信息化时代的大众传媒的发展而日趋重要，一些不道德行为的湮没并非是惧怕法律的处罚，而是惧怕社会舆论的谴责，怕被周围人议论，这种惧怕源于人的群体属性和耻辱感。

在阶级社会中，舆论工具属于上层建筑，掌握在一定的政治组织当中，如何营造舆论这个“信息场”，人有主观能动性。这个“场”的强弱、大小乃至性质都是可以“营造”的。道德的舆论评价，能够造成特色的善恶分明的社会氛围，在这种环境或是氛围中不道德行为者会受到强大精神压力，他们会感到羞愧、内疚甚至无地自容，要痛改前非；而高尚道德行为者会受到尊敬、感到光荣。强有力的社会舆论，代表着一个社会大多数人在道德上善恶判断的成熟，体现着历史进步的要求。

舆论对道德建设的引导，一要尊重舆论工作自身的规律，遵守有关舆论政策；二要体现公民道德建设的基本要求。

与各种权力组织的监督不同，舆论是公开的、自然形成的公众集合意见，它虽然不足以对客体的行为监督与查看构成强制力，但会对他们造成精神压力，这种精神压力会使他们形成一种思想就是要按照法律或社会道德行事。[①] 作为一种独特的社会意识和重要的社会控制工具，舆论能够改变或巩固人们的意识观念，放任或约束人的行为模式，变革或维护一定的社会制度。舆论监督是一种特殊的舆论导向，如果说，正面的新闻报道可以形

① 陈力丹.我国舆论监督的理论与建构[J].新闻界，2004(4)

成一种动力，那么舆论监督则足以形成一种“压力”，都可以对社会生活起到引导作用。

舆论的监督包括大众传媒和老百姓街谈巷议。通过舆论传媒所表现出来的人或事，所体现的鲜明的价值观，十分深刻的影响者社会风气，人们会通过舆论的报道了解一些具有典型代表性的道德事件，不管是正面的还是反面的，在了解了整个事件之后，他们会在小的集体或是大的范围内对其进行讨论分析，做出褒贬的评价，进而逐渐形成社会道德观念。现代网络的发展使得一些“典型事件”所包含的道德内容更加具有讨论性，人们会通过自己的赞赏或是愤怒来表达对于该事件的看法，进而在全社会形成一股“道德讨论”的风气，有利于良好社会风气的形成。媒体的强大力量也使得一些人不敢违反社会公德和职业道德，他们害怕会在舆论的谴责声中失去自己的尊严，这就在一定程度上就纠正了那些违反道德的行为，使他们在行动之前“三思”。舆论批评是正确道德观的形象化，新闻舆论和社会公众可以对政府机关和领导干部违反政策法律和损害公共利益的滥用权力行为进行公开批评和揭露。舆论监督的前提是信息公开。信息公开是主权在民的表现。人们有权知道为他们服务的办事的政府是一个怎样的政府，这也是防止国家权力腐败的有效措施。以公开的方式表现出来的道德评价力量，是社会上扶正祛邪的群众压力。这是一种在广阔的社会评价环境中使不道德行为者无地自容的无形的力量。社会道德风尚的形成或崩溃，首先都是通过舆论、习俗的起伏表现出来的。

因此，在公民道德建设中，要充分运用舆论监督的“压力”作用，扬善惩恶，促进良好道德风尚的形成，进而引导和约束公民的道德行为。

第二节　道德建设的教育机制

一种道德最终能否被社会所接受，关键固然在于它能否反映社会道德关系的本质，是否符合社会发展的必然性。但是，这种道德究竟能够在何种范围和程度上为人们所接受，则要取决于它的传播程度，取决于道德教育机制实施的好坏。

一、道德建设教育机制的含义

道德教育是公民道德建设的一个主要渠道，道德教育不仅可以培育理想人格，引导良好社会舆论的形成，还可以调节社会行为，促使社会良好风气的形成。没有道德教育，任何一种道德要实现对社会生活的调节都是无法想象的。道德教育运行机制的原始初衷和最终的落脚点都是保障道德教育的顺利实施以及道德教育成效的取得。

所谓道德教育机制，就是指将一些道德原则、道德规范经由一定的方式和途径对受教育者进行知识灌输、计划培养和针对影响，进而使他们将这些原则和规范内化为自己的行动。道德教育机制对于社会生活的正常运行与健康发展有着极为重要的作用。人的行为的改变首先是从观念开始的，只有对受教育者先进行观念的教育，理论上的指导，知识上的灌输，他们才会深入理解道德规范、道德原则的内涵，进而将这种观念上的无形的东西落实到日常的表现中，将这些思想上的东西运用到具体的实践生活中。实现“理论”与“现实”的完美结合。

二、道德建设教育机制的特点

道德教育机制实际上做的是改造或塑造人的道德面貌的工作。从事劳动生活实践中的人不仅是社会中的人，而且是生活在他们固有观念世界中的人。他们具有高度的自觉能动性，道德教育要实现对他们的指导和影响作用，必须注重方式方法的选取与采用，所以说道德教育过程是一个比较复杂的受多种因素影响的活动过程。要更好地发挥道德教育机制的作用，首先必须了解其特点，道德教育机制的特点可以概括为以下几个方面。

第一，实践性。马克思指出，从一般的唯物主义观点来看，人的改变是环境和教育的改变的产物，但是，“环境正是由人来改变的”，因此，“环境的改变和人的活动的一致，只能被看作并合理地理解为革命的实践[①]”。这就是说，人的道德形成和完善过程，在本质上是一个实践的过程，社会实践是道德教育的基础并贯穿于整个道德教育的始终。此处的实践性，包含三层意思：首先道德教育是由经济基础和现实依据的，它必须适应社会发展的现实状况和客观实际；其次，道德教育要在实践中引导受教育者进行各项道德规定和道德原则的实践；最后，要使受教育者更好地遵守道德规范，道德教育者必须以身作则，然后才能由己及人，“其身正，不令而从；其身不正，虽令不从”就很好地说明了这一观念。实践不仅是检验真理的标准，由于“一切的社会生活在本质上都是实践的”，所以，道德教育机制运行的成效，最终也要经过实践的检验。否则，道德教育就只是没有任何内容意义的“空洞的说教”。

第二，重复性。道德教育的重复性有两层含义：首先，道德教育的传授知识的过程并不是一蹴而就，并非是一次性完成的，而是经过对此反复的过程实现的，只有不断强化，不停地灌输，道德原则和理念才能被人们所理解和掌握，进而用于指导实践。在这里要注意的是，不能将道德教育片面地理解为“传授知识”，这同时还是一个激发情感，锻炼意志、确立信念的过程，这个过程要比简单的“传授知识”复杂得多，道德规范需要人们经过反复的认识，不断的理解，重复的思考才能真正实现落实；其次，社会环境在变，社会规则在变，社会背景也在变，要在这种变化的环境中不断更新、调整、丰富道德教育的内容才会使其真正用于指导的人们的生活实践。这也是一个漫长的、反复的过程。

第三，渐进性。人们的道德认识水平和实践水平固然要受到

---

① 马克思恩格斯选集[C].北京：人民出版社，1972，第17页

天性的影响，但这都是可以通过教育来改变的，不过这种改变也是循序渐进，不是一蹴而就的。正如我国古代哲学家荀子在两千多年前提出的“积善成德”这一命题。他说：“积土成山，风雨兴焉；积水成渊，蛟龙生焉；积善成德，而神明自得，圣心备焉。故不积跬步，无以至千里；不积小流无以成江海[①]。”在他看来，只要能不断努力、循序渐进，必能达到目的，“故跬步而不休，跛鳖千里；累土而不辍；丘山崇成。”这一思想有其合理的内在含义，值得我们今天借鉴。因此在道德教育的过程中，万不可操之过急，要遵从事物成长发展的客观规律，要关注人们在道德上的细微进步，只有在量上达到一定程度，才会有质的飞跃，只有在平时生活中注重细节，不断积累，才会实现道德品质的提高和高尚道德人格的形成。

三、道德建设教育机制的实现路径

（一）家庭道德教育

营造良好的家庭思想道德教育环境至关重要，家庭是社会的基本单位。在家庭、学校、社会三位一体的思想道德教育环境中家庭思想道德教育环境对人的思想政治品德的影响最直接、最具体、最深刻、最持久。良好的家庭思想道德教育环境有助于塑造、培养具有高素质的社会人，有助于推动社会的稳定和发展。

1. 提高家庭成员的思想道德素养

家庭的教育职能发挥得怎样，往往同这个家庭的环境、经济状况、父母的文化程度、生活方式、思想道德品质、婚姻基础等因素有很大关系。简单地来说，也就是与家庭的素质有关。而家庭是由家庭成员组成的，因此，要提高整个家庭的素质，就必须提高家庭成员的思想道德素养与知识水平。目前由于受不良社会风

---

① 荀子・劝学

气的影响，家庭伦理道德出现了亲情观念淡化、婚姻关系稳定性下降、家庭暴力、虐待老人儿童、邻里关系日趋冷淡等问题。因此，必须要推进家庭美德建设，提高家庭成员的思想道德水平与知识文化水平，努力营造尊老爱幼、团结和睦、积极向上的家庭氛围，围绕家庭伦理道德体系开展各具特色的活动，通过一些贴近群众、贴近生活的活动把抽象的家庭道德规范化为人们的道德行为和道德习惯。同时，应不断提高知识文化水平，树立正确的教育观念与方法，掌握教育常识，掌握孩子的心理特点，正确地预见和分析孩子对各种情况的反映，从而使家长在教育子女的过程中避免失误，有针对性地依据孩子的心理去设计方法，实施教育，充分发挥家庭教育的作用。

2.树立正确的家庭教育理念

家庭教育是十分重要的，它密切关联着孩子的命运和前途，密切关联着家庭的团结和幸福，密切关联着社会的进步和发展，也密切关联着人类的前途和未来。家庭教育担负着传授文化知识，培养道德品质，指导行为规范的社会责任。随着经济社会的发展，家庭教育的重要性已被人们逐渐认识，但存在着很多误区，尤其是在独生子女教育方面存在很多问题，如：对孩子重智育，轻德育；重物质满足，轻精神需求；重智力因素，轻非智力因素。在素质教育日益重要的今天，我们的家庭教育不应仅仅重视知识的传授，而应培养孩子多方面的能力，包括知识技能、操作技能、智力技能以及非智力因素的能力，以便培养孩子适应社会，学会生存的能力，促进孩子的身心健康。因此，必须树立正确的家庭教育观念，明确家庭教育的内容，加强人们对家庭教育的重要性与正确性认识。

3.推动家庭教育方法的全面更新

家庭教育是一门科学，也是一门艺术，必须要遵循它的客观规律，掌握教育原则。时代在前进，社会环境与条件都与过去大不相同。随着青少年的思想观念、认识水平、情感爱好的变化，科学地教育子女如何适应社会环境已成为一个新的非常现实的问题。家长要教育好子女，首先，要提高自己有关家庭教育的思想认识水平与自身素养，尤其要更新、改变甚至破除那些传统的旧观念，推动家庭教育方法的全面更新。其次，要加强父母与子女间的沟通与理解。通过沟通，了解孩子的所思所想，有针对性地摆事实讲道理，通过共同研究讨论问题，启发孩子的自觉性，提高孩子的思想认识，解决孩子的心理困惑，帮助孩子明辨是非善恶，培养良好的思想品质，形成正确的行为规范。再次，要充分发挥父母在家庭道德教育中的主导和榜样作用。家长是孩子的一面镜子、一个榜样，直接对孩子的学习生活产生影响。在孩子的思想道德养成过程中，父母是第一任启蒙教师，对孩子的健康成长具有不可替代的作用和不可推卸的责任。父母既是孩子的养育者，又是孩子获取道德良知的引路人。父母作为子女心目中的楷模和权威，除了向他们灌输做人的道理外，更应以身作则，注意自身的形象，为子女树立一个良好的道德榜样，使思想道德教育在家庭起到“润物细无声”的作用。最后，要通过实践活动教育、启发、锻炼子女。孩子各种能力和品德的培养离不开实践和锻炼，只有在实际生活和社会实践活动的过程中，能力和品德才能形成、发展和完善。父母可以通过有目的地组织子女进行一定的实际活动，创造一定的环境，寓教育于情境中，使孩子置身其中. 培养子女的各方面能力，教育启发孩子，帮助孩子形成良好的生活习惯和思想品德。

（二）学校道德教育

学校作为一种学缘性的生活共同体，是进行系统公民道德教育的重要阵地和主要渠道。学校道德教育的特点和优势在于其教育的系统性和规范性。“各级各类学校必须认真贯彻党的教育方针，全面推进素质教育，把教书与育人紧密结合起来。要科学规划不同年龄学生及各学习阶段道德教育的具体内容，坚持贯彻学生日常行为规范，加强校纪校风建设。要发挥教师为人师表的作用，把道德教育渗透到学校教育的各个环节。要组织学生参加适当的生产劳动和社会实践活动，帮助他们认识社会、了解国情，增强社会责任感。”学校存在的目的就是为学生“传道”“授业”“解惑”，就是为了教育学生，培养学生，发展学生，而这其中最最基础的职能就是教育学生，为学生“传道”。因此人文关怀应是学校道德教育的逻辑起点，“学校应该永远以此为目标：学生离开学校时是一个和谐的人，而不是一个专家”。

1.合道德性与合教育性统一

在我国学校道德教育中，存在着教育内容相对过重与主体能力相对不足、教育期望相对过高与教育效果相对不佳的现实矛盾。当前，中国学校从小学到大学德育内容繁多是不争的事实，这是因为我们的大德育包含思想政治教育、品德教育、纪律教育、法治教育和心理健康教育五个大项，每个大项又包括若干子项，子项又分许多小项，再加上应试教育的负面影响，学校道德教育经常是“流于形式”或“力不从心”，所以出现尴尬无能境地也就不足为奇了。道德教育的“力不从心”主要表现在两个方面：一是教师能力欠佳，学校的德育课老师素质普遍偏低，专业素养有待进一步提高，学校对这些课程的重视程度也不高，因此教师队伍良莠不齐，教师数量少且质量低下；另一方面，作为受教育主体的学校学生接受新知识的能力有限，他们的专业课（主要是数学、语文、英语等）负担过重，没有过多的精力去专注于这些德育课程的学习，忽视了这些思想政治教育课程的重要性。除此之外，还存在一些教学内容与学生心智不相符合的问题。学校道德教育应该体现道德精神与教育精神的契合，应该体现道德范式与教育模式的耦合。

2.合规律性与合目的性统一

马克思指出，“人双重地存在着：主观上作为他自身而存在着，客观上又存在于自己生存的这些自然无机条件之中”。这说明人的存在在实现自身目标的活动过程中，同时也实现了社会的目标。学校道德教育，一方面，在内容上要针对学生的不同层次采用不同主题的教育内容，因材施教，循序渐进，如幼儿园侧重家庭美德，动之以情；小学侧重社会公德，导之以行；中学侧重个人品德，晓之以理；大学侧重职业道德，授之以渔。另一方面，在形式上针对年龄的不同阶段采用不同的教育形式，分类指导，有序衔接，如幼儿园采用儿歌教育，小学采用故事教育，中学采用历史教育，大学采用理论教育，最终实现“勉之以恒，持之以恒，学之以恒，行之以德，道之以德，齐之以礼，有耻且格”。

3. 目的价值与手段价值统一

在现实社会生活中，人既是教育活动的主体，又同时是教育活动的客体。之所以这样说，是因为人是为实现其价值满足的目的而存在，同时又是教育活动的对象，是教育活动得以进行所依靠的手段。人的价值本身就包含着目的与手段的统一。学校道德教育要想在社会公众中获得普及，必须首先依靠其教育主体——学生，通过对他们不断进行教育，使这些人受到熏陶与观念的改变，进而在行动上对其他成员产生影响，在全社会形成良好的氛围；从另一个意义上来说，学校道德教育就是为使这些学生产生良好的道德行为，这也是它的目标与最终的追求。所以，人在道德教育活动中既是目的又是手段。

4. 个体价值与社会价值统一

学校道德教育既要满足人的全面发展需要，又要满足社会和谐发展需要。所以从这个层面上来讲，它是个体价值与社会价值的统一。所谓的个体价值，是说人都有为实现自身的全面发展而不断地接受教育，获得新的知识，进而提高自己能力的需要，而道德教育者视为人的全面发展提供了一个契机，使人在接受教育的同时，实现了自身的目标与价值。因此，学校教育要结合学生的具体特点，制定适合他们的符合他们的教育模式与教育内容，全面提升它们的道德素质，充分释放他们的天性，使它们成为全面发展的人。同时，每个人的自由而全面的发展是整个社会全面发展的基础，也是整个社会进步的表现。因此学校道德教育要按照社会发展的整体目标与发展要求，提高学生“服务社会”的意识，使社会逐渐充满和谐。在学校道德教育的价值定位上，要将个体价值与社会价值统一起来，结合起来，充分其个体价值与社会价值。

（三）社会道德教育

在一项对公民道德教育进行调查的研究中发现，受访公民普遍认为，社会对他们道德品质形成的影响最大，与其他影响环节相比，社会的影响占56%。另有调查数据显示，受访者的月收入与社会对其道德品质的影响有一定的相关性。以3000元作为一个分界点，个人收入越低，其道德品质受社会的影响越大，月收入超过3000元的受访者也认为社会对其道德品质的影响大，这是经济发展与社会发展辩证关系的体现。社会的影响通过作用于人的道德品质，会对个人的经济收入产生影响。经济收入越低的人，对社会的依赖程度越高，越容易受到社会的影响。如图5-1所示。

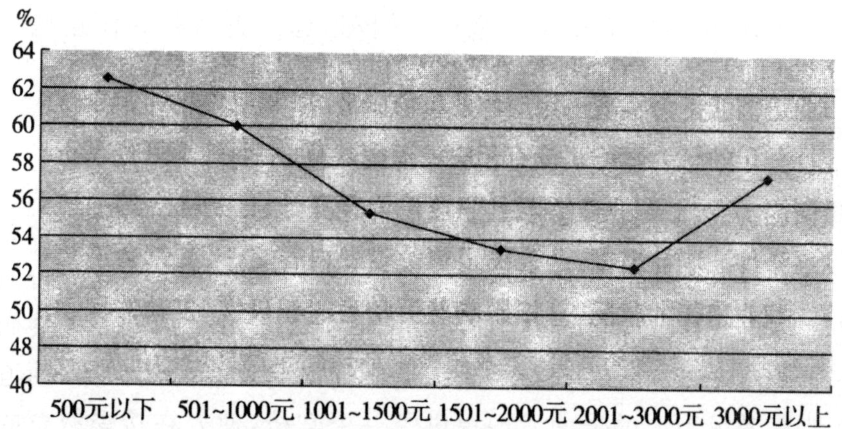

图5-1　社会的影响与月收入的关系

社会是进行公民道德教育的大课堂。党政各部门以及城市社区、农村基层组织等在公民道德教育中，有着义不容辞的责任。要结合各自的工作职能，运用多种形式和手段，大力宣传基本道德知识、道德规范和必要礼仪，使之家喻户晓、人人皆知。要积极开发优秀民族道德教育资源，利用各种爱国主义教育基地，进行历史和革命传统教育。要不断充实富有时代特色的道德教育内容，推广群众易于接受的各种教育方式。各类市民学校、职工学校、民工学校、农民夜校、家政学校等，要通过编写和运用通俗易懂的简明教材，对公民进行道德教育。

总之，家庭、学校及社会在公民道德教育方面各有侧重、各有特点，是相互衔接、密不可分的统一整体。必须把家庭道德教育、学校道德教育和社会道德教育三个环节紧密结合起来，相互配合，相互促进，突出加强社会教育，巩固家庭教育、学校教育的成果，促进公民道德教育的深化。

四、道德建设教育机制的意义

道德教育的目的是为了培养具有高尚的道德理想、道德情感、道德意志、道德观念、道德行为的各种建设人才。由于道德教育主要分为家庭道德教育、学校道德教育和社会道德教育三种方式，因此，研究道德教育机制的作用，可以从家庭道德教育、学校道德教育和社会道德教育的作用三个角度来理解。

家庭道德教育是青少年进行道德教育的第一课堂，青少年在家庭中可以受到最直接、最具体、最全面的道德教育，而在家庭教育的过程中，父母作为最直接的教育者，应当时时刻刻注意自己的言行规范，起到良好的示范带头作用，他们的实际行动，行为表现会直接影响到青少年的道德行为，良好的家庭环境会对青少年的健康成长产生积极的影响，而一个不良的家庭环境会对青少年的成长产生极为不利的影响，会危及他们今后的成长历程，影响他们健全的思想人格的形成。

学校道德教育对学生形成系统全面正确的世界观、人生观、价值观具有重要的影响，学校这一场所是青少年道德形成的重要阶段，他们会在学校接受系统的道德价值体系的理论知识，进而会形成自己的道德理想、道德感情、道德习惯。因此，作为传授相关道德知识主体的学校老师，要正确理解自己的角色与价值，他们的一言一行，一举一动，都会被学生看在眼里，记在心里，在无形之中形成他们的道德观念。此外,教师还应当注意相关知识的传授方式方法,使得苦涩干燥单调的理论知识用通俗易懂的话语和方法来向学生传授,这样有利于他们对这些知识的接受,将其内化为自己的行动,并且在学习之余,有目的有组织地让学生进行道德的实践活动,可以去养老院、福利院这些场所让青少年在具体的实践中更好的理解什么是真、善、美,巩固自己的道德情感和道德意志。

社会道德教育主要是指通过各种社会团体和职业集团来对人们进行的道德宣传和道德感染,促使社会成员好学上进,爱岗敬业并且遵守职业道德的要求。社会道德教育具有十分丰富的内容和形式,它包括文学艺术方面的,也有科学技术方面的,这可以使人们在业余活动之时,潜移默化地形成良好的品德,进而促进良好的社会风尚的形成。

第三节　道德建设的宣传机制

社会主义道德建设,是社会主义精神文明的重要组成部分。社会主义精神文明这座大厦的建立离不开公民道德建设基石的良好支撑。也就是说,要想更好地实现社会主义精神文明,必须做好道德建设这项基础的工作。适应建设富强、民主、文明的社会主义国家的新形势,通过宣传机制,帮助全体社会成员树立先进的道德准则,践行正确的道德行为,形成良好的道德风气,已经成为建设中国特色社会主义的紧迫任务。

一、道德教育宣传机制的含义

宣传是一种有序而持续的行为,宣传机制指的是宣传所涉及的各相关因素的协同作用机理,反映出各要素的相互关系、互为因果的联结关系和运转方式。宣传机制作用的过程,主要表现为宣传主客体相互作用的过程。宣传主体在与宣传客体相互作用的过程中,充分考虑各种外部影响因素,通过宣传中介,把宣传内容传递给宣传对象,达到宣传目的。在这一过程中,主要解决的是如何把各因素合理而有效地连接起来,共同作用,发挥合力的问题。因此,在宣传工作中,要着眼于其系统的各要素,研究和探索这一工作面临的政治、经济形势,所处的社会环境,所具有的传播技术、手段,以及接受者的心理状况等问题。要挖掘其内在各种因素之间的关系,探索其特有的结构模式,充分发挥宣传机制的作用,进而达到宣传的目的。

在宣传机制的多种手段中,舆论引导是最为重要的方面,在此处我们有必要对舆论引导的相关内容进行阐述。

社会舆论具有传播快、覆盖面广、渗透力强、影响力大等优势。社会舆论虽不是一种强制力量,但是能对人们心灵产生潜移默化的影响。具有正确价值取向的社会舆论会让人们分清什么是真、善、美,让人们认清什么是假、恶、丑,会给人们提供一个判断社会道德行为的标准,让他们明白什么是正确的道德行为准则,什么是错误的行为准则,进而通过社会舆论这种软约束来进行春风细雨般的疏导,调节人与人之间以及人与社会之间的关系,以此来大力弘扬社会主义新道德新风尚,充分发挥社会舆论的主观能动性对于鞭挞社会上一些腐朽落后的道德行为具有重要的作用。

舆论宣传是意识形态建设的重要手段,是发挥主流意识形态社会导向功能的重要载体和路径。现代网络的飞速发展,再使信息快速传播的同时也使得舆论宣传的作用越来越大,舆论可以影响群众情绪,影响国家生活,影响社会稳定。因此要对社会舆论进行正确引导,通过引导社会舆论,使社会公民自觉树立与和谐社会相适应的社会观念,进而营造出良好的舆论环境与社会氛围,这对于构建和谐社会十分重要。首先,要牢牢把握正确的舆论导向。在经济社会深刻变革、思想文化日益多样的情况下,社会上出现一点杂音噪音难以避免,关键是要唱响主旋律,在全社会形成积极向上、生动和谐的主流舆论。其次，要拓宽舆论宣传的途径。广播、电视、报纸、刊物等大众媒体已经成为人们生活中必不可少的部分，也是道德教育的重要形式和广大人民群众容易接受的形式。互联网作为开放式信息传播和交流工具，是思想道德建设的新阵地。电影、电视剧、戏曲、音乐、舞蹈、美术、摄影、小说、诗歌、散文、报告文学等各类文艺作品的创作，也是舆论宣传的重要途径。再次，要改进舆论宣传的方式。舆论宣传要按照贴近实际、贴近生活、贴近群众的要求，深入研究、准确把握新形势下人们思想活动的特点和接受信息的规律，把坚持正确导向与讲究宣传艺术统一起来，营造出和谐有序的舆论环境。最后，要正确处理舆论宣传与舆论监督的关系。新闻媒体是党和政府的重要舆论工具，必须把正面宣传与舆论监督相结合，舆论监督应着眼于改革开放稳定的大局，站在人民群众根本利益的立场上，以事实为准，以理服人，全面、科学、谨慎地把握，达到正面引导的目的。

二、道德教育宣传机制的运用

科学运用宣传机制，最大限度地发挥宣传机制的内在功能，既要坚持宣传工作的正确方向和原则，又要关注宣传手段的选择和运用。

（一）高度重视大众传播的功能与作用

大众传播是指“专业化的媒介组织运用先进的传播技术和产业化手段，以社会上一般大众为对象而进行的大规模的信息生产和传播活动”。在我国，大众传媒是党和人民的喉舌，应该在实施公民道德建设伟大工程中充分发挥其影响力和渗透力，宣传科学理论、传播先进文化、塑造美好心灵、弘扬社会正气、倡导科学精神，大力宣传体现民族精神和时代精神的道德行为和高尚品质，激励人们积极向上、追求真善美；坚持批评各种不道德行为和错误观念，帮助人们辨别是非，抵制假恶丑，为推进公民道德建设创造良好的舆论文化氛围。

大众传媒对公民道德建设有着特殊的渗透力和影响力，它是社会舆论的代表者，反映着全体公民的共同希望、理念和利益，具有现实性强、影响力大、制约力迅速等特点。通过舆论形成正确的道德观念，从而指导一定道德规范的构建和推行，是公民道德建设的重要途径。大众传媒对道德规范建设的引导作用通过舆论的倾向性来实现。肯定、褒扬先进的道德观和高尚的道德行为是社会舆论的主旋律，既要特别注重挖掘平凡人物、平凡事迹中的高尚道德底蕴，也要注意挖掘人们日常生活、工作中细微但又高尚纯洁的道德情操，还要通过大众传媒对道德事件的评价，造成善恶分明的社会氛围，形成独特的社会力量和道德机制，从而最终引导社会道德水平的提高和风尚习俗的醇化，推动公民道德建设不断进步、不断升华。

在发挥大众传媒的作用时须注意以下三点：

首先，对于涉及道德观的热点问题，要做好积极的引导工作。在社会道德建设的过程中，往往会有一些热点问题出现，而这些热点往往是诸多矛盾的结合点，涉及一些界限不清，是非不明，具有很大争议的道德问题，这些具有争议的热点问题如果不能及时得到有效的解决，如果得不到明确的结论和权威的表态，势必会对整个社会的道德建设造成很大的不良影响，使一些别有用心的不法分子利用“灰色间隙”兴风作浪，违法犯罪，为虎作伥，这对于整个社会的道德建设发展是极为不利的，大众传媒应能及时敏锐地发现这些问题，然后对其进行组织讨论，使得社会大众首先从思想上、理论上明辨是非，弄清各种道德分歧，进而在行动上有所改进，积极推动社会主义公民道德建设。

其次，是要“以立为主，以破为辅”，做好正面宣传的同时，充分发挥大众传媒的战斗力。江泽民在谈到精神文明建设时提出“精神文明重在建设”，所谓的“重在建设”就是要求我们做好正面宣传工作，对于一些社会上的优秀先进事迹要大力弘扬，典型示范，做好舆论导向。大众传媒要以这些正面的事迹和人物为主要内容，积极推进爱国主义，集体主义以及社会主义教育，同时大力宣传倡导家庭美德，职业道德以及社会公德，充分发挥其引导作用，使社会公民树立正确的世界观、人生观、价值观，引导他们自觉遵守社会道德规范，按照社会要求的行为来实践社会生活。但是“光立不破”并不现实，这样会经受不住敌对势力的打击，有立就有破，此处的破是指那些不合时宜的，不符合社会主义社会建设要求的那些“旧的规范”和“旧的要求”，只有破旧才能迎新，否则就会经受不住一些反面宣传和腐朽思想的侵袭，要敢于对一些新时代条件下不符合初级阶段社会主义社会现实要求的制度规则给予批判和舍弃，运用大众传媒的战斗力来实现这个“破旧”的过程。唯有这样，才能正确理解江泽民的“精神文明重在建设”的内涵。

最后，要正确认识并发挥舆论的“批判”功能。大众传媒是社会主义的捍卫者，是无产阶级的斗争武器。大众传媒除了可以对各种符合社会主义社会道德要求的行为进行正面宣传之外，它还具有对一些违背社会主义道德的丑恶现象和错误言行进行批判和讨伐的作用，通过这种批判和讨伐，这些错误的言行一出现就会造成大众的不断议论与指责，形成“过街老鼠，人人喊打”的局面，这些违背社会主义道德的错误言行会在这种社会氛围中自动弱化直至消失。大众传媒的批判作用是十分强大的，尤其是在现代社会，互联网的普及使得一些原本人们不会知道的社会不良现象在网络上飞速传播，进而使人们对客观事实有进一步的深入理解，这些都使得当事人为自己错误自己的行为在大众面前公开道歉并做出郑重承诺，这些都为良好的社会道德风尚的形成提供了有利的契机，有效遏制了各种腐朽思想和丑恶现象的滋长蔓延。但是同时，我们也应注意到，在发挥大众传媒的批判作用时，应把握好度，现在网络上时有“人肉搜索”“当事人因不堪舆论压力自杀”等负面新闻的报道，这都是由于在批判他们错误行为的时候对当事人进行了不恰当的人身攻击而导致，批判针对的是“错误的行为"，而不是"做出该行为的当事人"，况且，当事人在做出公开致歉或是承诺不再犯错时，我们应该怀着宽容包容的态度接受他们的歉意，而不是对他们进行谩骂攻击，这会严重影响他们对待社会，对待集体。以及对待人生的态度，抗挫能力差的人甚至会因为一时想不开而走向极端，这就严重背离了我们建设社会主义道德的初衷，会缘木求鱼，适得其反。

在加强互联网宣传工作时，要加强网络阵地建设，使网络成为传播社会主义先进文化的阵地。尤其是要加强学校网络阵地的建设，加大制止网络不文明行为的力度。学校是学生生活的主要场所，当代学生对信息网络的重视和运用远远超过了以往，因此，在宣传工作中，要注意吸引青年学生的注意，这是运用网络宣传、渗透思想道德信息，加强网络阵地建设的前提。在进行网络宣传时，要将学生的目光首先被吸引到网络阵地上来，要敏锐的洞察他们对于网络的需求，进而利用网络上的信息和资源为他们提供相关的服务，在满足他们需求的同时，使他们对网络产生适度的依赖和信任，成功地将其注意力聚焦到网络上面。只有网络阵地上的大学生规模达到一定程度时，学生们才会在网络上无所顾忌的发表他们的言论，讲述他们的一些观点，这样才会形成理性交流的氛围，对一些有争议的社会道德问题在网络上进行深入探讨和分析进而得出正确的结论，进而实现网络在学校思想道德建设中的主导地位。

（二）坚持宣传工作的正确方向和原则

一般来说，宣传要取得较好的效果，必须满足以下三个条件：首先，宣传工作必须坚持正确的方向，在宣传工作中始终要坚持党性原则，宣传工作只有与社会领导层意见相一致的时候，才会获得最大的支持和帮助。其次，宣传过程要坚持正面宣传为主的方针，对先进人物和事迹进行大力弘扬并重点示范，实现对社会大众的引导作用。最后，要讲究时效性，准确把握有利的宣传时机。

宣传工作要坚持正确的方向。在宣传工作中，必须要把党性原则放在首位。坚持党性就是要坚持四项基本原则，坚持正确的政治方向，坚决贯彻党中央的方针政策，与党中央的方向保持一致。对道德建设的宣传工作来说，无论是运用大众传媒，还是在日常的宣传工作中都必须坚持党性，任何偏离党性、偏离正确方向的言论和行动都是错误的、危险的。

社会主义道德建设宣传的党性，其主要内容是：公开声明我们所宣传的社会主义道德，要坚持全心全意为人民服务，要坚持爱国主义、社会主义、集体主义，倡导大公无私的奉献精神。要旗帜鲜明地弘扬主旋律，对现实生活中的积极的、正面的、先进的、光明的道德观念和道德行为进行广泛宣传，同时对现实生活中的消极的、落后的、反面的、黑暗的道德观念和道德表现进行严肃的抨击。坚持党的基本路线不动摇，坚持有中国特色的社会主义理论，坚持社会主义初级阶段的各项方针政策不动摇，确保社会主义道德建设的道路通畅，前途光明。

宣传工作要坚持正面宣传为主的方针。在之前的内容中，我们讲到在发挥大众传媒的作用时，要同时发挥正面宣传与负面批判的作用。与之相适应，在发挥道德宣传的作用时，也要将两者广泛结合，但是，在宣传过程中，要注意的是，应以正面宣传为主，以负面宣传为辅。正面为主，就是说在宣传的过程中，要着力宣传并报道鼓舞和激励人们发展社会生产力的事物，对那些积极弘扬社会道德和规章制度的行为予以表扬，鼓舞和激励人们坚强社会主义民主和法制建设，对于有利于国家富强、人们幸福以及社会进步的时机都应当进行报道。

第四，宣传工作要注重时效性。宣传工作要及时生效，就是要把握好宣传时机，善于抓住宣传时机。“好的开头是成功的一半”，加强对小学生的道德教育宣传。抓好各种节日、纪念日和重大活动的宣传工作，利用这些有利的时机，对党的方针政策，以及爱国主义、社会主义和集体主义进行广泛宣传。同时关注国内外发生和涌现的好人好事，不失时机地对其进行宣传表扬，以激发公民的热情。

第六章 和谐社会共产党执政道德建设的理论创新

新的时代条件下，共产党执政道德建设具有了新的内涵，也有了新的要求。明确新形势下党的执政道德建设的要求，不仅有利于巩固提高党的执政能力，还会促进良好社会风气的形成，促进和谐社会的建设。本章主要从执政主体的视角探讨和谐社会加强共产党的执政道德建设，当前共产党执政道德建设的现状以及新世纪共产党执政道德建设的新要求。

第一节 和谐社会加强共产党的执政道德建设

要加强和谐社会下共产党的执政道德建设，首先必须弄清楚何为执政道德建设，也就是执政道德建设的内涵；其次，要理解在和谐社会下，加强共产党执政道德建设的意义。

一、执政道德建设的内涵

（一）执政道德的含义

执政道德是执掌政权管理国家公共事务时，执政党所体现的道德水准、蕴含的道德原则，以及执政党应当具备的道德品质和应当遵守的道德规范的总和。正是由于执政党在国家政治生活中担负着特殊使命，进而使得其执政道德具有特殊的表现形式，执政道德是关于执政活动的道德认识、道德反思和道德积淀。执政道德包括应然和实然两个层面，不仅注重解决执政的事实原则和操作程序，而且超越执政的现实，寻求执政的社会本质和价值属性，执政的根本目的进行深入探究，回答为什么执政，怎样执政才是理想的，应当如何施政才是最好的执政等一系列价值问题，它立足于“现实”与“应当”的结合点上，在这一结合点上准确表达了执政的价值维度和理想追求。

对中国共产党而言，1956 年党的八大第一次正式使用了“执政”一词。党的十五大报告对共产党执政的内涵进行了详细说明，报告中提到“共产党执政就是领导和支持人民掌握管理国家的权力，实行民主选举、民主决策、民主管理和民主监督，保证人民依法享有广泛的权利和自由，尊重和保障人权”。中国共产党作为执政党和人民群众是一种委托、代理关系，即中国共产党是受人民群众委托，代表人民群众行使国家权力，管理国家事务的。中国共产党执政是中国共产党代表人民执掌和控制国家权力机构、行使国家权力、处理国家事务的活动和行为，是代表人民的名义、通过法律的形式，贯彻党的纲领、路线、方针、政策活动，执政的根本目的和责任是谋求实现人民群众的利益。

执政党在国家政治生活中所担负的特殊使命，决定了党的执政道德的特殊表现形式。中国共产党是中国工人阶级的先锋队，是中国人民和中华民族的先锋队。中国共产党的性质决定了党始终坚持人民的利益高于一切，党所关心的一直是广大人民的利益，而不是自己的特殊利益。党的一切工作，必须并始终是以广大人民的根本利益为最高标准。中国共产党通过革命取得政权，这是历史的选择，是人民的选择，这一选择承载着人民深刻的利益寄托、价值预设与道德规定。这种利益寄托、价值预设与道德规定，赋予了中国共产党肩负的执政责任和执政使命深层次的要求。中国共产党的执政道德可以概括为：中国共产党作为马克思主义执政党所具有的道德倾向和特征，是党的执政理念、执政制度以及执政主体在执政实践中应当遵守的道德原则和价值规范的总和。它是关于党的执政行为的道德规范体系，包括执政理念、执政制度、执政主体的道德状况以及价值判断标准，是社会主义道德体系的重要组成部分，其实质是国家权力运行的道德原则和规范体系。党的执政道德的目的是规范党的执政行为，最重要的是处理好党与人民群众之间的关系；党的执政道德的核心问题无疑是规范党的执政价值取向，解决权力为谁服务的问题。

（二）执政道德建设的要素构成

要加强党的执政道德建设，应该首先搞清楚党的执政道德的要素构成。

第一，执政理念中蕴含的道德价值。思想是行动的先导，有了正确的理念，才会有正确的行动。任何活动都需要指导思想，只有掌握了特定活动领域的基本理念，才能形成改造、创新这一领域的行动方案和计划。中国共产党执政也要以蕴含一定价值目标和道德内涵的执政理念为指导，才能达到规范执政主体的执政行为，推进执政道德建设的目的。执政理念作为规范执政行为的理性认识，准确把握其道德价值，是一项基础性工作。党的执政理念是执政道德的价值依托，是构成执政道德的高端层面。

第二，执政制度中坚持的道德取向。一切执政活动能否正常进行，以及效果如何，关键取决于制度的设计是否科学、合理、便捷，运转是否高效、灵活。执政理念最终也需要通过体现道德取向的制度作载体，才能转化为现实，党的执政道德才能得以实现。因此，坚持道德取向的执政制度，是构成党的执政道德的关键支撑。

第三，执政主体的道德品质。执政，归根结底要通过人来实现，执政的效果很大程度上取决于执政主体的道德素养，执政道德也要以执政主体的道德品质为保障。何谓“执政主体”？有学者指出，执政主体就是实际上执掌国家权力的政党、组织和个人，也有学者将其表述为“执掌和运用国家权力的行为主体”。并进一步说明，在当今世界实行政党政治的国家，执政党就是执政主体。可见，人们通常把执政主体作为一个既定的概念使用，不去细究其内涵。在中国,关于执政道德的行为主体,我国《宪法》明确规定:“中华人民共和国的一切权力属于人民。人民行使国家权力的机关是全国人民代表大会和地方各级人民代表大会。人民依照法律规定,通过各种途径和形式,管理国家事务,管理经济和文化事业,管理社会事务。”可见,人民是权力的实际所有者,是实质上的执政主体,或者说是执政的事实主体。但在现实中,人民行使执政权力是借助工人阶级、人民群众、中华民族的先锋队,即中国共产党来完成的,因而执政的直接行为主体不是人民,而是执政党,或者说是执政党代表。本书所说的执政主体就是指执政的行为主体,具体来说是通过运用国家权力贯彻该政党治国主张的执政党代表;简单地说就是执政者,在中国,执政主体(或者说执政行为主体)是指作为整体的中国共产党。中国共产党从人员结构上可以划分为三个层面:党员、党员干部、党员领导干部。其中党员干部、党员领导干部往往手中掌握一定的政权,属于直接参与执政,自然是执政道德的主体。同时,由于中国共产党是由无数党员共同组成的,党员是中国共产党成为中国特色社会主义事业领导核心的基本力量,是中国共产党执政的基本政治力量,是中国共产党赖以生存和发展的基础。党员是党的肌体的细胞和党的行为主体,占主体地位。毕竟,党的执政道德不是抽象的,而是通过党员这个载体的所作所为体现出来。每一名共产党员在生活和工作中的精神面貌,对群众有着最直接、最现实的影响,一定程度上决定着整个党的精神面貌,其能力水平和素质如何,既关系着党的骨干的质量,也关系着党组织在群众中的威信和形象,其道德状况也会体现和一定程度上影响执政道德的状况。党的执政道德最终也要通过党员个体的道德水平来体现,从这个意义上说,普通共产党员也是执政道德的行为主体。只是相对党的领导干部而言,作用比较间接一些。并且,无论是党员、党员干部还是党员领导干部,都是依存于一定的组织发挥作用的。因此,执政道德的主体,实际上包括广大党员、党员干部、党员领导干部和各级党组织。其中,广大共产党员、党员干部(包括党员领导干部）是构成执政主体的重要组成部分，是其基础性和关键性部分，本书所讲的执政主体，主要指广大党员和党员干部。

相应地，党的执政道德建设也主要是围绕这三个层面展开的。对于党的执政道德建设来说，三者不可或缺，是一个互相补充、有机统一的整体。执政理念中蕴含的道德意蕴，规定制约着执政行为的方向与目标；而要使得这一价值理念得以实现，必须与“刚性”的规则体系，制度就是用来约束并规范执政行为的“刚性”规则；而执政主体的道德品质是执政理念和制度“刚性”原则得以实现的主体性要素，可以通过执政主体遵循自身应该遵守的价值规范，身体力行地影响和带动其成员实现执政所要达到的价值目标。总之，三者相互作用、相互促进，共同构成执政道德建设的实质性内容。

二、加强执政道德建设的意义

我们党本身所处的特殊地位，决定了党的执政道德对整个社会道德，对物质文明建设、精神文明建设、政治文明建设来说，都是一个关键问题。目前我们正处于全面深化改革的重要转型时期，要发挥市场经济在资源配置中的决定性作用，要大力推进改革开放，在这一时期，我国社会生活的各个层面都发生了重大的变化。社会经济成分日趋多样化，社会就业方式和利益关系也日益复杂。与此同时，人们的思想观念，价值取向也随着经济社会的发展发生了微妙的变化，他们不再是以前的相信权威、崇拜权威而是现在的怀疑权威甚至是挑战权威，因此执政党及其领袖的神圣地位逐渐被动摇，社会大众对于执政党的道德期望无论是在形式上、内容上还是层次上都发生了深刻的变化，执政党的权威也遭受到前所未有的挑战。但是社会转型时期的特殊性又要求党具有绝对强大的政治权威，只有这样，才会在一个社会矛盾和利益冲突无比尖锐的转型时期，确保社会秩序的稳定和社会各项功能的正常运行。党的政治权威具有重要的导向作用和重大的均衡调节作用,其不仅与党的执政能力建设密切相关,还有利于巩固党的执政地位,有助于社会主义事业的兴衰成败以及国家的长治久安。在新形势下,加强党的执政道德建设具有新的内涵,我们党现在面临着改革开放的考验,市场经济的考验以及执政的考验、外部环境考验,这些考验是长期的、严峻的、复杂的,与此同时,我们面临着精神懈怠的危险,能力不足的危险,脱离群众的危险以及消极腐败的危险,因此,根据经济社会发展的新趋势和新特点,加强党的执政道德建设,提升执政党自身道德形象,树立道德权威,已成为一项非常重要和紧迫的任务。

(一)有助于巩固党的执政能力

要巩固党的执政能力,首先我们需要理解党的执政能力的内涵,所谓党的执政能力,就是党提出和运用正确的理论、路线、方针、政策和策略,组织制定并实施宪法和法律,并运用科学的领导制度和领导方式,动员和组织人民依法管理国家和社会事务,经济和文化事业,有效治党治国治军,建设社会主义现代化国家的本领。在全面建设小康社会的伟大征程中,我们党面临着"两大历史性课题",即提高党的执政能力和领导水平、提高党拒腐防变和抵御风险的能力。执政能力,也越来越不再是空洞的概念,而是变得越来越实在;也不再是一个简单的口号,而是需要落实到具体行动中并需要看得见的成效。加强执政道德建设,提升中国共产党的队伍及其组织的道德素质,是提高党的领导水平和执政能力的重要切入点,是新形势下推进党的执政能力建设的重要环节。从某种程度上来讲,党的执政能力是执政道德的现实展开,党的执政能力就体现在党处理新情况,研究新思路,解决新问题的能力高低,这些问题中就包含了对社会道德问题的研究与解决,一个有德的政党才是有执政能力的党,一个无德的政党就是一个无能的政党,是一个执政能力不强的政党。当前政治向世俗化转变.通常执政党通过宪法的规定获得了权力,但在现实的政治实践中,获得权力的执政党未必就能获得群众的拥护和支持。

事实上,“德”和“能”都是党员、领导干部需要具备的基本素质。现代社会,能力作为意识、知识和素质的综合体现,越来越受到重视。一个领导干部是否有良好的执政道德,非常重要的一个方面是看他对党的理论、路线、方针、政策,是真心拥护,还是虚与委蛇;对中央决策部署是认真执行,还是阳奉阴违;在大是大非面前是清醒坚定,还是模糊动摇;对人民群众是满怀真情,还是感情淡漠;在急难险重任务面前是挺身而出,还是临阵退缩;在矛盾纠纷问题面前是迎难而上,还是明哲保身;对个人名利是淡泊处之,还是热衷追逐;在道德操守上是慎独慎微,还是言行不一。在政治秩序的评价体系中,价值理性引导着技术理性,同时价值理性又需要技术理性来支撑与张扬。因此,党的执政能力特别是党不断给广大人民群众真正带来实惠的能力,引领国家和民族真正不断进步的能力,已显得越来越重要。

因此,如鸟之两翼、车之双轮,党的执政能力建设与党的执政道德建设有着互融互涉、密不可分的关系。一方面,深化党的执政道德建设研究,能够为党的执政能力建设研究提供价值支撑和方向保证;另一方面,加强党的执政能力研究能够印证、丰富和提升党的执政道德建设研究。面对国际国内的新形势和党的自身状况,可见,党的执政道德建设与党的执政能力建设,两者互相促进、互相推动。党由于执掌政权并且长期执政,其权力性权威的影响力是既定的。但是如果能够同时提高党的非权力性权威,总结党的执政实践经验,对于提高党的执政能力和执政绩效都有很大的意义。这里所说的提高党的执政能力,理应包括:增强党协调各种利益关系的能力;提高党员、干部的领导能力;提高党研究新情况、解决新问题的能力;改善人民群众物质文化生活、给人民群众带来实惠的能力;等等。这些具体执政能力的提高,特别是党员、干部的领导能力都要受党员、干部道德素质和道德修养的影响或制约,都离不开道德的调节和辩护作用。从世界范围来看,如何提高执政能力的问题是各个政党面临的普遍性问题,国外有一些执政党因治国无方、能力不足而失去执政地位,许多学者分析原因时指出，执政主体是党的执政活动的具体组织者和实施者、执政效果的具体承担者，他的道德修养、思想境界，不仅仅决定着人生信仰、价值取向、生活情趣，也决定着其行为方式、社会道德、精神状态，同时也决定着其工作态度，决定着其责任感和使命感，因此直接影响党的执政能力强弱，具体来讲包括其科学判断形势的能力、驾驭市场经济的能力、应对复杂局面的能力、依法执政的能力、总揽全局的能力等等。也就是说，执政道德建设状况很大程度上影响党的执政能力提高。执政道德是党的执政能力不可缺少的价值维度和品质要素，通过加强党的执政道德建设提升党员、干部的道德素质，推进党的执政能力建设，是提高党的领导水平和执政能力的一个十分重要的途径。可见，执政道德在提高执政能力中作用的实现，离不开内化在人的思想、理念或制度中的道德规范、价值取向，借助其价值取向的规约、引导作用优化社会资源的配置，尽可能地增加社会效益和经济效益。由此可见，执政能力是执政道德的现实展开和实践依托，党的执政能力建设始终闪烁着道德的光辉，加强党的执政道德建设是提高执政能力的应有之义。党的执政道德建设，是中国特色社会主义事业和党的建设这两项重大工程的重要连接点。加强党的执政道德建设，对于提高党的执政能力和执政水平都有着十分重要的意义。

（二）有利于加强党的执政合法性基础

中国共产党建党九十多年的实践反复证明：中国革命、建设和改革的成功，关键在党。执政党是社会主义现代化建设的领导核心，因此肩负着动员和组织人民依法管理国家事务和社会事务的重任。中国共产党掌握着支配公共资源的权力，但同时权力又是一把双刃剑，权力既可以被用来实现社会各种不协调利益的合理配置，同时由于其具有侵犯性、腐蚀性和可交换性，它还会给支配者带来巨大的诱惑和腐蚀，最终给人民群众带来损失。正如英国历史学家阿克顿所言，权力导致腐败，绝对的权力导致绝对的腐败。

执政党执掌国家政权，因此解决好国家政权的使用问题至关重要，而规范和制约权力的一种重要的方式就是以德治权。诚然，运用法律、制度、政策等这些“硬性”的手段约束权力固然重要，但是，道德这种“软约束”的力量同样不可或缺。因为，道德具有渗透性，它无时不在、无处不在，其影响更为宽泛，对权力的约束效果可能更好。而且，中国共产党执政本身内含了道德的精神，意味着为政者的权力是一种道德责任，并应当合乎道德地行使权力，以谋求大众的幸福，才能赢得普遍的拥戴。

作为执政党，要保证坚实的群众基础，首先需要妥善协调社会的各方面利益关系，有效地提供良好的社会秩序。在实行竞争性政党制度的国家里，通过不同政党之间的互相竞争，至少从理论上说可以使社会各个阶层的利益诉求得到相对较好的满足。而在一党执政的国家，由于缺少相应的政党竞争压力，执政党就有可能变得高高在上，脱离群众，就有可能对群众的利益需求漠不关心，进而就可能导致利益矛盾加剧、利益冲突积聚。当前，社会群体的分层愈来愈细化、社会利益主体愈来愈多元化、不同社会阶层的利益诉求越来越多样化，导致现阶段社会矛盾比较活跃。

新的历史条件和时代环境下，执政党不仅肩负着激发广大社会公民积极性，使其能按照自己的能力与劳动在社会各行各业展开公平竞争，实现个人能力全民发展，社会效率不断提高的责任，同时还担任着制定一系列经济政策和行政措施来保护社会弱势群体，保证社会公平机制合理运行的重任，只有这样才能实现不同地区，不同阶层的社会大众的和谐，也才能真正地实现社会公平。反之，如果执政党不能妥善协调各方面的利益关系，就难以同人民群众保持密切、和谐的关系，巩固党的执政合法性基础就无从谈起。因为即便是法律、制度的强制性功能的实现，也离不开道德从中发挥积极的辅助作用，党的执政合法性基础也离不开执政道德的作用。事实上，凡在政治上取得统治地位的阶级，往往会利用他们在政治上的优势地位，采取各种强制措施，宣传和灌输他们的道德观念，制造舆论，使被统治阶级接受他们的道德理念和道德规范，从而为其统治提供强有力的道义支持。执政道德一定程度上决定着公平正义能否实现，同时关系着社会关系的协调与否。只有在道德上装备精良的党，才能使人们从心理产生彻底的敬畏，进而充分调动群众的积极性，实现全社会的共同愿望和理想追求。执政道德实际上是对中国共产党提出了更高、更严格的道德要求，要求党以人民群众支持不支持、答应不答应作为制定决策的依据，真正做到权为民所用、情为民所系、利为民所谋，保持良好的道德形象。执政党只有不断提高执政道德水平，最大范围地代表人民群众的利益，尽可能地符合社会道德规范，才能提高社会成员对政治权力的认同和支持程度，才能树立党在人民群众中的良好形象，获取社会的支持与服从，从而巩固党的执政合法性。党多年来的执政实践也证明，执政道德中蕴含的深刻道德价值追求，是评价党的各项政治制度是否合理的重要因素之一，可以说党的执政道德为政治秩序提供了道义基础，并且是党历来重视的执政合法性资源。要确保政治秩序的稳定和社会的安定团结，就必须保证执政党的道德先进性。党的执政合法性基础不是天然存在的，其巩固也不是一劳永逸的，需要随着时代发展而不断夯实。广大党员、领导干部只有正确运用手中执掌的权力，从解决群众最关心、最直接、最现实的问题入手，认真考虑、兼顾不同阶层、不同方面群众的利益，扩大就业机会、完善社会保障体系、理顺分配关系，不断缩小社会差距、积极发展社会事业，才能实现社会的融洽和谐、公平正义。领导干部必须真正做到为民、务实、清廉，正确处理人民内部矛盾，妥善协调各方面利益关系，才能赢得群众的支持和拥护，巩固党的执政合法性基础。当下，道德作为一种软实力，在争取民心、凝聚力量，巩固党的执政合法性基础中的作用日益凸显。作为执政党，最明智的做法就是，尽可能地做出德性的抉择——保证执政的政策、决策合乎道德，充分发挥执政道德的非权力性影响力，增强党执政的道义基础；充分利用自身的道德优势，最大限度地维护广大人民群众的根本利益，从而为党执政奠定坚实的合法性基础。执政党只有加强执政道德建设，居安思危，增强忧患意识，保持党的先进性，才能始终赢得人民的拥护和支持，才能增强党的执政合法性，才能巩固党的执政地位。

（三）可以促进社会良好风气的形成

道德是社会和谐的基石，文明风尚是社会主义社会的重要特征。俗话说，有德有才，大胆使用；有德无才，培养使用；有才无德，坚决不用。作为执政党，中国共产党是整个社会的表率，党的各级干部又是全党的表率。党员、党员干部应该具有比其他社会成员更高的道德水准。作为执政主体，其特殊性在于：它一边联系着广大人民群众，是群众利益的代表者和维护者，又是群众意志的体现者和执行者，还是群众活动的组织者和教育者；另一边联系着执政党及其国家政权，如果执政主体道德失范，就会败坏执政党的信誉和执政基础，败坏社会的政治生活、政治秩序，破坏政治体系赖以运行的合法性基础。中国共产党的特殊社会地位、肩负的特殊社会职责，决定了对其道德尤其是执政道德会有更高的要求，中国共产党具有良好的道德作风，在全社会能起到一种道德楷模的作用，对其他社会成员具有教化和带动作用。广大党员干部特别是领导干部，大都拥有一定职权，掌握着一定社会公共权力资源，是国家公共权力的实际使用者。因此，干部道德已经超越了其“个人道德”的范畴，更多是具有了社会属性和国家属性，在一定程度上代表了国家道德和党的道德。党员、领导干部能否以身作则非常重要。党员特别是各级党员领导干部是党的各项事业的中流砥柱，其价值取向、道德情操和精神面貌，对全社会道德风尚起着引领、示范和带动作用。群众对干部总是要听其言、观其行的。

干部和领导的言行举止，道德素质将直接影响到它的下级群众，进而对社会风气也会产生重大的影响。所以说，党员干部的道德情操对其所在的集体乃至整个社会都具有十分重大的影响。因此，要注重领导干部的道德素质和道德情操培养，一个没有道德素质的干部、领导，有再大的本事也没有用。胡锦涛也特别强调，领导干部要做优秀道德表率，对广大党员及领导干部时时加以提醒和勉励。执政道德实质上是一种榜样道德，其作用主要体现在规范执政主体的内心世界和行为举止上，并且通过社会的先进成员——共产党员的示范作用潜移默化地影响社会的全体成员，使党所倡导的道德规范逐渐成为全体社会成员自觉接受的道德规范，支配人的行动的方向和目标，其影响力势必超出执政主体个体的范围，即通过执政主体自身的道德风貌和道德形象，扩散和辐射到全社会，发挥对整个社会的道德调节作用。因为，"要促进社会的进步，靠的是直接产生于人们心灵深处的纯正无邪的情感和伟大崇高的理想，靠的是当政者为人们树立的至善的人格榜样"①。事实上，执政道德在整个社会的道德体系中处于主导地位，一定程度上决定整个社会的道德状况。只有广大党员特别是党员领导干部做到严于律己，带头身体力行社会主义和共产主义道德，成为全社会的表率，才能以高尚的道德品质、良好的道德形象和强大的道德魅力吸引人民，团结人民，凝聚民心，带领全国各族人民把中国特色社会主义的伟大事业继续推向前进。习近平在中央政治局会议上曾特别强调，抓作风建设，首先要从中央政治局做起，要求别人做到的自己先要做到，要求别人不做的自己坚决不做，以良好党风带动政风民风，真正赢得群众信任和拥护。因此，执政主体必须具备良好品德，以优良的党风促政风带民风，为党长期执政奠定坚实的思想道德基石，推动和促进良好社会风气的形成，才能保证国家政事清明、长治久安。相反，领导干部执政道德缺失，则会直接影响全社会思想道德素质的提高和社会风气的好转。

---

① [法]路易斯·博洛尔. 政治的罪恶[M]. 北京：改革出版社，1999，第1页

第二节 当前共产党执政道德建设的现状

只有在分析共产党执政道德建设现状的基础上才能发现道德问题形成的原因，因而提出较为合理的加强道德建设的对策。因此，本节首先通过对共产党执政道德建设的现状进行分析，通过分析原因，提出加强党员道德建设的有效对策。

一、共产党员道德水平的现实状况

中国共产党是一个有着优良道德传统的党，始终重视执政道德建设，并且取得了举世瞩目的成绩。就当前来看，绝大多数党员、干部执政道德信念是成熟的、正确的，他们既对优良的传统道德规范坚贞不渝，积极践行社会主义道德，又能身体力行共产主义道德。但也必须看到，当前在实际工作尤其是基层工作和干部队伍中仍然存在一些违背党的性质和宗旨、群众反映强烈的突出问题，也就是说部分党员、干部的执政道德依然存在问题，人民网围绕相关问题进行了调查。近年来一些官员在道德方面存在最严重的问题是什么？人民网的调查结果显示，69.3%的网友认为制度上“唯专制”，大权独揽是官员道德方面存在的最严重问题，11.5%的网友认为一些官员在人生上“唯名利”，为了“名利”，不惜一切手段，甚至是贪污、受贿、官商勾结等非法手段是最严重的道德问题。9.9%的网友将票投给了服务上“唯上级”，上级一句话，可以跑断腿这种现象，另有5%和4.3%的网友觉得有些官员身上存在的信仰上“唯鬼神”，把入党作为升官、获利的手段和工作上“唯形式”，形式主义、大搞政绩工程是最严重的道德问题。之后《人民论坛》杂志又进行了广泛问卷调查，所得出的一系列数据发人深省。例如，53.9%的受调查者认为“党的优良传统流失状况”令人担忧；“崇尚学习”传承情况受调查者满意度最高，为

68.5%;“密切联系群众”流失最严重,受调查者满意度最低,仅为35.6%。对“党的优良传统”,选择“知道一些”的占受调查者的53.2%,选择“非常清楚”的占10.5%。53.9%的受调查者认为“党的优良传统流失状况”令人担忧。这些数据也从一定侧面反映出,加强执政主体的执政道德建设具有必要性和紧迫性。

二、道德问题形成的原因

(一)主流价值观教育远离党员现实生活

党执政地位的变化以及长期稳定和平的环境使得党的一部分成员放松了对马克思主义理论的学习。全心全意为人民服务的源泉和动力从哪里来?从对理论的准确把握而来,从对人民群众历史地位的科学认识而来。马克思主义是被实践证明了的人类文明发展最高成就,伴随实践的发展而不断得到完善;人类实现共产主义理想的方式和途径正在变得更加合理和务实;我们今天所从事的中国特色社会主义事业伟大实践,就是共产主义理想在现阶段的具体化。对于中国共产党人来说,只有不断加强马克思主义理论的学习,牢固树立实现共产主义的远大理想,才能树立正确的世界观、人生观、价值观、道德观,才能升华自我,使“个体的完善与人类的进步完美地结合起来”。新民主主义革命时期,中国共产党之所以能够由小到大,由弱变强,战胜内外敌人,推翻三座大山,取得最终胜利,其根本原因就在于,中国共产党能够“用坚定的信念把人民团结起来,为人民自己的利益而奋斗”,毫无疑问,“没有这样的信念,就没有凝聚力。没有这样的信念,就没有一切。”①

面对复杂多变的国际局势和艰巨繁重的国内改革发展任务,我们党一直把党员干部的思想作风建设摆在突出的位置。邓小

① 邓小平文选(第3卷)[C].北京:人民出版社,1993,第190页

平指出:“现在我们搞经济改革,仍然要坚持社会主义道路,坚持共产主义的远大理想”[1]。“我们搞改革开放,把工作重心放在经济建设上,没有丢马克思,没有丢列宁,也没有丢毛泽东。老祖宗不能丢啊!”[2]江泽民也曾指出:“共产党员、共青团员和一切先进分子,必须努力学习和掌握马克思主义的立场、观点、方法,树立共产主义的崇高理想和世界观、人生观,身体力行共产主义道德。”在十七届中央纪委三次全会上,胡锦涛再一次强调:“领导干部作风问题,说到底是党性问题。党性纯洁则作风端正,党性不纯则作风不正。”围绕着党的思想建设,近年来,我们党先后开展的“三讲”教育、“三个代表”重要思想教育、保持共产党员先进性教育、学习科学发展观等一系列活动,这些活动对于引导全党同志在日益复杂的环境中进一步坚定理想信念,产生了不可估量的作用。但是,不可否认的是,经过九十多年的发展,我们党已经从一个领导人民为夺取全国政权而奋斗的党,成为一个领导人民掌握全国政权并长期执政的党。党的地位和党员、干部地位的根本性变化,使党的作风建设面临着新的挑战。在党的八大上,邓小平就指出:“执政党的地位,很容易使我们同志沾染上官僚主义的习气。脱离实际和脱离群众的危险,对于党的组织和党员来说,不是比过去减少而是比过去增加了。”究其原因,可以从两个方面来分析:一方面容易使一些党员干部产生骄傲情绪,以功臣自居,认为天下是他们打下来的,理应享受很高的待遇和地位。早在建国初期,毛泽东就指出:“因为革命胜利了,有一部分同志,革命意志有些衰退,革命热情有些不足,全心全意为人民服务的精神少了,过去跟敌人打仗时的那种拼命精神少了,而闹地位,闹名誉,讲究吃,讲究穿,比薪水高低,争名夺利,这些东西多起来了。”当他觉察到一些党员干部严重脱离群众,违背党的宗旨,出现贪污腐败行为时,及时发动了“三反”运动,向全党敲响了反腐败的警

① 邓小平文选(第3卷)[C].北京:人民出版社,1993,第116页

② 邓小平文选(第3卷)[C].北京:人民出版社,1993,第369页

钟，并下决心处决了曾经是人民功臣的原天津地委前、后任书记刘青山和张子善。另一方面，党在执政以前，入党意味着吃苦、流血，甚至牺牲生命，而在执政后，入党不但对个人没有风险，而且可以掌握一定的权力，获取一定的地位，这必然会导致一些心术不正、投机钻营的人千方百计混入党员队伍，从而在一定程度上削弱了党的纯洁性，影响了党的生机和活力。邓小平曾指出："他们为着取得名誉和地位而入党，他们在入党以后，不去支持群众的利益，反而妨害群众的利益。诚然，这样的人在我们党内是极少数，但是，我们决不能忽视这个事实。"由于入党动机不纯，政治态度不端正，导致一些领导干部不思上进，学习不认真，浑浑噩噩，"书报不沾边，文件只翻翻"，对马列主义不求甚解。由于不讲学习、不讲政治，造成缺少政治素质、理论根基和政治敏锐性，进而放弃思想改造，迷失方向，分不清是非、辨不了黑白，面对物欲喧嚣的诱惑，个人私欲膨胀，道德也就失去了根基。

（二）社会转型期市场经济的负面作用

在社会体制转轨和价值观念多元化的态势下，党的道德建设面临着全新的挑战。当前，中国正面临着深刻的社会转型。它突出表现为从农业文明向工业文明的转型和发展，从计划经济向市场经济的转型和发展，从相对落后、封闭的社会向更加先进、开放的社会转型和发展。面临着经济体制深刻变革、社会结构深刻变动、利益格局深刻调整、思想观念深刻变化的新形势，面对当今世界各种思想文化相互交织、相互激荡的大潮，人们思想活动的独立性、选择性、多变性、差异性增强，价值取向呈现多样化的趋势。经济体制的深刻变革以及社会价值观的多元存在，能使人们的主体性、创造性、进取性极大增强，能够积极促进包括党员道德建设在内的全社会思想道德建设，这是毋庸置疑的客观事实。但同时，还应看到，我国的社会主义市场经济才刚刚起步，经济体制尚处于转轨之中，各项制度一时难以达到比较完善和成熟的程度，因而这种转变也给党员干部的道德建设造成一些负面影响。首先，市场经济从本质上来说就是一种竞争经济，奉行优胜劣汰，这本是市场经济的客观规律，恩格斯在《政治经济学批判大纲》中就提到："一种没有竞争的商业，就是说有一个没有躯体的人，一种没有产生思想的大脑的思想。难道经济学家根本没有想到，一旦竞争被撇开，那就保证不了生产者正是按照他的生产费用来卖自己的商品吗？"但市场经济的优胜劣汰法则，同时会使得一些人在追求自身利益时，以牺牲他人或社会的利益为代价，他们失去了集体主义观念，忘记了"大公无私"，设置一些党员也产生了严重的投机心理和个人主义，为了获得利益，用一些肮脏龌龊的手段来损公济私，损人利己。使他们在生产经营的过程中目光短浅，只注重眼前的利益，忽视长远利益；只关注个人利益，不关注他人利益；只在乎局部利益，忽视全局利益，这些不良的思想与观念都会滋生本位主义思想。其次，市场经济奉行的是等价交换原则，这种原则有利于平等竞争、公平交易，也有利于克服封建等级特权观念。但个别党员过分迷信等价交换原则，把本来只适应于市场的等价交换原则运用于党的政治生活和其他社会交往领域，进行权钱交易，权权交易，你投之以李，我报之以桃，正所谓"行业权力部门化，部门权力个人化"，凭借手中职权或行业特权，"靠山吃山，靠水吃水"，千方百计为自己捞好处，谋私利，最终走向堕落腐化。再者，面对深刻的社会转型，有些党员干部对道德领域的是非、善恶、美丑失去正确的鉴别标准，在新生事物面前无所适从，既容易把优良传统道德当作过时的东西来批判，又容易把一些不正确的东西当作新鲜事物来弘扬。

我们还要看到，随着世界多极化、经济全球化和科学技术的迅猛发展，各种文化相互激荡。西方以个人主义为核心的资产阶级价值观和腐朽生活方式乘机传播进来，特别是国际敌对势力为实现"西化"、"分化"的图谋，千方百计利用各种接触机会，用资产阶级道德观念和生活方式腐蚀党员特别是党的领导干部，而我们的个别党员干部盲目地迷信国外，在头脑中常常把先期现代化国家看作现代化的标准模式，进而自觉不自觉地把现代化等同于西方化。这些思想观念严重地干扰和动摇了共产党人的价值观，导致一些党员把个人利益作为自由选择的核心，把个人利益的追求置于共产主义的价值理想之上，把一切理想斥之为"乌托邦主义"，最终失去思想的防线，从而导致拜金主义、个人主义恶性膨胀，腐败现象丛生。

（三）制度不完善，管理有漏洞

权力过分集中且缺乏有效的党员干部监督机制，是党员道德下降的重要原因。早在改革开放初期，邓小平在《党和国家领导制度的改革》这一纲领性文献中，就明确指出党和国家领导制度诸多弊端的总病根就是"权力过分集中"。这一总病根表现为，"在加强党的一元化领导的口号下，不适当地、不加分析地把一切权力集中于党委，党委的权力又往往集中于几个书记，特别是集中于第一书记，什么事都要第一书记挂帅、拍板。因此，在进行有效经济体制改革的同时，中央始终高度关注解决权力过分集中和不受约束的问题，并采取了一系列比较有效的措施。中央党校教授王贵秀总结指出，总结改革开放以来的一些解决权力分配不均的问题，我们党提出了许多有价值性的方案，包括：取消党和政府重叠的一些机构和机关单位，减少党政兼职；充分发挥人大的立法职能，加强民主法治方面的建设；对于我们党内部出现的腐败贪污问题，要加强民主监督，探索并建立反腐倡廉机制；探索建立村民自治制度，加强基层民主建设，这些方式均致力于党的自身建设规律的探寻以及依法执政方式的研究。从目前我们的情况来看，尽管我们党高度重视这一问题，但由于我国长期实行高度集中的管理体制，领导者个人集权的问题在一些党组织内依然存在。最突出的表现是，邓小平当年所概括的"以集体领导的外表掩盖个人专断的实质"这一痼疾依然不同程度地存在，甚至在一定范围内还在加剧。近年来，高比例的"一把手"违法犯罪告诉我们，权力过分集中必然会导致官僚主义、特权现象的产生，"上梁不正下梁歪"，"一把手"的违法犯罪对党员群体产生的道德负面影响不容小觑。

不受监督的权力，容易导致滥用，容易产生腐败。这是一条万古不易的规律。当前，对共产党员的监督主要包括三种形式：党内的监督、群众的监督、民主党派和无党派民主人士的监督，其中，党内监督是重点。从目前的情况来看，我国的三种监督都存在不够健全的地方。首先，从总体上看，监督意识不强。不少党员干部认为组织监督、群众监督是跟自己过不去，从内心排斥监督，在过党组织生活时，轻描淡写，表扬与自我表扬相结合，监督意识薄弱，监督空气不浓厚。因为共产党执政地位的影响，党员自我监督意识的薄弱，也导致群众和民主党派人士不愿监督、不敢监督，这是当前一些党员干部走上违法违纪道路的一个重要原因。其次，党内监督领导机制不顺。这一问题突出表现为各级纪委在接受上级纪委领导的同时，还要接受同级党委的领导。而实际上是同级党委掌握着实际的权力，对同级纪委实施全面的领导，并对纪检人员的职位升迁等有着关键性的发言权。从而导致纪检工作不时陷入被动与受牵制的局面，难以发挥切实的监督作用。其结果是纪委既不想监督同级，也监督不了同级，"上级监督下级太远，下级监督上级太难，同级监督同级太软"，"一把手"屡屡落马和司法部门成为新的腐败高发群体也是基于同样原因。再次，"政务、党务"公开透明度不高，制约了群众和民主党派的有效监督。要有效保障人民群众监督权的贯彻落实，最重要的一条是拓宽民主渠道，保障人民的知情权。

三、加强党员道德建设的方法

（一）加强党性教育，注重思想入党

正反两方面的事实表明，同处于社会环境下，甚至共事于一个单位、从事同一种职务，一些党员能够坚持廉洁奉公，勤政为民，保持执政党应有的道德素质，为人民群众带好示范，做好榜

样。不过仍有一些党员干部却走上了与之截然相反的道路，他们以权谋私，收贿受贿，腐败堕落，在金钱、权力、美色的诱惑面前缴械投降，忘记自身的重要使命，成为人民的罪人。因此，提高广大党员干部的道德境界与自律意识是至关重要的。提高广大党员、党员干部的道德素质，首先要加强道德教育，这是提高执政主体道德素质的基础工程。道德教育，旨在通过提高道德认识、陶冶道德情感、锻炼道德意志、确立道德信念、养成道德习惯，最后达到帮助广大党员、党员干部提高执政道德水平的目的。习近平指出，必须加强年轻干部的党性修养。要加强年轻干部的道德修养，引导他们珍重人格、珍爱声誉、珍惜形象，增强道德责任感，常修为政之德，积小德养大德，努力成为思想纯洁、品行端正的示范者，爱岗敬业、敢于负责的力行者，明礼诚信、遵纪守法的先行者，生活正派、情趣健康的引领者。要引导年轻干部树立良好作风，正确对待权力、地位和利益，正确对待组织、群众和自己，克服浮躁情绪，脚踏实地干事，在服务祖国、服务人民、服务科学发展中建功立业。通过加强广大党员、干部的道德教育，树立正确的世界观、人生观、价值观，树立共产主义的理想信念，才能从根本意义上树立共产主义的道德观，才能使其真正站在人民利益的高度，坚持人民主体地位，正确理解党的路线、方针、政策，增强自觉性，发挥创造性，努力完成党交给的任务。通过坚持不懈的道德教育，使其坚定理想信念、增强宗旨观念，树立正确的权力观、利益观和地位观，正确地对待有关名、位、权、钱的问题，并且使之具备与权力行使密切相关的道德意识和道德能力，如公正、公平、诚实无私、廉洁自律、不谋私利等，真正做到以德修身、以德律己、慎用权力、用好权力、廉洁奉公、勤政为民，真正站在共产主义道德的高度，做到向人民负责，保证权力的行使符合人民群众的根本利益。否则，如果没有正确的理论指导，没有深厚的马克思主义理论功底，没有坚定的信仰和正确的道德观念，就没有抗拒诱惑的坚强决心。许多事实表明，党员干部一旦动摇和丧失了正确的理想信念，就会导致政治上变质、经济上贪婪、道德上堕落、生活上腐化。许多腐败分子的堕落，首先就是理想信念出了问题，不信马列信鬼神，不讲公德图私利。

党员干部道德素质的提高固然离不开持续的正面引导和不间断地宣传教育，但是对党员干部的道德教育要注意使其积极主动自觉地接受这些道德观念道德思想，避免使其被动地接受道德的外部灌输，机械地遵从既定道德规则，要充分调动其能动性和自觉性，引导他们带着积极性、主动性对现有价值体系和道德规范作独立思考，并在此基础上做出自觉自愿的道德选择。也就是说，要抛弃单调的说教方法，以发展党员干部的道德认知能力、情感体验能力和行为选择能力为出发点，不断提升其政治责任感，使其按照“自重、自省、自警、自励”的要求，将党员干部的道德觉悟自觉提升到更高的境界，并在此基础上身体力行共产主义道德，切实把加强道德修养、提高道德责任感作为终身课题，树立正确的世界观、权力观、事业观。

在道德教育中，还要特别强调并不断强化党员干部的角色道德意识，此处要特别注意职业道德与角色道德的区别，二者是具有明显差别的两个概念，前者比较侧重社会的自然分工，通过从事某种职业，可以获得生存发展的基本保障还可以养家糊口，它体现的是一种社会伦理关系。而后者侧重于不同的身份和地位，体现的是道德性质。党员干部是党和国家的各项政策、法令、规章制度的主要制定者和推行者，是建设有中国特色社会主义的组织者和领导者，他们的行为体现着国家意志，表明国家意愿，他们的道德水平的高低直接影响人民对党的认可和支持程度。党和国家的形象和威望，也是通过各级党员干部的工作来体现和维护的。广大党员、党员干部的执政道德水平，对各行各业能够产生重大影响，对促进社会风气的好转，对促进全社会道德水平的提高意义重大。因此，广大党员、党员干部的特定身份决定了其特殊的角色道德，因此说执政道德是一种远远高于普通职业道德的道德要求。强化党员干部的角色道德意识，一方面，要通过道德教育使其明确政治责任，强化其作为党员干部的执政主体意识，使他们在平时的工作生活中牢记以人为本、廉洁奉公等政治道德规范，将这些道德规范内化为自己的道德良心。同时，还要经常开展警示教育，让广大党员、党员干部切身感受到党决不容许有腐败分子的藏身之地，不管是谁、不管地位多高、权力多大，只要触犯国家法律和党的纪律，就要一查到底，决不姑息、决不手软。广大党员干部只有志存高远、以身作则、率先垂范、知耻明辱，才能用自己的模范行为和人格力量做出榜样，引领社会风尚，倡导和谐理念，营造积极健康的思想舆论氛围，以优良的党风促政风带民风，引导人民自我约束、提升境界、宽容谅解，为整个社会奠定坚实的道德基石。另一方面，还把道德教育与业务知识和职业技能培训结合起来，使他们在生活中真正做到以德为先、注重实效。只有这样，党员干部才能充分发挥其率先示范作用，用自己的实际行动诠释道德责任，形成稳定的道德观和道德判断力，充分体现党的先进性、纯洁性。

（二）加强制度建设，强化道德监督

在党的建设工作中，应积极探索有效监督形式，加强对广大党员的道德监督力度。马克思主义认为，无产阶级革命政党与其他政党的一个不同之处，就在于它能够发扬民主，能够在批评和自我批评中不断壮大。水能载舟，亦能覆舟，这个道理是非常深刻的。作为一个政党，失去了人民群众的支持和信任，就会失去立足之地，最终导致失败。加强共产党员的思想道德修养，既离不开党员自身的自我约束和自我完善，也离不开健全对党员干部的各级监督制度。对共产党员的监督主要包括三种形式：党内的监督、群众的监督、民主党派和无党派民主人士的监督。要加强党风廉政建设，深入开展反腐败工作，必须按照党的十七大的要求，让权力在阳光下运行，建立健全决策权、执行权、监督权既相互制约又相互协调的权力结构和运行机制，使邪恶无处藏身，正气得到弘扬。

首先，开展深入学习实践科学发展观活动，努力培养党员干

部的监督意识。胡锦涛明确提出"要扎实抓好党员队伍建设这一基础工程,坚持不懈地提高党员素质。在全党开展深入学习实践科学发展观活动,坚持用发展着的马克思主义指导客观世界和主观世界的改造",其目的就是要加强党员的党性教育,让党员干部不能忘记自己承担着为人民谋福利的历史使命,应该做到心理装着群众,凡事想着群众,工作依靠群众,一切为了群众。坚持权为民所用、情为民所系、利为民所谋,始终把群众利益放在第一位,时刻把群众的安危冷暖挂在心上。只有心里装着人民,才能自觉接受来自党内党外的监督,虚心改正自己的错误,进而不断锤炼自身的道德品质。

其次,加强党内组织建设,强化党内监督。党的代表大会任期制,可以为党代会代表提供履行职责的制度保障,使他们能够像人大代表一样真正发挥上为党和政府分忧,下为人民群众解难的桥梁纽带作用。要严格实行民主集中制,形成既有集中又有民主、生动活泼的政治局面,反对和防止个人或少数人专断。要改革党内选举制度,改进候选人提名制度和选举方式。采用新型的党内选举制度的方式,推广党员和群众公开推荐与上级党组织推荐相结合的办法。通过这种方式,可以有效地防止"跑官""要官","眼睛向上看"等弊端,真正使一大批优秀人才脱颖而出。

再次,加强民主制度建设,强化人民群众和党外民主人士的监督。依靠人民群众监督党的工作,是共产党的一贯思想和主张。当前应着重加强两个方面的建设:一是要健全民主制度,丰富民主形式,拓宽民主渠道,依法实行民主选举、民主决策、民主管理、民主监督,保障人民的知情权、参与权、表达权、监督权。要保障人民的知情权,就必须完善各类公开办事制度,提高政府工作透明度和公信力。坚持和完善人民代表大会制度,同时,密切人大代表同人民的联系,逐步实行城乡按相同人口比例选举人大代表。二是要贯彻长期共存、互相监督、肝胆相照、荣辱与共的方针,加强同民主党派合作共事,支持民主党派和无党派人士更好履行参政议政、民主监督职能,提高各民主党派参政议政效果。

（三）培养道德自主性，提升主体道德素质

党员干部要加强自身道德修养，并努力在道德行为上做表率。注重道德修养是中华民族的传统美德。古往今来，大凡有作为者都把个人道德修养和提高社会道德水平看成是治国安邦的基础。中国共产党历来强调要保持党的先进性纯洁性建设，注重党员干部特别是领导干部的思想道德建设工作，注重以自身良好的形象影响和带领广大群众。胡锦涛在庆祝中国共产党成立85周年暨总结保持共产党员先进性教育活动大会上的讲话中也强调，共产党员要："常修为政之德、常思贪欲之害、常怀律己之心，自觉抵御拜金主义、享乐主义、极端个人主义等消极腐朽思想文化的侵蚀，真正做到为民、务实、清廉、为在全社会树立社会主义道德新风尚作出表率。"

党员干部要达到崇高的道德境界，就必须强化内在约束，努力做到"自重、自省、自警、自励"。"自重"，就是要自己尊重自己，尤其要尊重自己的党性和人格，时刻以自己能够成为把全心全意为人民服务视为自己宗旨的共产党中的一员而自豪。进而坚定自己的理想信念，树立正确的世界观、人生观和价值观。特别是正确的权力观，注重培养健康的生活情趣，保持高尚的精神追求。"自省"，就是要勤于反躬自问，要"吾日三省吾身"，增强自我监督意识，勇于解剖自己，在灵魂中建立道德法庭。"自警"，就是要做到警钟长鸣，任何时候都不放松廉洁自律的高标准、严要求，能够真正做到以党性原则来约束和规范自己的日常行为，不该拿的不拿，不该说的不说，不该做的不做，养浩然之气，牢牢守住党性原则的防线、思想道德的防线和法规纪律的防线。"自励"，就是要在做好自身本职工作的同时，始终保持共产党人的蓬勃朝气，砥砺奋斗精神，克服平庸思想和安于现状的心态，真正做到开拓进取，奋发有为。

当前，党员干部要真正在道德行为上做表率，就应该树立"三种意识"，努力践行以"八荣八耻"为主要内容的社会主义荣辱观。

“三种意识”即忧患意识、公仆意识和节俭意识”，这是新时期加强党的作风建设的重要内容，是衡量领导干部素质的新标杆。增强忧患意识，就是要常怀忧国、忧党、忧民之心，自觉把为党分忧、为国排忧、为民解难作为自己肩负的神圣职责，勇敢承担起历史与时代赋予的崇高使命；增强公仆意识，就是要忠实履行作为人民公仆的职责，一切从人民利益出发，一切为人民利益着想，一身正气，两袖清风，真正做到“为民、务实、清廉”。增强节俭意识，就是要大力弘扬中华民族的传统美德，进一步发扬党的艰苦奋斗的优良作风。与此同时，每一名共产党员，还要率先践行社会主义荣辱观，加强道德修养，把热爱祖国、服务人民、崇尚科学、辛勤劳动、团结互助、诚实守信、遵纪守法、艰苦奋斗作为基本的道德底线。以“八荣八耻”为标尺，做当荣之事，拒耻辱之为，分清真善美，明辨假丑恶；坚持什么、反对什么，倡导什么、抵制什么，都要旗帜鲜明。只有这样，才能成为“一个高尚的人，一个纯粹的人，一个有道德的人，一个脱离了低级趣味的人，一个有益于人民的人”。

第三节　新世纪共产党执政道德建设的新要求

执政主体的道德状况对加强执政道德建设至关重要。针对目前党员、干部执政道德中存在的问题，必须有重点地加强党员、干部的执政道德建设。执政主体的基本道德，在不同的时期其具体要求也是不同的。党的十八大指出，抓好道德建设这个基础，引导党员、干部模范践行社会主义荣辱观，讲党性、重品行、作表率，做社会主义道德的示范者，诚信风尚的引领者、公平正义的维护者，以实际行动彰显共产党人的人格力量。既为党员思想道德建设指明了努力方向和目标，也为加强党的执政道德建设明确了方向。

一、求真务实

把求真务实作为党员、干部的基本道德要求，是党一以贯之的优良传统和党员、干部应该具备的政治品格。求真务实精神贯穿党的革命、建设、改革全过程，这是坚持了求真务实的道德要求，我们党才会夺取新民主主义革命的伟大胜利，紧接着确立了社会主义制度。党的十七大报告中指出，要“以求真务实作风推进各项工作，多干打基础、利长远的事”。“多干打基础、利长远的事”就要要求党员、干部坚持求真务实，狠煞急功近利之风，树立正确的政绩观。胡锦涛强调，对那些不图虚名、踏实干事的干部要多加留意。在评价党员、干部的工作成绩时，要树立崇尚实干的导向，注重选拔求真务实、埋头苦干、默默奉献、不事张扬的干部。习近平在全国组织部长会议上强调，领导干部只有思想实、干事实、为人实，才能得到群众的真心拥护；如果热衷于搞形式主义、做表面文章，待人处事不实在、要滑头，就干不好事业、得不到拥护，甚至让人反感厌恶。所以说，“求真务实”是每个党员、干部应有的政治品格和基本道德，是对执政主体提出的基本道德要求。

把求真务实作为党员、干部的基本道德要求，是当前的形势和任务的迫切需要，是党的各项事业不断取得胜利的根本保证。中国共产党九十多年的历史经验表明，求真务实是党的活力之所在，也是党和人民事业兴旺发达的关键之所在，只有坚持求真务实，党的理论才能跟上时代的步伐、适应实践的要求，才能引导党不断研究新情况、总结新经验、解决新问题。经过全党和全国各族人民的共同努力，我们已经处于全面建成小康社会、加快推进社会主义现代化的新的发展阶段，处在改革和发展的关键时期，弘扬求真务实精神具有很强的现实针对性。当前，国际国内形势对我们是有利的，多数党员、干部能够坚持求真务实的作风，为人民办了许多大事、实事、好事。但是，我们也必须看到，在党员、干部队伍中也确实存在着不少与求真务实精神相背离的东西。新形势下，人民群众对党员、干部的要求发生了新的变化，从过去的四平八稳、老实听话，到现在的开拓创新、敢闯敢干，体现出人民群众迫切希望替他们行使权力的人能够积极运用权力，以高度的责任感和强烈的事业心尽最大努力为人民群众谋福利，带领人民群众建设更加美好的生活的强烈愿望。历史和现实都表明，共产党员和领导干部只有做到人品上老老实实，才能做到工作上的求真务实，也才能产生人格上的巨大魅力。在我们党内，老老实实做人的领导干部越多，党的创造力凝聚力战斗力就越强，党和人民的事业就越生机勃勃、兴旺发达。因此，正确认识和解决我们面临的突出矛盾和问题，在全党大力弘扬求真务实精神、大兴求真务实之风是重要的、也是紧迫的。大力弘扬求真务实精神、大兴求真务实之风，必须做到坚决克服和纠正形式主义、官僚主义，坚持以人为本、执政为民，始终保持党同人民群众的血肉联系。

二、艰苦奋斗

艰苦奋斗是中华民族的传统美德，自古以来就是我们民族精神的重要内容。我们党靠艰苦奋斗起家，我们党的事业靠艰苦奋斗发展壮大，我们的幸福生活和美好未来也要靠艰苦奋斗去开创、去实现。一部中国革命、建设和改革的发展史，也是一部中国共产党带领全中国人民艰苦奋斗、勤俭创业的奋斗史。

艰苦奋斗是我们党的优良传统，是我们党的立业之本、取胜之道、传家之宝，也是广大党员、干部要当坚持的基本道德要求。艰苦奋斗在不同时期有不同的具体内容，继承和发扬艰苦奋斗精神也应当与时俱进。广大党员、干部坚持艰苦奋斗的基本道德要求，是由党的现状和任务决定的，具有现实必要性。之所以特别强调广大党员、干部坚持艰苦奋斗精神，是因为他们的行为表现思想道德素质所体现、折射的是党和政府的形象、信誉，是党的凝聚力、战斗力，是社会风气的正确导向和人民群众的根本利益。

因此要充分发挥党员干部的带头示范作用，使他们充分发挥其艰苦奋斗的精神，党员干部只有充分利用手中的权力为人民谋利益，谋幸福，真正为人民掌好权、用好权，做到夙兴夜寐、勤奋工作，才能对得起人民的信任和重托。发扬艰苦奋斗的精神，关键是中国共产党要以身作则，特别是领导干部要率先垂范。各级党员、领导干部都要牢记“两个务必”，带头发扬艰苦奋斗的精神，带头反对铺张浪费和大手大脚，带头抵制拜金主义、享乐主义和奢靡之风，在各项工作中都要贯彻勤俭节约原则，精打细算，严格把关，真正把有限的资金和资源用在刀刃上。

三、开拓创新

党所担负的历史责任，要求党员、干部以勇于开拓创新的精神投身中国特色社会主义的伟大事业。开拓创新是党员、干部执政道德的基本要求，是改革开放和现代化建设对党员、干部提出的充满时代精神的道德要求，同时对于党员、干部来讲，这也是他们做好本职工作应当具备的基本思想道德素质；开拓创新是党在长期革命和执政的实践中凝练出来的宝贵精神财富，也是党始终保持先进性、始终充满生机活力的重要保证。只有始终保持艰苦创业、开拓创新的精神，摒弃思想僵化、因循守旧、无所作为的思想作风，才能战胜各种艰难险阻，把握各种历史机遇，开创美好未来。

广大党员、干部坚持开拓创新的基本道德要求，是保证党的事业成功的需要，是民族繁荣和国家强盛的需要，是适应新形势、探索新思路的需要。开拓创新既是一种思想方法、工作方法，也是对党员、干部的一项道德要求。建设中国特色社会主义，这是前无古人的伟大事业，没有现成的道路可循，一切都有待于我们大胆创新和探索。坚持开拓创新是时代进步的要求。尤其是现在，我国的改革进入攻坚阶段以后，各种深层次的矛盾日益显现出来，情况更为复杂，工作更加艰难。在这种新形势下，仅靠老经验、老办法，难以解决问题。只有大胆探索，敢于开拓，才能拿出新办法，闯出新路子。解决新问题就得用新办法，并且需要在实践中不断总结、提炼、创造。在这样的时代背景下，是否具有开拓创新精神，决定着国家和民族的前途命运。因此，中国共产党所肩负的历史和时代赋予的庄严使命，向党提出了这样的要求：高扬开拓创新的旗帜，通过理论创新推动制度创新、技术创新以及其他各方面的创新，注重增强自身的开拓创新意识，在开拓创新中增长才干，在开拓创新中发挥先锋模范作用。

坚持开拓创新就要推陈出新，就要敢于讲老祖宗没有讲过的新话。当前，科学技术的迅猛发展，使科技进步与创新日益成为推动经济和社会发展的决定因素；经济全球化进程使我国经济和社会的发展日益融入世界经济发展的体系之中；随着社会分工的细化和社会经济制度的改革，我国的社会阶层构成发生了新变化，社会环境、人民群众生活和工作的方式也发生了重大变化，所有这些都要求广大党员、干部具有创新意识、增强进行创造性思维的能力，从而制定出符合实际情况的发展新思路。因此，广大党员领导干部必须增强创新意识，提高创新能力，把开拓创新作为基本的道德要求严格要求自己。从一定意义上讲，开拓创新作为中国共产党的基本道德规范，是不断总结中国革命、建设和改革实践经验的必然结果，也是当前解决党员、领导干部队伍中存在的各种问题的客观要求。

四、勤政高效

所谓勤政，就是心系百姓，尽职尽责，就是一切想着人民、一切为着人民，把执政为民的要求落实到实际行动上，把人民赋予的权力用于给人民办事上，凡是不利于人民的事坚决不干，凡是有利于人民的事就积极去干，一切以“人民满不满意”“人民答不答应”为标准。所谓高效，就是讲求效率和效能。用现代理念解释，高效是勤政的一种体现，没有效率，勤政也就成了空谈。

把勤政高效作为党员、干部执政道德的基本要求，是从传统文化积极吸收养分而做出的必然选择。勤政不仅是从政者的优良品质，而且已发展成为中华民族的传统美德之一。

广大党员、干部坚持勤政高效的执政道德要求，也是现实的客观要求。从实际情况来看，大部分党员还是可以做到清正廉洁，他们的事迹被群众所广泛称道，他们干部中的模范，是社会发展的推动力。但是还有小部分党员、领导干部虽然比较注意廉洁自律，但不能尽职尽责，没有一个共产党员应有的责任与担当，做事情畏首畏尾，瞻前顾后，犹犹豫豫，不能很好地做到勤政高效。广大党员、干部要真正坚持勤政高效的执政道德要求，必须转变过去那种“无过便是功”的消极观念，树立“无功即是过”的积极观念。值得注意的是，眼下确有少数党员、干部，既不以权谋私，也不尽职尽责，在其位不谋其政，不能扑下身子扎扎实实为群众办好事、办实事，工作不思进取，认为自己不贪不占，违纪违法的不干，就可以高枕无忧，认为自己“没有功劳有苦劳，没有苦劳有疲劳”，这种观点是非常偏颇、非常错误的，这种现象被周恩来形象地称为是庸庸碌碌的瞎忙，是辛辛苦苦的官僚主义。针对这种现象，有人旗帜鲜明地提出：平庸也是一种腐败。这就要求新时期的党员、干部，要有强烈的效率意识，会干而不是盲干，在日常工作中不甘平庸，善于学习，始终保持高昂的斗志和奋发的精神，做到忙而不乱，忙出实效，尽职勤政，力戒懒惰，争取无愧于人民“公仆”的称号。

五、清正廉洁

中国共产党作为执政党，由于执掌国家权力，而这项权力在公共权力的运用中占有绝对的支配地位，同时又因为执政党的党员大部分都在政府的主要部门中占据着要职，因而就有大量的机会滥用公共权力以谋取私利，他们的这些做法会损害公平公正的社会秩序，会削弱党的执政合法性基础，会严重危害党和国家的前途命运。所以清正廉洁是执政党的生命线，是党员、干部应当具备的执政道德。廉洁自律是一种人格力量，也是一种道德标准。

中国共产党自创立以来，始终把清正廉洁作为从政者最起码的政治要求和道德价值取向，用来约束党员、干部的言行。坚持自觉反腐倡廉，做到清正廉洁是我们党作为无产阶级政党同其他剥削阶级类型政党的本质区别之一。《党章》第 34 条规定，党的各级领导干部必须模范地履行党员的各项义务，并且必须具备六条基本条件；第 5 条规定，正确行使人民赋予的权力，依法办事，清正廉洁，勤政为民，以身作则，艰苦朴素，密切联系群众，坚持党的群众路线，自觉地接受党和群众的批评和监督，做到自重、自省、自警、自励，反对官僚主义，反对任何滥用职权、谋求私利的不正之风。在新的历史条件下，只有切实抓好党风廉政建设和反腐败工作，党才能得到最广大人民群众的拥护和支持，具有巨大的凝聚力和战斗力，才能不断提高执政能力、巩固执政地位，永远立于不败之地。

把清正廉洁作为党员、干部的执政道德要求，是在深刻认识我国国情和当前所处的历史阶段基础上做出的必然选择。对中国共产党而言，党的执政地位根源于人民，人民群众的拥护和支持是党执政最牢固的社会基础和最深厚的力量源泉。党的执政时间越长，反腐倡廉的任务就越艰巨，就越要坚定不移地反对腐败，越要提高拒腐防变的能力。淡泊名利、清正廉洁既是党员、干部的本质特征，又是对党员、干部一以贯之的根本要求。能不能做到淡泊名利、清正廉洁，是衡量一名共产党员是否合格的重要标志。具备了清正廉洁的精神，就会对共产主义和社会主义的理想信念忠贞不渝，经受住任何艰难困苦和金钱、权力、女色的考验。当前，信息时代的发展和全球化进程的推进，使得国家与国家之间的联系日益密切，相互影响也日益深刻，不仅西方资本主义的社会转型、思想观念和生活方式在时刻侵蚀着我们，而且封建主义思想的影响也还存在，再加上社会转型、经济体制转换过程中产生的一些漏洞和薄弱环节，为腐败现象的滋生蔓延提供了一定的土壤和条件。不过事实证明，绝大多数党员、领导干部能够淡泊名利，保持清正廉洁，经受住了这个考验。但也确有极少数党员、领导干部没有经受住考验，理想信念动摇、以权谋私、贪赃枉法、腐化堕落。因此，能否把党和人民的利益放在首位，自觉地同各种社会和党内腐败现象做斗争，是党员、领导干部必须认真解决的一个重要课题。

第七章　和谐社会教师职业道德的养成

教师的职业道德建设，关系重大，意义深远，不仅关系到师生教学过程的和谐，而且关乎和谐社会的建设。因此，教师职业道德建设不能仅仅停留在口号上，更要付诸行动，使教师的职业道德建设有规可循，有章可查，以保证教师职业道德建设的健康发展，进而为和谐社会的建设奠定良好的基础。

第一节　教师职业道德的现实境遇

教师职业道德的发展，是随着我国教育的发展而发展的。面对经济全球化、教育现代化和市场经济的新时代、新形势，面对新一代学生，教师职业道德又面临着新的挑战和考验。分析新时期教师职业道德的现实境遇，明确社会发展和教育发展给教师职业道德带来的新挑战、新要求，是新时期教师职业道德建设的前提。

一、教师职业道德的形成与发展

教师作为独立的职业，它的产生发展首先是社会生产力发展的结果，是社会分工的产物，是在人类教育实践中出现的。教师职业作为人类古老而永恒的职业之一，是伴随着人类社会的产生而产生的。随着教育理论与实践的不断丰富和发展，以及教育普及化程度的提高，人们对教师的需求不断提高，教师的职业特征、职业素质及社会功能不断发生变化和发展，教师逐渐成为一种专业化要求很强的职业。

(一)古代社会教师职业道德的形成

我国文化教育源远流长。据记载在公元前16世纪就产生了一种古老的文字,这种文字主要被刻在龟壳、兽骨上,称之为“甲骨文”。通过对“甲骨文”的研究,为我们了解古代的政治思想和文化教育及道德提供了丰富的史料。根据甲骨文记载,从夏朝开始,文字就已经产生,并且产生了学校,甚至到西周时期出现了一些正规意义上的学校,称之为“国学”“乡学”及“私学”,开启了人类社会的文明史。

先秦时期是我国文化繁荣时代。在这个时期出现了众多的知识分子,形成了一大批“文学游说之士”。如战国中期,在齐国都城近郊的“稷下学宫”,就聚集了一千多人,其中有七十余人享受“上大夫待遇”,这些人是各阶级各阶层的代表,有较高的社会地位,受到人们的尊重。这些人中最著名的代表首推孔子、墨子、孟子、荀子等一批思想家、教育家,他们通过展开一系列的教学活动,论述师德理论。孔子是其中最杰出的代表,孔子招收学生办私学,提出很多关于师德的重要论断,他在师德教育中,有一系列的教育原则:孔子要求教师要具备“学而不厌,诲人不倦”的教学态度,强调教师要讲究教学方法,对学生遵循因材施教的原则,并且孔子还要求教师必须做到以身作则,为人师表,做到身教重于言教。“其身正,不令而行,其身不正,虽令不从。”“不能正其身,如正人何!”在这里孔子充分认可师德具有良好的表率作用,这一点是道德教育思想中的一个进步。

继孔子之后,墨子、孟子、荀子等人从不同的方面进一步完善了教师职业道德的规范体系和理论。特别是荀子(约前313—前238),战国后期的思想家、教育家成为继孔子之后儒家的传经大师。荀子重视道德教育,认为人的道德观念和知识才能都是后天形成的,圣贤不是天生的,是接受教化的结果。他提出“君师者,治之本也"[①]，第一次把"师"与国家治乱联系在一起。他特别重视教师的地位作用，把天、地、君、亲、师并列。他说"国将兴，必贵师而重傅"，"国将衰，必贱师而轻傅"[②]。把教师视为治理国家、推动社会进步的根本，并把尊师作为衡量国家兴衰的标志。他强调建立教师的威信，认为"言而不称师，谓之畔；教而不称师，谓之倍"[③]，主张对教师绝对服从，做到"师云而云"，不容许有人怀疑、非议、背叛教师。他主张在良师的教育下，通过不断的自我修养，达到"以公义胜私欲"[④]。他认为不论是长者、教师还是后生、学生都要有"青出于蓝胜于蓝"的信念，用以劝说前辈支持、激励其后代超越自己。荀子还对教师提出了严格的要求，认为教师必须具备四方面的条件，即除了要有渊博的知识以外，还要有尊严和威信；要有丰富的经验和崇高的信仰；要具备有条不紊地传授知识和严密的逻辑思维能力；要精通教材，深刻理解其中的含义，并善于阐发引申，而不是照本宣科。

我国教师职业道德的规范体系在奴隶社会基本形成。在封建社会，至汉武帝采纳了董仲舒"独尊儒术、罢黜百家"的道德教育思想后，中国封建社会的教师职业道德规范体系基本上一直是儒家体系的继承和发展。

先秦开启了中国文化教育的繁荣，这一时期很多名家关于道德的论述为我国道德的研究提供了参考价值，现今时代的很多关于文化教育、道德理论的阐述包括师德的阐述都来源于先秦时期，可以为其找到理论依据。

到了唐朝这个历史阶段，古代文化教育的发展已经相当成熟，学校发展的这个阶段已经相当完备，可以说是空前繁盛。并且由于在唐朝历代封建统治者大力提倡文化教育，重教重学，尊师重道。这个时期的师德获得了很大的发展。其中唐代大思想

---

① 荀子·礼论

② 荀子·大略

③ 荀子·礼论

④ 荀子·礼论

家韩愈的《师说》就是这个时期的杰出作品，提出了很多关于师德建设的论断，例如，“师者，所以传道授业解惑也”“是故弟子不必不如师，师不必贤于弟子”这些见解都是值得我们借鉴和吸收的。

此外，南宋的朱熹、明朝的王守仁、清朝的颜元等人，对师德修养都提出了很有见地、很值得吸取的观点和主张。

（二）近代社会教师职业道德的发展

从1840年鸦片战争到1919年五四运动，是中国近代资产阶级民主主义革命时期，鸦片战争以后，中国彻底沦为半殖民地半封建社会，帝国主义列强对中国的瓜分侵略以及清政府的腐败无能，致使广大人民生活于水深火热之中。广大民众为了摆脱种种困境，展开了轰轰烈烈的反封建、反侵略的斗争，从而在一定程度上影响了中国的政治思想和文化教育。在这个过程中，一些开明之士要求改革弊政，抵抗侵略，主张学术应为政治服务，“经世致用”，解决实际问题。他们针对时下士大夫阶层的道德堕落，提倡新的理论思想，一定程度上推动了职业道德的发展。

清末改良派领袖康有为，非常重视教育的作用，把教育事业当作进行政治改良、救亡图存、振兴中国的重要手段。他认为一个国家的强弱，关键是看国民智慧的高低，而智慧又依赖于教育来发展。他认为，中国之弱，正弱于教育不发达，民智不开，所以他提出，“欲任天下之事，开中国之新世界，莫亟于教育”[①]，大力倡导“变科举，兴学校”。而教育的兴衰又同教师的作用密不可分。《大同书》是康有为的代表作之一，集中体现了他的教育理想。在《大同书》里，康有为对未来理想世界的教育制度做了描绘，对各级学校教师的道德品质提出了具体的要求。如小学教师要“静细慈和”，“有耐心、有恒心”，“德行仁慈，威仪端正，学问通达，诲诱不倦”；中学教师要“行谊方正，德行仁明，文学广博，思悟通妙，而又诲人不倦，慈幼有恒”。

---

① 梁启超. 康有为传[M]. 上海：上海人民出版社，1957，第9页

我国著名教育家蔡元培也非常重视教师职业道德修养，认为教师就是人之楷模。1917 年初，他就任北京大学校长，提出实行“囊括大典、网罗众家、思想自由、兼容并包”的办学方针，号召师生提倡道德，整顿风纪，并对教师提出了具体的要求：不嫖、不赌、不娶妾，束身自爱，自觉培养谦虚、正直、爱国、爱生等品质，教育自由、平等、博爱的思想。他率先开了中国大学教师有组织地进行教师道德修养的先河，对教师职业道德水平的提高起了重要的作用。

（三）现代社会教师职业道德的深化

1919 年五四运动的爆发，揭开了中国现代史的序幕。随着中国共产党领导的新民主主义革命运动的蓬勃发展，新民主主义的教育也发展到了新的阶段。在发展人民教育事业的过程中，在同各种资产阶级思想和其他腐朽没落思想以及敌人文化“围剿”的斗争中，涌现出许多具有真知灼见的无产阶级文化战士、教育理论家和教育家。他们有关教师职业道德的理论和实践，为社会主义教师职业道德的形成和发展做出了突出贡献，在中国现代教育史上书写了光辉的一页。

陶行知先生是近代著名的人民教育家被人们誉为“人之模范”，为发展农村教育事业奉献终生。他说：“乡村人民儿童所敬爱的教师应该具备健康的体魄；农民的身手；科学的头脑；艺术的兴味；改造的精神。”这是陶行知先生的师德标准。

鲁迅先生也是我国深受人民群众爱戴的著名教育家，他在师德方面提出了很多自己的论断，鲁迅先生要求教师既教书又育人，并且主要身体力行，发挥表率作用，以自己的思想、知识、感情和信念去影响青少年。

（四）社会主义社会教师职业道德

新中国成立以后，我国的社会性质发生了根本的变化，成为以生产资料公有制为核心的社会主义社会。伴随着社会性质的根本变化，我国的教育性质也随之发生了根本性的转变，成为人民的教育事业。在继承和批判前人关于师德优秀遗产的基础上，社会主义制度下的广大教师经过理论探索和实践总结，形成了一套社会主义的教师职业道德。主要内容包括：热爱党的教育事业，忠于职守；坚定不移地贯彻执行党的教育方针和政策；具有高度的工作责任感和献身精神等。

改革开放以来，社会主义各项事业在党的领导下实现长足进步和蓬勃发展。随着教育实践的不断深入，教师职业道德也在不断地发展和完善。为了更好地继承和发扬我国优秀师德传统，提高教师职业道德水平，1984 年，我国教育部和全国教育工会联合颁发了《中、小学教师职业道德要求（试行）》。1991 年，国家教委和全国教育工会在总结试行情况的基础上对《中小学教师职业道德要求（试行）》进行了修订，颁布了《中小学教师职业道德规范》。《中小学教师职业道德规范》以后又经历 1997 年、2008 年的修改和充实。每一次修订不仅反映社会形势的发展和教育改革的深入给教师队伍建设提出的新要求，也体现出党和政府以及教育工作者对师德建设的重视。在新时期的新形势下，教师道德增添了崭新的内容，获得了更大更新的发展，成为中国特色社会主义道德体系的一个重要组成部分。随着教师道德的发展，以及对教师道德的重视研究，极大地推动了教师工作的发展。

总之，教师道德是时代的产物。每一时期的师德既体现了时代的特点，又必将随着时代的发展而不断发展。在教师劳动实践中，优秀的师德被不断积淀和传承，同时又不断充实着中国特色社会主义核心价值体系，从而不断推动社会主义精神文明的发展。

二、教师职业道德的作用

（一）导向作用

导向作用是指教师职业道德的内容为教师的职业行为和师

德修养指明了努力的方向。在教育活动中,教师居于主导地位,对学生的品德形成和健康成长具有重要的指导作用。教师职业道德的导向作用集中体现在教师职业道德的原则、规范和要求之中。教师职业道德的原则、规范和要求,从本质上说,都是一种对教师职业要求的"行为准则"。这种行为准则以其规定的内容为不同标准,可分为两种类型,即:应当怎样的行为准则与不应当怎样的行为准则。比如,我国 1997 年修订的《中小学教师职业道德规范》中关于"热爱学生"的规定或要求,属于"应当怎样的行为准则"的有:要关心爱护全体学生,要尊重学生的人格,要平等公正地对待学生,等等;属于"不应当怎样的行为准则"的有:不讽刺学生,不挖苦学生,不歧视学生,不体罚或变相体罚学生,等等。这种"应当怎样"和"不应当怎样"的行为准则,不仅规定明确具体,而且导向性强,给教师指出了明确的行动方向。

(二)教育作用

教师职业道德的教育作用表现在可以帮助教师正确认识教师劳动的意义和价值。教师劳动具有重大的社会价值,突出表现在对延续和发展人类社会的巨大贡献上。教师就是专门传播知识、开发智慧、启迪心灵的人。教师的工作,联系着人类的过去、现在和未来。没有教师,社会文明的传播和发展就会大大延缓,社会进步就会大大推迟。教师的劳动也牵动着千家万户,关系到每一个人的发展和幸福。因为一个人的发展状况如何,前途怎样,除了个人的主观努力之外,在很大程度上取决于他们所受的教育,取决于教师的劳动。同时,教师劳动也具有其自身的个人价值。教师在奉献的过程中,同样也成就着自己,他就像蜡烛燃烧那样,不仅照亮了学生,而且也创造了自己的辉煌。他在辛勤劳动的同时,也得到了一般劳动所无法享受的幸福和乐趣。

(三)调节作用

教师职业道德规定了教师处理个人利益与集体利益和社会

利益的道德原则;指明了教师在教育活动中应遵守的规范和要求,引导教师在教育过程中正确选择自己的行为;调节教师在从教过程中的各种关系、矛盾和言行,保证教育工作顺利开展和教育任务的圆满完成。所谓调节作用,就是指教师职业道德通过教育、评价、沟通等方式和途径,指导和纠正教师个人与他人、个人与社会关系及交往中的行为,协调教育过程中的各种关系,解决各种矛盾,激发教师的积极性和创造性,顺利完成教育教学任务。它是教师职业道德的最基本也是最重要的作用。在教师劳动过程中存在着多方面的关系需要调节,如教师与学生的关系、教师与教师的关系、教师与学生家长的关系、教师与社会的关系等。同时,在教师从教过程中,也经常出现其他利益冲突,如职称评定、工资晋级、奖金发放、教学评估、评选先进等。协调这些关系,解决这些矛盾只靠行政命令难以奏效,而是需要一种来自教师的更灵活有效的调节体系——教师职业道德。教师职业道德是规范教师职业行为的道德准则,它能够告诉教师什么是应该做的,什么是不该做的;什么是合理的,什么是不合理的。从而使教师在教学过程中有明确的道德意识,选择正确的教育行为。同时,通过教师职业道德的调节作用,还可以把教学活动中的各种关系制约在一定的秩序之中,形成良好的治学和教学环境,使教师的工作处在和谐融洽的氛围中,从而促进教师自身的成长,保证教育工作的顺利进行。

(四)促进作用

教师职业道德的促进作用主要表现在对教育教学工作和社会精神文明建设方面的作用上。教师职业道德对教育教学工作具有直接的促进作用。一方面,教师职业道德主要是针对教育教学工作而言的,严格遵循教师职业道德的规范和要求,有利于教师在职业活动中选择正确的道德行为,避免不道德的行为,从而保证教育教学工作的顺利进行。另一方面,工作的顺利,学生的进步,家长的感激,领导的肯定,又将使教师在充满事业成就感的过程中信心倍增，干劲十足，从而使教育教学工作更上一层楼。

第一，教师职业道德建设有助于促进教师的自我完善。职业道德是教师职业生活的指南，是促进教师自我完善的必要条件。教师通过职业道德教育，在一定程度上改变或加深他们在接受教育之时形成的道德认识或道德，使他们的道德观念随着这一过程逐渐调整、充实、提高，从而日趋成熟。

第二，教师职业道德建设有助于推动社会主义精神文明建设。教师职业道德建设是社会主义精神文明建设的重要组成部分，其价值必须显示在促进社会主义物质文明的建设中。抓住教师职业道德建设，使道德建设与个体的业务工作紧密地结合起来，实现精神文明建设与物质文明建设的协调发展。

教师职业道德教育是为了提高教师的职业道德水平，以敬业乐业、勤业精业作为教育内容的基础，以公正、合理、律己、守纪、奉献为职业道德教育的核心要旨。在这种职业道德教育方式的促进下，教师职业道德教育必定能够为精神文明建设提供有力的支持。

第三，教师职业道德建设有助于促进社会生活和谐稳定。遵守教师职业道德不是单方面的义务，而是相互尽义务，是“我为人人、人人为我”的新型人际关系。各行各业共同构成了社会主义社会这个庞大的机体。从事每一项工作的人共同组成了社会生活这个大家庭。教师如果都具备良好的职业道德精神，都讲职业道德，自觉按照职业道德的要求去处理各种关系，正确行使职业权利，努力履行职业义务，这将有助于良好社会风气的形成，有利于社会的和谐稳定。

三、当前我国教师职业道德现状

近些年来随着社会的发展和变革，教师队伍结构发生了很大变化，教师职业道德出现了许多新情况。这种新情况表现为，改革开放和市场经济的深入发展，现代社会和现代教育的国际化进程，一方面给教师职业道德注入了新鲜活力，促进了教师职业道德的科学化、民主化、现代化发展；另一方面，也使教师职业道德面临着巨大的冲击和挑战，使高校教师在职业道德方面产生和暴露了不适应现代社会和现代教育发展的种种弊病和问题，从而影响了教师职业素质的全面发展和提高。

（一）教师职业道德主流状况及原因

1.我国教师职业道德现状总体良好

我国学校教师职业道德的主流和整体状况是比较好的。这主要可以从以下三个方面入手进行分析。

第一，教师的政治思想素质和师德水平从整体来看是比较好的，教师队伍的精神状态佳。虽然现在教师的队伍结构在年龄和学历上都有了很大的调整和变化，但这些年轻的教师表现出来的热爱职业，思想觉悟等方面都有显著的进步，师德状况良好。随着国家对教育事业的重视和投入，教师成为当前高级知识分子热衷的职业，绝大多数教师热爱并安心自己的工作。

第二，教师重视教学工作，态度认真，工作努力。教师对教学工作还是很重视的，大部分教师把教学作为教师的第一要务，教学态度端正，教学认真负责。

第三，在科研水平方面，教师的科研意识和水平都日益增强和提高。教师担负着为我国社会主义现代化建设培养人才的重要职责，提高教师的科研水平是当前教师职业发展的必然趋势。当前，多数教师都能够重视科研工作，有刻苦钻研的精神，一些人的研究成果突出，逐渐成为高校学科建设的生力军。

2.原因分析

第一，改革开放以来，我国取得了举世瞩目的伟大成就，生产力得到了解放和发展，综合国力日益增强，人民生活水平得到了较大改善，国际地位越来越高。学校的中青年教师是随着国家的改革发展成长起来的新一代教师，他们目睹并亲身体验了党的基本路线、改革开放政策的正确和英明，从内心深处拥护党的领导，拥护三中全会以来党的路线方针政策。因此教师绝大多数政治立场、政治方向是坚定正确的，自由化思潮并无市场。

第二，科教兴国战略的出台，教育经费的加大投入，教师住房、工资等生活条件的改善，使得教师的社会地位不断提高，教师成为一种受人尊敬和令人羡慕的职业。并且随着教育与国际接轨，教师出国、留学、进入高层次科研领域的机会增多，教师的发展空间越来越大。各类高学历、高层次、高素质人才给教师职业道德带来了许多好作风和新气象，教师队伍充满了生机与活力，从来没像现在这样稳定。

第三，近些年来各学校不断深化内部管理体制、人事制度、分配制度的改革，引进了竞争机制，出台了吸引优秀人才提高教师素质的种种政策。此外，还制定和实施了对教师的教学、科研、社会工作等各项工作的检查、考评以及奖惩制度，同时，注意加强对教师的政治思想教育和师德教育。通过筛选、教育和监督考评机制，通过奖励惩罚和优胜劣汰机制，教师队伍得到了优化，教师的职业素质日益提高，职业道德也随之得到了提高。

（二）我国教师职业道德失范的表现

虽然从整体上来说教师的职业道德状况比较好，但是当前教师职业道德中存在着许多问题，主要表现为以下几个方面。

第一，教师的政治思想觉悟与职业道德水平还有所欠缺，虽然多数高校教师能够履行教学职责，忠诚于人民的教育事业，但是也有小部分教师受到"一切向钱看"的拜金主义和个人主义思潮的影响，在理想和信念方面产生了动摇，缺乏敬业精神，不能把主要精力放在教学上，而是放在"捞外快"或者其他方面，对教学任务敷衍，影响了学生的创造力的培养，产生了一些不良影响。

第二，有些教师教育思想和理念落后，教学内容陈旧，教学方法呆板僵化，教学质量亟待提高。部分教师缺乏现代教育思想和理念，在授课时照本宣科，缺乏独立见解，知识更新慢，缺乏时代精神。有的老师知识结构不太合理，比如理工科教师对社会科学、人文科学知识了解很少，而文科教师对自然科学知识极其贫乏。一部分教师的教育思想和理念、知识结构、教学内容和方法已经不能适应现代教育发展的需要，更新教育观念，改造知识结构，改革教学内容和方法，提高教学质量成为教师职业道德建设中亟待解决的问题。

第三，有些教师科研意识不强，科研能力较差，科研质量不高。近些年来随着教育改革的不断深化，大多数教师对科研工作越来越重视，科研比较主动自觉，但是也有一部分教师科研意识不强，认为教好书上好课就行了，科研工作比较被动消极；有人虽然有科研意识和紧迫感，但由于长期不搞科研，缺乏积累，科研能力差，科研不能上路；还有少数人承认自己搞科研是迫于学校考评和评职称的压力，完全是出于无奈，认为这样的科研是制造文化垃圾，浪费时间和精力，对学校强调科研和以科研为标准的考评有抵触情绪。

四、教师职业道德建设面临的挑战和要求

当前社会飞速发展，学校教育出现了综合化、终身化、现代化、国际化、信息化等新特点、新趋势。新时期国内外政治经济的新格局以及高等教育的改革和发展，对我国教师的职业道德提出了尖锐的挑战。教师如何应对挑战，更新职业道德观念，改造职业道德内容，探索新时期教师职业道德建设的规律和途径，成为当前教师职业道德建设面临的一项新课题。

（一）经济全球化对教师职业道德带来的挑战和要求

经济全球化目前已经成为世界经济发展的必然趋势，也是各国经济发展面临的外部环境。经济全球化不仅给人类的经济发展创造了条件和机会，而且也给经济发展带来了前所未有的挑战和风险。从本质上来看，经济全球化的产生基础是市场经济体制，先进的科学技术和社会生产力是经济全球化发展的手段和途

径，经济效益的最大化是经济全球化的最终目标，经济全球化就是一个以国家为主体，利用发展手段，在市场经济的基础上实现经济效益最大化的过程。从现象上来看，经济全球化就是超越国界范围的经济活动，通过对外贸易、资本流动、服务交易等实现。在经济全球化的过程中，一国的经济震动就会给其他各国带来或大或小的影响。比如说，美国的经济危机就使得包括中国在内的很多国家发生了经济震荡。由于经济全球化，西方的政治强权能够对我国的政治和军事格局产生影响；同样也是由于经济全球化，我国能从西方国家处获得更多的经济发展的机会。不难看出，经济全球化对我国的影响有积极的方面，也有存在风险的方面。经济全球化对我国高等教育的影响是十分深刻的，它给我国的高等教育带来了发展的大好时机，同时又提出了尖锐的挑战。经济全球化所带来的高等教育国际化发展，强烈冲击着传统的教师职业道德，要求教师从职业理念、职业目标、职业技能等各方面改革原有的职业道德，树立与高等教育国际化发展相适应的新的职业道德体系。

（二）社会主义市场经济对教师职业道德的挑战

党的十四大提出了建立社会主义市场经济体制的经济改革目标以来，我国便进入了由计划经济向社会主义市场经济转型的新时期。市场经济目标模式的确立，不但带来了经济社会的巨大变革，而且引起了学校教育以及教师职业道德的深刻变化。

第一，社会主义市场经济要求教师具有与市场经济相适应的思维方式和思想理念。其一，教师必须破除封闭保守的思维方式，树立开放性的思维方式，放眼世界，立足市场，了解市场经济对教育和人才规格的要求，与外部世界积极沟通交流，不断吸收借鉴各种资源和营养，以适应社会主义市场经济对教师职业素质的要求。其二，大学教师必须具有创新意识和能力，必须具有批判精神、探索精神和超越精神。在教学上要勇于改革创新，不断吸收国内外新知识、新理论、新成果，改造知识结构，改革教学内容和方法，把最新的知识和学术前沿传授给学生；在科研上则要追求真理勇于探索，解放思想开拓创新，力争原创性和高水平，力戒炒冷饭和低水平重复。有创新精神的教师，才能培养出具有创新意识和创新能力的人才，才能适应市场经济对创新性人才的需要。其三，教师必须具有竞争意识，必须彻底改变计划经济条件下安于现状、故步自封、不思进取、害怕竞争的思想和心态，从思想意识、心理状态等方面培养竞争意识。教师要紧跟时代的脉搏，及时吸纳新知识，不断改善知识结构，要苦练内功，提高教学科研水平，增强自身的竞争力，积极参与竞争，创造出最好的工作业绩。其四，教师必须具有法律意识和能力。知法、守法、依法执教不仅是社会主义市场经济条件下高校教师的职业责任，更是教师应履行的职业道德。高校教师必须努力学习各种法律法规，做到知法懂法，更要在职业实践和社会实践中遵纪守法，依法执教，认真履行法律义务，同时保护自身的合法权益。教师特别要注意加强对学生的法律教育，提高学生的法律素质。

第二，社会主义市场经济要求教师适应市场对人才的需要，积极投入学科和课程体系改革中。知识经济时代的到来和社会主义市场经济体制的建立和发展，使得社会对人才规格和能力素质提出了全新的要求。学校承担着为社会主义市场经济输送人才的重要职责，教师必须适应社会主义市场经济对人才的需要，积极投入到学科和课程体系改革中，为社会主义市场经济的发展提供优秀的人力资源。社会主义市场经济的确立和不断发展，使得人才培养模式和学生就业方式都发生了很大变化，也对教师职业道德提出了新的要求和尖锐的挑战。为了培养适应社会主义市场经济发展所需要的各类人才，为了提高学生在市场经济中的竞争实力，教师必须了解和研究市场经济的特点以及对人才规格的要求，必须按照市场经济的规律进行学科专业和课程体系的调整改革：在知识结构方面，教师要根据市场经济的需要进行知识结构的调整，努力学习和补充市场经济的相关学科知识；在教改上，要适应市场经济对人才的需要改革课程体系，更新教学内容，使之在体系结构上更趋于科学性、合理性,在内容上更体现时代性、发展性,在功能上更具有创造性、适用性;在学科建设上,有基础和能力的教师要积极改革旧的学科和专业,要积极投身于应用学科、高新技术学科和边缘交叉学科的建设中,通过学科建设和专业改造,通过学科交叉和专业渗透,使教学改革和人才培养更能适应社会主义市场经济对人才的需求。总之教师必须认识社会主义市场经济对人才规格的要求,积极投身于学科专业和课程体系的改革中,投身于教学内容和方法的改革中,努力培养出在市场经济中有竞争实力的优秀人才来。

(三)教育现代化对教师职业道德带来的挑战和要求

传统教育是以农业生产力为基础的封闭的教育活动。现代教育是以工业生产力为基础的开放的、能满足全民学习需要的教育活动。教育现代化是现代生产的产物,是以政治、文化和社会的现代化为依托的。教育现代化是教育从整体上对传统教育的改革与更新,是一个深刻的革命与创新过程。教育现代化主要是指教育思想理念的现代化,同时也涉及人才培养模式以及学科专业设置、课程体系、教学内容和教学方法的现代化。教育现代化挑战传统的教师职业道德,要求教师职业道德进行现代化的改造与革新。

第一,教育现代化要求教师实现培养目标的现代化。高等教育的培养目标是高等教育对人才种类、层次、规格和要求的质量标准,是国家总体教育目标在高等教育领域中的具体化,具有鲜明的时代特征。现代高等教育有现代化的人才培养目标,其主要特征是:创新性人才、通专结合的复合型人才、科学素质与人文素质统一的人才。

第二,实现教学体系的现代化。教学体系的现代化是指学科专业设置、课程体系、教学内容和方法的现代化。教学体系的现代化是新时期教师职业道德建设中十分艰巨的一项任务。教师以传授科学知识为己任,教师的专业素质、水平和能力是职业道德的重要组成部分，是教师职业道德得以实现的依据和内在功力，没有精湛的业务水平，没有熟练的专业技能，实现自己的职业理想，完善自己的职业道德就是一句空话。因此掌握现代教学知识体系，具有现代教学技能和方法，是教育现代化对教师职业道德的基本要求。现代化的教学体系主要包括学科专业的现代化、课程体系的现代化、教学内容的现代化和教学方法的现代化。

第二节　教师职业道德的具体应用

教师职业道德是教师行业的特殊道德要求，这些道德要求通过道德原则、道德规范、道德范畴和各种具体情境中的道德要求表现出来，构成了一个完整、统一的教师道德规范体系。这些具体情境中的教师道德要求，是教师道德原则。道德规范和道德范畴在各个具体情境中的集中表达，涉及教师职业生活的每一个角落，成为衡量教师职业行为的具体标准，是教师道德规范体系的具体应用。

一、教师教育教学中的道德

人才的培养主要通过教学活动来实现，教学活动是教师职业活动中最基本、最重要的活动，因此教师能否首先遵守教学活动中的道德规范，是能否完成教学任务、达到教学目的、实现人才培养目标的关键所在。

（一）依法执教、廉洁从教

在教师教书育人的道德规范中，有两点要求是最基本的，这就是依法执教和廉洁从教。依法执教是教书育人的底线，所有的教学活动，都是在遵循宪法和其他法律、法规，特别是关于教育的法律、法规的前提下进行的。廉洁从教是依法执教的发展和深化，它要求教师在依法执教的前提下，坚守高尚情操，不利用职责之便谋取私利，自觉抵制社会上的不正之风。

1. 依法执教的基本要求

第一，教师要模范地遵守宪法及其他各种法律、法规。党的十一届三中全会以后，我国教育法制建设取得了前所未有的成就，教育立法成果显著。全国人大及其常务委员会先后制定颁布了《教师法》《职业教育法》以及专门针对高校的《高等教育法》《学位条例》等教育专门法律。国务院颁布了《〈义务教育法〉实施细则》《残疾人教育条例》等行政法规，国家教委等部委颁布了一系列有关教育的行政规章，各地也纷纷出台了大量地方性的教育法规。目前，我国已初步形成了有中国特色的社会主义教育法律法规体系，使教育的重大问题和教育教学工作的重要方面都有了法律依据和保障。

第二，教师要依法进行教育教学活动。《中华人民共和国教育法》和《中华人民共和国教师法》是教师"自己"的法，而《高等教育法》和《学位条例》是高校教师"自己"的法律。因此，教师在教书育人的过程中，要注意模范地遵守各种法律、法规。

教师要依法进行教书育人的活动，首先就要认真贯彻教育方针，对学生进行宪法所确定的关于四项基本原则的教育、爱国主义教育、社会主义核心价值观教育、民族团结的教育以及法制教育和技术教育等等。其次，教师要关心、爱护每一个学生，维护每一个学生的正当权益。教师在教书育人的过程中，必须以真诚的态度关爱学生，要坚决制止有害学生或者是其他侵犯学生合法权益的行为，批评和抵制有害学生健康成长的现象。对体罚学生、侮辱学生、侵犯学生隐私权等违背教育法律、法规的现象，要坚决从自身做起予以杜绝。

第三，教师要不断地提高自身的思想道德水平和教育教学水平。教师教书育人的活动，是以自身渊博的学术水平和高尚的道德情操为基础的，因此，教师必须不断地提高自身的思想道德和文化修养、充实业务知识、完善教育技能、调整心理结构。这不仅仅是一种简单的自我发展过程，而且直接反映了教师个人对于教育事业的态度，也是一种决定教师教书育人成败的重要因素。具有教师道德水平和教学水平提高的自觉性，教师才能不断地反省自己，对自己进行客观的道德评价，并能坚持正确、修正错误，形成依法执教的高尚品德。

2. 廉洁从教的基本要求

现阶段，我国社会主义市场经济正在不断趋于完善，而市场经济对人们思想意识和价值观念的冲击更是达到了前所未有的强度。在这种大环境影响下，作为人之楷模的教师，更应该坚守大义、坚守正确的道德情操。首先，教师要有明确的义利观。身为教师，要懂得舍利取义，要树立大义为先、私利居次的观念，要把国家、民族和集体利益置于个人利益之上。在任何条件下，都不可以舍义取利、唯利是图。其次，教师要自觉抵制金钱、名利的诱惑，不取不义之财、不当之利。在市场经济的大潮中，有的教师忙于第二职业，以谋利为第一价值取向，也有教育界的掌权者凭借钱权交易而发财致富，而教师必须有明辨是非的能力，并以廉洁的行动来实现大义。比如，有的学生为求教师让其考试过关，因而送礼行贿，有的学生考研时希望探得考试内容，因此行贿导师。如果教师认为是区区小事而接受，就会违背教师清廉公正的大义，严重损害教师在学生和社会中的形象。

（二）遵循规律，讲究艺术

教学规律是指教学活动中客观存在着的具有普遍性、稳定性和必然性的联系，它不以人的意志为转移，反映教学内部各种关系间的本质联系。教学艺术是指教师在开展教学活动时所使用的技能、技巧，其实质是对教学方法的创造性运用，使教学产生巨大的艺术魅力，让学生在愉悦的气氛中高效率地学习。

教师在课堂教学中遵循教学规律、讲究教学艺术，不仅是方法的问题，也是师德的问题，具体要做到：

第一，要充分认识在课堂教学中遵循教学规律、讲究教学艺术的必要性。不但要从教学方法的角度认识它的意义，而且要从师德的角度认识它的意义。教师只有在充分认识这一道德要求的必要性的基础上，才能提高执行它的自觉性和积极性。

第二，要坚持学习，不断总结。在课堂教学中教师要想做到遵循教学规律、讲究教学艺术，没有现成的模式可搬，也非一朝一夕就能奏效，只有靠自己长期的学习研究和总结探索。英国思想家罗素指出，教育艺术、教学艺术是“一种很难传授的艺术”。为此，教师要坚持学习和研究教育理论，坚持向有经验的教师请教，在长期的教学实践中不断探索，不断总结、提高。

（三）言表得体，注重风度

所谓“言表得体，注重风度”，是指教师在课堂上的语言、仪表、举止、姿态要符合课堂教学的道德要求，给学生以美好的印象，起到好的作用，积极促进教学。

教师在课堂教学中遵守“言表得体，注重风度”的道德要求是十分必要的。教师的职业对教师的言表风度有特殊的要求。对教师来说，他的衣着、仪容、言谈举止等并不是生活琐事，而是反映其生活态度和审美观、反映其道德意识和道德情操的大事。教师在课堂上言表风度的好坏优劣，直接对教学工作和学生心灵产生性质不同的影响。好的言表风度是促进师生感情交流、传递积极信息、提高教学效果的重要手段，可起到意会而不用言传的功效。而不良的言表风度则会给学生留下不良的印象，阻碍师生感情的交流，传递消极的信息，降低教学的质量和效率。所以，对教师来说，不可不注意自己在课堂上的言表风度，须自觉认识其重要性，遵守“言表得体，注重风度”的道德要求。

二、教师学术研究中的道德

随着我国教育事业的发展，现代学校的科学研究已经成为推动我国科学技术发展和创新的重要力量，教师具有创新的研究成果也成为我国社会主义现代化建设的高智能动力。教师科学研究活动的重要意义，凸现了教师科研活动中职业道德问题的重要性。

（一）献身学术，持之以恒

1. 献身学术

学术研究要求教师应该具备献身学术的精神，即“以学术为志业”。献身学术意味着要甘于寂寞，意味着要淡泊名利。倪梁康先生以佛教中的三人做原形概括了学术研究中的三种人——学者、思者与贩者。第一种人是玄奘类的，其基本特征是以道德文章服人，并不刻意追求社会层面的影响，崇尚真理，倘有必要，亦不惜舍身求法。第二种人是惠能类的，其基本特征是更贴近社会现实，更附依时代精神，更追求社会效应。最后一种人是支敏度类的，其基本特征是凭借学术以维持生计，推行某种自己也不相信的理论，是倡导某种违心而言的“学术人”。真正的学者应是倪先生所言的第一类人。他们只为真理而存，不在乎个人的利益得失。他们追求真理，崇尚学术，真理是他们生命的最高法则，除此之外，他们别无所求。巴甫洛夫说过：“科学是要求人们对它贡献毕生的，就是有两次生命也不够用。”古往今来，学术界的优秀分子，为真理，为学术，为人类进步而斗争，充满着献身精神，甚至不惜牺牲生命。伽利略、布鲁诺、居里夫妇、陈寅恪、马寅初、梁漱溟等等，都是捍卫真理、献身学术的典范。马寅初在《附带声明》中写道：“我虽年近80，明知寡不敌众，自当单枪匹马，出来应战，直至战死为止，决不向专以压服不以理说服的那种批判者们投降。”教师“研究高深学问”的这一学术使命，要求其学术研究活动必须服从真理的标准，必须体现学术的尊严。只有当教师从事学术研究活动，当真理成为其本体追求，当教师献身于学术之时，教师的学术研究活动才能趋向本真，教师的学术研究活动才能具有真正的价值。

2.持之以恒

俗话说得好,有志者事竟成。然而学术研究者从树立“有志者”之信念到“事竟成”之结果,也就是发现真理之间还有一段艰难的路要走,没有持之以恒的毅力是不可能跋涉过来的。先秦荀子的“锲而舍之,朽木不折;锲而不舍,金石可镂。”北宋苏轼的“古之立大事者,不唯有超世之才,亦必有坚忍不拔之志。”马克思“在科学上没有平坦的大道,只有不畏劳苦沿着陡峭山路攀登的人,才有希望达到光辉的顶点。”季羡林也说过,“学术问题,有时候一时难以下结论,必须锲而不舍,终生以之,才可能得到越来越精确可靠的结论。”我国著名气象学家竺可桢从1936—1974年连续记载35年零37天的气候和物候情况,无一天间断,“中国近五千年来气候变迁的初步研究”是他花费50年心血的成果。焦耳测量热功当量,连续研究了38年,做了400次实验才取得成功。从事学术研究的人深知,学术研究是一个探索真理、追求真理的过程,是一个厚积薄发、循序渐进的过程,是一个艰苦漫长、披荆斩棘的过程。它需要耐得住寂寞,需要经得起诱惑。一个人,“要想站在学术前沿,要想在学术领域中占有一席之地,要想有一定的发言权,没有五到八年持之以恒的努力,是不可能的。任何投机取巧,任何不劳而获的思想都是不能有的。在科学之旅上,只有不畏艰难,淡泊名利,坚持跋涉,具有十年磨一剑的恒心,才有可能达到光辉的顶点。”这种十年磨一剑的恒心,正是季老(季羡林)所提倡的“抓住一个问题终身不放”的韧劲儿。“只有在这平凡的、艰苦的、细小的、单调的、重复的、枯燥的追求真理的工作上一步一步攀登,才可能达到光辉的顶点。”

(二)谦虚好学、诚实可信

谦虚好学,诚实可信,这是科研道德的另一规范。谦虚,是指不自满,不骄傲,能不耻下问,虚心好学。做学问,谦虚是最重要的道德品质。这首先是因为客观世界的博大与个人知识的有限。在人类社会发展的今天,随着知识经济时代的到来,知识大爆炸使得像古代社会那样的通才越来越少,甚至变得不可能。如果一个人有点成绩就骄傲自满,故步自封,那么他就很难再努力学习新知,很难有更大的发展和作出新的贡献,古今中外概莫能外。因此我国古代教育家孔子一再告诫人们“三人行,必有我师”,要见贤思齐、谦虚好学。同时,与谦虚密切相关的道德品质是诚实,因为科学研究是最讲究实事求是的,没有实事求是的老实态度,没有诚实正直的道德人格,不可能在科学上做出成就。正是这样,毛泽东才指出:“科学是老老实实的学问,任何一点调皮都是不行的。”科学研究的内在本质和属性,要求科学家谦虚谨慎,实事求是,做一个谦虚好学、诚实可信的人。真正的科学伟人对自己功绩的估计总是适度的。伽利略是数理物理学与实验物理学的奠基者,但是伽利略严格按实验事实讲话,对于那些只根据轻率的推测就能解答或者只能由哲学体系演绎出来的问题,他宁愿承认无知。他大胆地承认他对于力的本性、重力的原因、宇宙的起源等问题毫无所知。他认为与其夸大胡说,不如宣布那个聪明的、智巧的、谦逊的警句:“我不知道”。

谦虚好学、诚实守信是中华民族的传统美德,也是我国教师应该遵守的科研道德。我国广大教师正是秉持着谦虚好学、诚实可信的科研道德,不仅为国家的科技文化事业作出了巨大贡献,而且在工作和生活中也以谦虚、诚实的道德人格,在社会上获得了好评。但不可否认的是,确实也有少数教师缺乏谦虚好学、诚实可信的科研职业道德,有的人取得了一点点成绩就沾沾自喜,目空一切,动辄以“专家”、“大师”自居,再也不能接受他人的意见和看法,结果闭塞了言路,也堵死了自己进步的道路;有的人不老实、不诚实,在科研中投机取巧、弄虚作假,甚至盗窃别人的劳动果实,剽窃他人的科研成果,破坏了学术风气,也败坏了自己的道德人格。

教师要形成谦虚好学、诚实可信的良好科研职业道德,首先必须要把自己的科研贡献与国家和社会的需要相比较,这样就能够看到自己的差距。同时也要有勇气承认他人的成就与贡献,要学会看到自己与他人的差距，并经常调整自己的奋斗目标和方向，使之不断朝着更大、更远的目标前进。其次必须加强道德修养，与好逸恶劳、投机取巧的思想展开积极的斗争，培养自己诚实、正直、脚踏实地的品德和作风。唯有这样才能够保持谦虚好学、不断进取的心态，并形成谦虚好学、诚实可信的良好科研职业道德。

（三）团结协作、学术民主

学术研究活动，是以个体脑力劳动为基础的，学术研究的进展往往与个人创造能力的发挥直接相关。因而，学术研究活动往往带有个体活动的性质（或具有个体活动的形式）。但学术研究工作是复杂而艰巨的工作，尤其是自然科学和社会科学，往往不是一个人所能完成的，需要许多人共同合作。尤其是现代社会生产力和科学技术的迅速发展，学科的分化，以及科研课题的难度、深度和广度越来越大，进行科研工作所需要的条件也日趋扩大和复杂化，造成了学术研究社会化的趋势，学术研究需要以集体协作的方式来进行。这需要每个学术研究者在充分发挥个人创造力的基础上加强共同合作，相互尊重。因此，“团结协作，学术民主”就成为教师在学术研究活动中正确处理个人与科研集体及他人之间关系的道德规范。它要求学术研究者必须做到以下两点。

1. 相互协作

协作是人类社会中特有的行为表现，从本质上讲，是一种道德行为。学术研究活动中的协作，是指两个以上学术研究团体或学术研究人员，为了实现一定的学术目的而真诚地互相配合、协同工作。当人类进入大科学时代后，学术研究者之间的相互协作已愈来愈显得重要。现代学术研究，脱离协作，是很难成功的。一个人再聪颖，能力再强，知识再广，也总是有局限性的。相互协作正可以弥补这一不足。通过相互协作，可以集百家之长，聚众人之智，把每个人的努力有效地结合起来，凝聚成一种新的，比每个人的努力总和大得多的力量和成就。

2. 公平竞争

人类社会是一个有意识和有组织的动物社会。在人与人之间,既有相互协作的一面,也有相互竞争的一面。协作是为了整体的生存和发展,竞争则是为了个体或局部的生存和发展,二者是相互矛盾的,又是相互统一的。因此,竞争是人类社会存在和发展的基本方式之一,是不以人的意志为转移的客观存在。一般而言,竞争是由于人类的共同需要所引起的。竞争之所以形成,一方面是因为某个集体或个人所追求的目标同另一个集体或个人所追求的目标一样;另一方面,由于人类所追求的目标(例如某种资源和空间)的限制,不可能使他们得到普遍的满足。学术领域内的竞争亦是如此,只是比一般领域内的竞争更为激烈。学术的竞争是学术工作者采取一定方式获得成果的手段,是学术研究的一种原初动力。在学术研究中,公平竞争的含义是:"对于任何一项学术教育和研究活动及其成果,每个科学工作者都有着均等的争取机会。在大家都想参加某项学术教育和研究活动,或取得一定的学术地位和荣誉,但又不能都得到满足的情况下,按照个人或集体的能力和取得成果的可能性裁决次序,即能力优先,按'知'排序。而对于学术地位、荣誉及其成果的取得,只能是以其所获得的学术成果的实际水平进行衡量。"①

三、教师社会服务中的道德

社会服务是现代学校继培养人才、科学研究之后演化而来的第三职能,也是教师专业职能的校外延伸,然而由于教育本身所具有的公益性,也决定了教师从事育人、科研以及社会服务工作的公益性,这一公益性的属性和原则,也对教师从事社会服务的道德规范提出了严格的要求。

---

① 蔡秀.试论教师之间关系的特点及其道德规范[J].江苏教育学院学报(社会科学版),1998(1)

(一)诚实守信

教师的社会服务与一般性的服务行为相比,无论在内容上还是在影响上都有着更高品位的社会意义,为此,教师在社会行动及服务过程中一定要秉承诚信理念,必须兼规则诚信和美德诚信为一体。

1.规则诚信

规则诚信是指对社会服务承诺及机制的维护。社会服务承诺制是指承担社会服务职能的部门、单位或个人,把服务的内容、指标、程序、时限和责任等,公开向服务的对象做出承诺,并以此为核心建立起具有规范性和约束力的一种契约性质的社会服务机制。例如:在技术转让过程中,就要重社会服务承诺,确保技术转让的效果和质量。教师的社会服务不是一人一已的私事,关乎社会整体的利益,如在医药开发过程中,医学教授若无视社会服务的承诺,轻视医药技术或是提供劣质假冒产品,不仅会毁坏自身的社会信誉,还会对社会公众的健康构成严重威胁。在现代社会,产学研结合已成为一种科技开发的新模式,技术发明、产品的设计转让也呈现激烈竞争的态势,如果没有规则诚信的机制,就会失去市场、失去客户,还会影响市场竞争的有序性。

2.美德诚信

美德诚信是指教师在践行社会服务承诺机制的过程中,要最大限度地实现社会对自身的期许,满足社会的需求。这是因为社会服务承诺制是教师走进社会和市场后的一种信誉契约,这种契约只是教师社会服务的最低道德标准,或称为底线职业伦理。教师除了要遵守这种社会服务最低的职业道德规范外,还要重视美德诚信,即尽可能地提高社会服务质量,以满足服务对象的需求。例如,中国科学院、中国工程院院士王选教授一生孜孜以求,在科技领域颇有建树,如高分辨率字形的高倍率信息压缩技术和高速复原方法的研发,并率先设计出相应的专用芯片,在世界上首次开发出使用控制信息(参数)描述笔画特性的方法。但是,王选教授并未停留，在功成名就后始终保持“为他人多考虑些什么”的承诺，坚守着“要想学会做事，先学会做人”的信念，献身科学，以高度的社会使命感不断地抢占科技前沿，以慰社会之需。在积极推进科技成果市场化的过程中，自己首先就是个被看得见的“好人”，靠着诚信的力量，王选教授成功地把科研成果推向了市场，为社会增添了宝贵的财富，在人类文明史上留下了浓重的、颇具中国文化的一笔，这恰恰是美德诚信的具体表现。建诚信社会做诚信人将日益成为教师职业道德之共识，且以身实践者比比皆是，尽管诚信美德外显形式有别，但是赤诚的内在价值却是一致的。因此，教师服务社会一定要以诚信为立人之本，发掘潜质，奉献社会。

（二）义利兼顾

教师在从事社会服务的过程中还要注意正确处理好追求利益和遵守道义的关系，树立科学的义利观，做到义利兼顾。

1.树立正确的义利观

教师劳动与商业经营最大的一个不同点就在于不以营利为目的。教师社会服务对义的重视，决定了其甘于寂寞、宁静致远的生活意味。教师以义为目的首先，必需做到以“义”为引导，增进公益，“因民之利而利之”。要树立增进社会利益和他人利益的仁义观，以增进社会进步、促进社会发展为目标。其次，要树立自觉让利的义利观，在社会服务中做出相应的自觉让步，尤其是功利上的让步。再次，以义统利，在市场运作中，完全抛弃利的义并不是真正的义，有损于社会的公平性，由此产生的不合理性反而会造成不义，因为合理谋利也是义，因此教师服务社会如果一味地强调“去利怀义”，也是一种不全面的义利观。

2.合法取得经济收入

教师社会服务虽不以营利为目的，但并不等于把经济上的利益获得完全排斥在外，物质上的补偿是社会分配正义的一种体现，是社会对教师劳动成果的肯定和公正对待，有利于调动教师更好地服务社会的积极性。教师合法地取得经济收入要遵循如下几条基本原则。

第一,坚持适度原则。在予与取之间坚持以予为先,坚定先利人后利己的原则和信念,防止见利忘义。

第二,坚持正当性原则。合法地取得经济收入,不宜以破坏他人的利益来成全自身的利益,坚持公平公正,防止损人利己。

第三,诚实守信原则。不以欺诈手段谋取暴利,不能以自身的优势强行逼人就范,如对某一产品或成果进行垄断,借此抬高市场价格等。

总之,教师在社会服务过程中,一定要正确地对待义与利的关系,区分正当获利和不正当获利,坚持市场规则,并逐渐内化为一种美德,建构“博施于民而济众”的社会公益义利观。

(三)维护正义

首先,教师在从事社会服务的过程中要有深切的社会关怀,要“以天下为己任”,这是教师与其他社会一般人员的又一显著区别。教师作为高层次的精神性群体,应当依据自身的知识背景从整个社会的普遍价值和公共利益出发,以社会问题为中心来分析和解决问题。此时,教师社会服务职业道德的要求在于:抛弃主观偏见,重视客观事实和价值判断。

其次,教师在社会服务的过程中还要有正义之勇,勇是指不畏惧可怕事物的行为。包尔生说:勇敢“是一种运用理性意志抵抗痛苦的危险的和恐惧的感觉能力”。教师之勇要求其不畏压力与胁迫,勇于宣传和坚持真理,勇于克服困难,顶住压力,面对社会恶势力的挤压,不畏强权,保护弱者。

最后,教师在社会服务的过程中还要有英勇之智。智慧可分为道德智慧和非道德智慧。道德智慧指的是从事道德活动的智慧,即从事人己利害活动的相对完善的认知能力,而非道德智慧不具备这些价值性要求。教师维护正义靠的是道德智慧,在与某些恶势力相抗衡的过程中要求教师要有耐力,要理智、冷静,不受情绪干扰，要增强自制力，要慎重考量、明辨是非、机智果断，以更好地履行社会服务的使命，这就要求各界人员必须树立正确的价值观，切忌盲目而行。

第三节　提升教师职业道德素质的路径

我们必须按照选拔、使用、管理、培养、提高相结合的原则，以提高业务水平为重点，以素质能力建设为核心，不断建立健全教师职业道德建设的长效机制。

一、完善选拔和任用机制

教师的选任机制是指通过一定的方式，发现和挑选优秀人才，择优任用的机制。选拔和任用的相关制度按照一定的原则、规则进行。完善教师的选拔和任用机制，是推进教师队伍优化组合、优胜劣汰、提升素质的关键。具体做法主要体现在以下几个方面。

第一，确立教师选拔的标准。选任教师必须认真贯彻"四化"方针和德才兼备标准，亦即思想政治素质标准和文化知识水平标准。此外，还要明确学历、职称等标准。

第二，完善教师的选拔程序。完善教师队伍的选拔程序，就是要坚持公开、平等、竞争、择优的原则，将民主推荐和民主测评环节与笔试面试相结合，防止选任的随意性；在公开选拔、竞争上岗过程中，引入人力资源管理专家，建立高水平的考官队伍，分门别类、科学合理地确定拟选拔职务的报考资格、选拔程序、笔试、面试内容、测评方法；对拟任教师者要进行综合测评，力求选拔合适的人做合适的事，做到人与事的完美结合。

第三，完善选任的方式、方法。完善公开选拔的方式方法对于提升教师队伍选任的科学性和效率具有重要作用。公开选任的方式方法多种多样，如考任制、聘任制、选任制、“三荐两考”等。

二、学校有计划性地制定培养计划

（一）岗前培训

岗前培训主要是指对于新上岗的教育人员所进行的教育。目的在于让教师在思想、技术等方面做好充分的准备，从而使教师了解当代学生的特点、教育教学规律及职业规范等。做好岗前培训应做好以下几个方面：首先，做好培训规划，使岗前培训合理有序地进行。其次，优化培训内容，增强培训内容的针对性。再次，改革培训方式和方法。岗前培训中应采取自学、研讨与讲授相结合，校内教学与外请报告相结合，理论教学、现实问题研究和党性锻炼相结合，注重理论和实际的结合等。在培训中，应积极引入启发式教学、情景模拟、案例分析、对策研究、双向交流等方法，通过多样化的培训方式和培训方法增强培训吸引力，增强培训效果。最后，完善培训考核的方式。严格的培训考核是提升岗前培训实效性的重要手段。应根据实际需要和培训对象的特点，不断完善考核方式，最大限度发挥岗前培训的功能。

（二）在岗培训

在岗培训是指单位对教师所进行的教育，这是教师培养的主要渠道。职后培训主要包括单位自身的培训、短期脱产培训、挂职锻炼、参观访问和社会调查等。让老教师与年轻教师进行结对帮扶，老教师有丰富的教学经验，有较强的处理课堂突发事件和生活突发事件的能力，有强烈的事业心和职业责任感；年轻教师在思想观念上与学生比较接近、受过系统的理论训练和科研训练，老教师与年轻教师结对子，可以起到相互促进、共同进步的目的。对于职后培训应当有明确的目的性和针对性，选择科学的内容，采取多样化的方式方法。

三、加强教师自身建设,提高综合素质

(一)解决教师自身的思想问题

在市场经济功利化思潮的冲击下,一些教师出现了一些"经济潮""实惠欲"。他们为外界利益所诱惑,不甘心坐冷板凳,不能安心从事教学与科研工作,极大地影响了教育教学工作。因此,首要问题就是解决教师自身的思想问题和教学态度问题,要加强对教师的思想道德教育。

加强思想道德教育,有助于端正教师的教学态度,提高他们的政治素质,使他们意识到自己作为一个马克思主义信仰者和宣传者所担负的神圣职责和使命,解决他们思想上的问题,清除教师队伍不稳定的主观因素。

(二)提高教师的科学文化素质

教学包含语言表达、教学设计、课堂管理、教育机制等多种因素,它需要教师具备多方面的科学文化素质。具体来说,教师的科学文化素质应包括:

其一,知识素质。教师的知识素质包括两个方面:本体性知识和条件性知识。本体性知识主要指作为教育者所具备的相关专业知识;条件性知识主要是指有关教育教学等的理论知识和专业文化知识,如教育学基本理论以及社会学、政治学、教学设计、学科教材设计、学科教学方法和艺术等。

其二,科学素质。科学素质主要包括科学精神、科学知识、科学方法和科学态度等。科学知识是科学素质的基础,主要指人们对自然现象和过程本质、规律的认识;科学方法是人们认识世界总结出来的正确思维方法,它提供了认识世界的独特视角、域界、层次和思维方法;科学态度是指坚持实事求是的原则探索真理和捍卫真理;科学精神包括创造精神、求实精神、理性精神、批判精

神和发展精神等。

其三，审美素质。学校教育是追求真、善、美的实践活动，因此教师要具有高尚的审美素质，要学会运用美学尺度指导教学活动，让学生在学习知识获得能力的同时，欣赏美、体验美，从而具有轻松愉快、积极向上的良好心态。教师的审美素质要从审美观、审美感受力、审美鉴赏力以及审美创造力等方面入手。

（三）加强教师队伍的能力

现代教育教学工作既要坚持科学性，增强说服力、震撼力和穿透力，也要尊重教育规律。教师要改变以教师为中心的理念，发挥学生能动性，让学生在思考、比较、鉴别中学习。教师能力要求主要有以下几个方面。

(1)教学能力

教学能力是对教学信息的加工和传导，以及对教学的组织管理能力，即我们通常所说的教学技能、教学技巧。教学能力是教育队伍能力结构中的最重要的部分。只有具备对教学信息进行合理加工和传导的能力，才能被学生所接受。

(2)教育能力

教育能力主要是指教师队伍的组织管理能力、品德教育能力、处理偶发时间的能力和指导学生生活的能力等。教师只有具备良好的教育能力，才能够创造出思维活跃、生动活泼的学习气氛，提高现代教师队伍的实效性。

(3)对话能力

学校教育的特殊性使得教师必须结合社会上出现的新事物、新现象，从学生所思所想出发，提高与不同性格、不同经历的学生对话的能力。

(4)创新能力

现代社会知识不断更新，教师要不断吸收新知识，了解当前的形势及最新产生又普遍存在的新问题。当今社会政治、经济局势不断变化，各种新问题和新现象不断产生，结合新形势进行科研创新显得尤其重要。为此,教师要树立终身学习的观念。

(5)实践能力

理论知识学习的最终目的是指导实践,如果不将其运用到实践中,就容易显得空洞。因此,在教学过程中教师要根据所教的专业知识和学生的特点,理论联系实际,让学生在日常生活中体验和感悟理论知识,提高学生观察问题、分析汲取知识、科研创新的能力。

四、更新教育观念,树立正确的学生观和教师观

教学是塑造生命、塑造灵魂的壮丽事业。叶澜教授指出:“教育是直面人的生命,提高人的生命,为了人的生命质量而进行的社会活动,是以人为本的社会中最体现生命关怀的一种事业。”“课堂教学蕴含着巨大的生命力,只有师生的生命活力在课堂教学中得到有效发挥,才能真正有助于新人的培养和教师的成长,课堂上才有真正的生活。”可以说,让每一位学生都能最大限度地实现自己的生命价值,应该是教学最真切的意义和使命。

(一)学生观

学生观是指教师及其他教学工作人员对学生的本质属性及其在教育过程中所处地位和作用的认识。学生观支配着教学工作人员的教育行为,决定着教育者的工作态度和工作方式。

在传统的观点中,学生是被动的客体,是被塑造的对象。在我国封建社会,在君权、父权思想的影响下,形成了“师为上,生为下;师为主,生为仆;师为尊,生为卑”的封建宗法制的学生观。学生被教师视作隶属品,没有主体地位和尊严,在教育中学生沦为被灌输的、缺乏主动性的“器皿”和“仓库”,是没有主体性意识的“物”,抹杀了其个性、创造性和进取精神。尽管这种学生观被人诟病已久,但时至今日仍有一定的市场,影响着一部分教育工作者的思想和行为。在课堂教学中,现代学生观依然不够普遍,学

生作为积极的、独特的、活生生的生命个体仍没有得到彻底认同。

我们认为，学生是具有独立人格的、发展中的、有着完整生命表现形态的生命个体。总体上看，现代学生观包含以下四方面的内容。

1. 学生是人

学生是独立存在的、具有自主性的活生生的人，不是任何人可以随意支配的附属品，也不是容器。“每个人都只能自己‘活’，不能由别人代‘活’；每个人从出生到死亡的全部历程都得自己走，不能由别人代走。这是一个明白到不能再明白的事实，是每一个活着的人都能体会到的朴素真理。”

将学生真正看做活生生的人就意味着，在教育中，我们要一方面尊重学生的尊严，另一方面必须把学生视作积极主动的、有进取精神与创造性的学习者。在教育教学活动中，教师要给学生发挥想象力与创造的空间，使学生主动发展其精神生命，使其成为学习活动的主人。如果教师漠视人生而具有的自我成就欲望，向学生强行灌输，那么学习就会成为没有快乐的“苦差事”，学生的厌学亦在情理之中。因为学生无法从中找到自我生命的力量、自我存在的价值。这样的教学因缺乏活力难以持久。

2. 学生是发展中的人

人的发展具有未完成性。人的生命始终处于永不停息的变化中，每个人都有无限发展的可能。生命是一个特定的旅程，人永远处于生成发展之中。

一方面，学生具有巨大的可塑性，其身体成长和心理发育都需要教育者科学、合理的开发与发掘；另一方面，学生的成长与发育具有不确定性，自己有决定自身发展方向的欲望，有行使这种权利的能力，成人不仅不能剥夺或者代替他们行使其权利，相反要给予应有的尊重和适当的保护。

学生是富有潜力的发展中的人，意味着教师应该相信每一个学生蕴藏巨大潜能，关注学生学习中的生命状态。在教学实践中，教师不应用僵硬的“框架”束缚学生，而应自觉地将“让每个学生都获得成功”作为我们的教育信条。

3.学生是独特的人

每个人的生命都有自己不同的“样子”。卢梭指出:“大自然希望儿童在成人之前就要像儿童的样子。如果我们打乱了这个次序,我们就会造成一些早熟的果实,它们长得既不丰满也不甜美,而且很快就会腐烂;我们将造成一些年纪轻轻的博士和老态龙钟的儿童。儿童是有他特有的看法、想法和感情的;如果想用我们的看法、想法和感情去替代他们的看法、想法和感情,那简直是最愚蠢的事情。”一方面,学生时代是人生命历程中最富生命活力,生命色彩最为丰富斑斓,生命成长最为迅速,最为重要的时段,我们不能简单地将其定义为“成人期”的准备,相反,必须肯定其作为人完整生命历程的重要组成部分所具有的价值;另一方面,我们必须承认学生更有着和成人不同的价值观、精神诉求、思维方式和行为方式。同时,我们还必须承认和接受学生个体发展的差异性。这意味着教师应该懂得每一个学生都是独特的生命个体,尊重学生独特的生活经验和独特体验,充分关注每一个学生身上蕴藏着的丰富、独特的发展“资源”,并能引导每一个学生体验到生命的独特。

4.学生是具体的人

尊重每一个学生,不只是理论上的思辨,还需要现实的认识基础。要想超越作为一个人所具有的弱点,给每一个人施以普遍的爱与尊重,就必须认识每一个人。苏霍姆林斯基早已提出:“没有也不可能有抽象的学生。”“可以把教学和教育的所有的规律性都机械地运用到他身上的那种抽象的学生是不存在的。”佐藤学也谆谆教导:“教师常常爱用‘大家’来称呼学生,但是,在教室里并不存在‘大家’,存在的只是有自己名字和容貌的一个一个的学生。”但是,“就中国目前教育学理论的现状来看,在有关‘人’的认识上,主要缺失的是‘具体个人’的意识,需要实现的理论转换是从‘抽象的人’向‘具体个人’的转换”。

“具体个人”观念的确立对“人”的解释有了新的说法:每个个

体的生命都是在人这个有机体上生存与发展的；每个个体都是一个有机体；每个个体生命均是以整体的方式在环境中生存，个体与环境不断进行着能量的交换；每个个体必然要经过艰辛的努力，必然要不断学习，不断自我超越，不断实现自我。所以，在课堂教学中，教师应该充分张扬学生的个性，没有学生个性的培养，我们很难说从真正意义上促进了学生发展。无论是知识的建构还是情感态度价值观的形成，尤其是创新精神的培养，都需要"个"的体现。每一个教师都应该坚信：每一个孩子都是一个个鲜活的生命个体，每一个孩子都是独一无二的自己！

（二）教师观

教师观是对教师在教育过程中所处地位和作用的看法。在知识经济到来、社会急剧变革的新形势下，本次基础教育课程改革对教师准确把握、顺利适应新的角色带来深刻的影响，并引起教师角色的重新定位。

现代教育理论认为，教师是学习者，教师也是教育教学的研究者、创造者。

1. 学习者

教育部在《面向21世纪教育振兴行动计划》中指出："21世纪，教育将始终处于优先发展的战略地位，现代信息技术在教育领域广泛应用并导致教育体系发生深刻的变化，终身教育将是社会发展与社会进步的共同要求。"随着终身教育和终生学习观念的建立，终身受用的一次性教育模式被打破，单纯追求文凭以求得社会身份认同的意识也逐渐让位于不断获取新知识以求得工作能力认同和自我价值实现的追求。

美国教育学家布莱克曼指出，不论时代如何演变，不论是自发的还是受赞助的，教师始终都是持续的学习者。因此，一个教师必须是个有效的学习者，如果教师本身不了解学习的意义与目的，缺乏学习的要领与方法，就谈不上指导学生学习，也谈不上专业发展。因此，终身学习是当代教师成长和发展的必由之路。

2. 促进者

知识化和学习型社会的到来，要求教师必须从“传道授业解惑”的知识传递者，学生学习的仲裁者转变为促进学生知识建构和个性发展的促进者。担当好促进者的角色，要求教师在教学过程中至少应该注意以下几个方面：第一，教师应该成为学生学习的激发者、辅导者及各种能力和积极个性的培养者，把教学重心放在如何促进学生“学”上，从而真正实现“教是为了不教”；第二，教师应该创造丰富的教学情境，充分调动学生的学习积极性；第三，教师转变自身的教学方式，由以讲授为主的教学转变为提倡自主探究、合作学习和通过引导最终实现自我的教学；第四，教师要成为学生健康心理、健康品德的促进者和催化剂，引导学生学会自我调适、自我选择，成为学生心理健康的维护者、朋友和学习的伙伴。

3. 研究者

自 20 世纪 60 年代以来，“教师即研究者”(teacher as researcher)，不仅仅是西方教育理论界呼唤教师参与研究的口号，而且已经成为广大教师的共识与行动。这一观念传递了这样的基本思想：与一切专业理论研究者一样，作为实践者的教师也有自己特定的知识和思想，是有着理解能力和创造能力的人，应该结束长期以来消极、被动的“教书匠”的角色，而代之以积极、主动的新形象：教师——研究者。

基础教育改革向中小学教师提出了前所未有的挑战。当教师真正确立起自身作为研究者，并在实践中从事行动研究和研究行动、改进行动的时候，我们的教育教学才能真正得以改变。其实，在课堂这个舞台上，每天发生着许许多多平凡的和不平凡的教学故事，这些在教育教学活动中所发生、出现、遭遇、处理过的各种事件，不是转瞬即逝、无足轻重的，它会长久地影响学生和教师的发展。因此，我们的教师应该是一个研究者，以局内人的身份“进入”生活本身，“入乎其内”，根据教学现场当时的“内在真实”，去展示、去发现、去探讨教学的真实面貌。

我们这里的研究主要是教师角色对教育教学实践的研究，并非专业学术研究。教师要树立“以学生为本”的理念，教师不仅仅是知识的传授者，更为重要的是教会学生如何做人、帮助学生身心健康发展。

我们说，教师的教育教学具有实践性和情境性的性质，在当前“大德育”的教学理念下，教师要与时俱进，改进教学方式方法，提高教学综合能力。因此，教师要以研究者的心态积极参与到教学中去，以研究者的眼光审视和分析教学理论和实践中的问题，努力解决种种“教学困惑”，达到“教研相长”的效果。

研究也可以给教师带来自我实现的快乐。苏联著名教育家苏霍姆林斯基曾经说过：“如果你想让教师的劳动能够给教师一些乐趣，使天天上课不致变成一种单调乏味的义务，那你就应当引导每一位教师走上从事一些研究的这条幸福的道路上来。”

4.创造者

创造是生命存在的本质方式。“教师从事的是创造性工作。教师富有创新精神，才能培养出创新人才。广大教师要踊跃投身教育创新实践，积极探索教育教学规律，更新教育观念，改革教学内容、方法、手段，注重培育学生的主动精神，鼓励学生的创造性思维，引导学生在发掘兴趣和潜能的基础上全面发展，努力培养适应社会主义现代化建设需要、具有创新精神和实践能力的一代新人。”

五、进一步完善师德规范，加强师德规范的执行力度

由崇高的师德所引发的巨大感染力是教师对学生施加教育影响的心理基础，是达成预期教育目标、提高教育质量的强大动力。师德规范是帮助教师协调教育工作中所涉及各种关系的行为准则，也是规约教师从教行为的道德和法律工具。师德规范结构层次、内容选择和表述方式的科学性、现实性和可操作性，决定它能否促使教师养成良好的职业道德行为习惯，能否成为社会公

众评价教师职业行为的直接依据。

新中国成立以来，教师职业道德规范建设工作一直比较受重视，国家曾于1985年、1991年和1997年先后三次发布《中小学教师职业道德规范》。2008年9月1日，教育部和中国教科文卫体工会全国委员会又联合颁布实施重新修订的《中小学教师职业道德规范(2008年修订)》。2011年12月23日，教育部、中国教科文卫体工会颁布了《高等学校教师职业道德规范》。《高等学校教师职业道德规范》是推动高校师德建设的指导性文件。但要使师德规范真正成为规约教师教育行为、推动教师实现师德自律的强力工具，必须将宣传引导与约束管理有机结合起来。一方面，地方教育行政部门或学校要结合本地实际情况依据师德规范制定针对教师个人师德行为的考评制度，建立相应的表彰奖励和惩戒处罚指标体系，加强对于违背职业道德底线教师行为的惩治力度；另一方面，各级教育行政部门要加强建设师德监督机制，把师德建设作为教育督导和评估的重要内容，定期听取学生、家长、社区以及社会其他方面对教师职业道德行为的反馈意见，通过学生测评、教师的自评与互评、家长评价、社会评价等方式加强舆论监督对师德的规范作用。

第八章　和谐社会大学生思想道德现状及建设思路

和谐社会需要和谐的校园为基础，和谐的校园是由具有良好的道德修养的个体组成的，大学生道德困惑与混乱现象的存在与我国当前构建和谐社会的主旨相违背，是当前高校教育必须加以高度重视的一个问题。

第一节　新世纪大学生思想道德发展的基本状况

大学生作为一个群体，有着相近的生理心理特点，有着共同的生活学习经历，有着相近的情感世界，有着相似的社会困惑。对大学生施加教育影响，使之形成符合社会发展需要的思想观念、政治观点、道德行为，就必须对大学生进行科学的认识和分析，了解大学生群体的思想道德发展状况，提高思想道德建设的效果。

一、改革开放以来大学生思想道德发展的轨迹

改革开放以来是中国社会发生巨大社会变迁的历史时期，也是大学生思想道德观念发生深刻变化的重要阶段。在大学生思想道德观念波澜壮阔的变化过程中，大学生思想道德观念既呈现出发展演变的连续性，但同时也存在着明显的代际互换的特点。根据大学生思想道德变化发展的代际特点，我们可以将改革开放以来 30 多年大学生思想道德发展分为四个历史发展时期。

(一)大学生思想道德观念反思与萌生时期(1978—1984)

尽管在“文革”后期,一些大学生已经开始从痛苦的经历中反思时代发展与个人命运,但作为一个时代青年,思想意识的觉醒是与两件具有标志性的事件联系在一起的。一是恢复高考,1977年10月12日,国务院批准教育部《关于一九七七年高等学校招生工作的意见》,决定从当年起高等学校招生采取自愿报名、统一考试、择优录取的办法,恢复“文革”中被废弃的高考制度。二是关于全国知识青年上山下乡政策的改变,决定不再动员知识青年下乡,而是在城市开辟新领域、新行业,为更多城镇中学毕业生创造就业条件和升学条件。这两项政策像平地一声惊雷,使整个大学生内心世界开始激活。可以看成是新时期大学生思想道德发展的起点。

这一时期,大学生成长最主要的特征是自我的复苏。这种自我的复苏是从批判开始的,“文革”结束之后,从灾难中走出的大学生一代一方面小心地舔舐着自己受伤的心灵,与此同时,大学生展开对“文命”的批判、对自我的反思,在批判中寻找失落的自我,在反思中重新寻找人生的价值和目标,寻找这个群体的道德文化,在政治参与中重新寻找自我与社会的联系。

1.人生道路的反思

1980年第5期《中国青年》上刊登的署名为“潘晓”的来信《人生的路啊,怎么越走越窄》可以看成是大学生自我意识萌动的一个标志性事件。这封来信犹如一颗重磅炸弹,在大学生中引起了广泛的争论,据《中国青年》编辑部后来统计,“讨论”从1980年5月开始,到1981年2月为止,共收到全国各地的信稿6万多件。[1]事件的冲击远不止如此,这封信引起的讨论事实上波及全国,成了一场不折不扣的全国范围人生观大讨论,影响深远,尽管来信

---

① 彭波.潘晓讨论:一代中国青年的思想初恋[M].天津:南开大学出版社,2000,第305页

中提出的一些思想道德观念已经从理论上得到了说明，但在当时却促发了大学生对人生问题的探讨，有人把它称为一代大学生自我觉醒的标志。

2.自我意识的形成

伴随着改革开放的展开，精神枷锁的打碎，大学生思想道德观念得到了彻底解放，他们由绝对盲从开始转向独立思考，由自我压抑转向个性解放，甚至自我放纵；他们开始“在太岁头上动土”，不再迷信权威、不再从奉规则。由对“文革”的反思，对传统的带有明显整体主义痕迹的集体主义观念，滑向个人主义甚至极端个人主义的思想泥坑，自我意识开始极度膨胀。冯大兴可以看成是一个极端的例子，冯大兴 1980 年以高分考入北京外国语学院，是尖子中的尖子，在“文革”时期他是跟时代最紧的，在极“左”思想影响下对自我个性极度压抑，“文革”结束以后，原有的价值观念被彻底打破，于是从“自我压抑”转向“自我放纵”，对什么都不相信，让个性恣意发展，结果走上了自我毁灭的发展道路。冯大兴的例子虽然是一个个案，但折射出一代大学生思想道德观念重构的苦楚。

3.时代的强音

面对着社会的重大变迁和人们思想观念的大调整、大转变和大动摇，面对人们思想上的迷惘、困惑与苦闷，当时的青年特别是青年大学生，以特有的激情和勇气，喊出了广大青年的心声。广大青年的心声首先由两所国内著名高校喊出。1979 年新学期开学之际，清华大学化学化工系党总支选定“社会主义道路”这一题目进行讨论，讨论中一些学生谈了自己的疑惑，经过讨论，大家认识到，实际上“历史的错误，我们也有一份责任，所以我们没有资格倾谈和指责，仅仅充当一名评论家”，“从我做起，从现在做起”是我们的正确选择。1981 年 3 月 20 日，在世界杯排球赛亚洲地区预选赛上，中国男女排球队双双取得世界杯排球赛资格，人们压抑已久的情绪自然爆发出来，北京大学的学生们在游行中喊出了“团结起来、振兴中华”的口号。“从我做起，从现在做起”“团结起来、振兴中华”的口号一喊出，立即在广大青年中产生强烈共鸣，形成当时最为响亮的时代音符。

（二）大学生思想道德的重组时期（1985—1991）

随着农村改革初见成效，一场触及社会生活各个领域的改革风潮在全社会展开，改革成为时代不可逆转的潮流，成为时代的最强音。“李向南”（电视连续剧《新星》的主人翁，他大刀阔斧地改革，受到明星式的吹捧）式改革的形象成为大学生心目中的偶像。这一时期，由于经济上和思想上的进一步开放，大学生已经复苏的自我开始膨胀，自我设计、自我奋斗、自我实现的人生发展模式成为时尚，大学生以极度的热情参与着社会的变革。1986 年一些高校发生的学潮可以看成是大学生思想道德观念发展变化的分水岭，20 世纪 80 年代开始形成的积极向外辐射的心态开始逐渐退位于冷漠消极和内向，大学生思想道德观念走过了一段从激进澎湃走向与社会对立、冲突，遭受挫折后又迅速退缩到内心的心路历程。这一时期大学生思想道德发展可分为前期和后期两个阶段。在前期大学生思想道德发展以自我的极度膨胀和向外辐射为主，而后期以消沉和低吟为主，标志着大学生思想道德观念的痛苦重组。

1. 自我的极度膨胀

随着改革的不断推进，大学生对未来充满信心，纷纷以巨大的热情投身于改革的大潮中，在大学校园内形成了关于改革的最热门话题，新科学、新知识、新观念不断涌现，令人眼花缭乱；各种社团、学术组织层出不穷；关于人才培养目标争论不断，新的读书热潮在大学生中掀起来。他们以急切的心情，希望通过广泛阅读书籍寻找理论武器，提供改革的良方。正在这时，西方一大批书籍伴随着改革开放的步伐也开始进入中国市场，在大学生中形成了一股又一股的“西方思潮热”。“尼采热”刚过，“萨特、弗洛伊德热”又来了，“马斯洛热”紧随其后，西方社会思潮像走马灯似的在大学生中粉墨登场。而大学生在各种思潮和火热的改革热潮中丧失了冷静的心态,“自我设计、自我奋斗、自我实现”的胃口被调得越来越高,自我意识逐渐膨胀,大学生开始了与社会一轮又一轮的冲突与对抗。

2. 非理性的萌动

1986 年 12 月爆发了包括 17 所高等学校在内的学潮,这一学潮发源于中国科技大学,随后延伸到武汉、上海、北京等城市的高校。从这一学潮的爆发可以看出,大学生群体的心态自此发生了深刻的变化。在这一学潮爆发之前,积极向外张扬是大学生的主要心态,在这一学潮爆发以后,这一时期大学生群体的主流心理转变为矛盾、困惑、消沉,向内锁闭,大学生心态逐渐失衡。直至 1989 年在北京乃至全国爆发声势浩大的政治风波,最终推动大学生集体无意识的非理性心态发展到极端。

3. 自我的低吟

1989 年“政治风波”以后的几年,登上历史舞台的是新一代大学生。他们虽然没有受到过去时代阴影的深刻影响,但是不可否认的是他们在一定程度上还是承继了过去的心理包袱。尽管如此,这批大学生能够在短时间内进行自我调整,开始了对自我的探寻,他们中一部分人开始在现实与历史的反思中寻找自己的位置,通过社会实践活动的不断历练,走出自我误区和历史的阴影,调整自己的价值观念和心态。但也有一部分人仍然不思进取,没有改变之前的消极心态,故步自封,在“气功热”“传统文化热”“麻派舞派”中寻找慰藉,在对生活的调侃中,摆出超脱与潇洒的姿态,自怜自叹,在言情小说、武打录像、“无厘头”故事中编织温馨的梦。

(三)大学生思想道德观念分化时期(1992—1999)

伴随着社会主义市场经济体制的确立和我国改革开放社会主义现代化建设的深入发展,大学生逐渐从自我封闭的情绪中摆脱出来,开始以新的眼光认识个人与社会的关系,他们不再狭隘地认为只靠自己的努力就可以实现自己,开始学会以现实利益为导向来思考问题，追求一种理性的自我发展。

1. 新时代的号角

以邓小平视察武昌、深圳、珠海、上海等地并发表重要讲话为标志，我国改革开放和社会主义建设又进入到一个新的历史发展时期，邓小平南方谈话，对十一届三中全会以来党的基本实践进行了科学总结，明确了革命建设的基本经验，并且消除了长期笼罩在人们心头的精神枷锁，对于长期困扰人们思想的许多重大认识问题给予了明确回答。在此期间一系列的大事也直接影响着大学生的集体心态：确立社会主义市场经济体制，使大学生逐渐开始学会从经济角度和利益角度看待问题，树立以自己能力谋生的价值观；实施科教兴国战略，让大学生看到了今后个人发展的希望，能够实现自身的价值；而高校招生分配并轨，上大学需要学生自己承担费用，使大学生感受到学习的经济压力，从而能够更好地带动他们自发地学习。尽管在市场经济体制的建立过程中，由于社会生活的急剧变化，大学生中也曾有过“读书与赚钱”“上山与下海”的困惑，但是大学生开始越来越多地以现实为基点思考自己的人生。

2. 利益观念的滋生

1996 年 8 月出版的《中国可以说不》一书标志着大学生集体意识的又一次觉醒。《中国可以说不》形象地描述了 80 年代大学生“亲美情结”的破灭，以及由此而产生的爱国主义情绪，大学生在一次又一次拥抱“蓝色文明”而屡遭挫折以后，逐渐意识到：“既然美利坚民族有自己的民族利益，法兰西民族有自己的民族利益，中华民族为什么不能有自己的民族利益呢?”进而形成了用利益的观点来看待国际关系，维护国家整体利益的观点。这本书真实地反映了经过“银河号事件”“北京奥运会申办失败”以及西方媒体“妖魔化中国”等一系列事件后，潜伏在大学生心里的一种普遍情绪，用利益观点看待国际交往的实质，看待社会现象和个人发展，成为大学生思考一切问题的思想武器。

3.价值观念的分化与组合

现实具体的日常生活成为这一时期大学生关注问题的主要视角，他们关注理想，但是并没有把理想从现实世界中抽离出来；他们关注未来，但是现实中个体具体的发展更是他们所关注的；他们关心国家和集体，但是不违背国家和集体利益的个人合法利益也在他们考虑的范围内；在涉及抽象的理论问题时，大学生更多的是把这些抽象的理论问题具体化、世俗化、可操作化。越来越多的现实、功利和个人主义的成分渗透到大学生思想道德观念中，以至于人们惊呼，20 世纪 90 年代的大学生是完全不同于 80 年代的大学生的。

（四）大学生思想道德观念的整合时期（2000 年至今）

经过 20 世纪 80 年代大学生对新的思想道德观念的积极寻找和 90 年代大学生思想道德的自我发展，进入到新的世纪后，大学生思想道德发展呈现出一种整合的发展趋势，在个人与社会的关系上，大学生积极地接受社会，主动适应不断发展变化的社会客观环境，在现实社会发展中寻求个人发展；在职业选择上，他们注重企业所提供的优越的经济条件，但是更看重的是利于个人长期发展的职业；在实现自我价值的途径上，他们既强调个人奋斗，又对学校、家庭和社会具有依赖性。这种整合化趋势表明大学生群体心态日益稳定成熟，思考问题更理智，处理问题更成熟，也折射出内心世界的矛盾和冲突。大学生发展进入到一个新的内涵式发展时期。

1.多元开放格局的形成

进入到新的世纪以后，大学生成长的环境随之变得明亮起来，经过 20 世纪 90 年代开始的新的一轮经济增长，我国国民经济和社会发展进入到了一个经济快速发展、人民生活实惠丰厚的大好发展时机。伴随着香港、澳门的顺利回归，北京申奥的成功，“神舟”系列飞船的不断升空，中国人内心的民族自尊心和自豪感被不断地激发，在大学生心中开始有了越来越明确的国家、集体观念。大学生在进行思想道德观念的选择过程中，开始越来越多地整合个人与社会之间的矛盾和冲突，在矛盾对立冲突中不断寻求着整合与折中。

2.价值观念的整合与折中

伴随着社会价值观念的多元、多样、多变和流动的增强，大学生价值观念也呈现出一些新的特点：第一，奉献与利益并重。绝大多数大学生在党和政府正确的价值观引导下，形成了助人为乐、乐于奉献的人生态度。但是，信息时代和全球化背景下，这一代大学生面对的社会环境更加复杂，面对的竞争更加激烈，使得他们很早就开始明白结果的重要性，在奉献的同时，也不乏基于自身前途考虑的功利心态。第二，重视个人的感受。这一代大学生与上几代人相比，更加关注自我是否快乐、自由。第三，人生观更为具体、微观化。由于有更多的渠道获取外界信息，当代大学生的思想并不闭塞，他们的人生观也并非不切实际，许多大学生已经开始有了自己的职业目标和理想，希望做自己感兴趣的事，以实现自我价值。第四，对传统文化具有较高的认同。一项针对当代青年的研究结果显示，关于传统文化对于当下中国社会的意义，59%的人认为很重要，大多数人对于传统文化在当今中国社会的应有作用给予了肯定。但是对传统文化的未来发展却不乐观。

3.道德观念的相对与宽容

在多元开放的条件下，大学生面临着多种多样的道德观念的选择，道德观念选择的矛盾与冲突成为大学生思想道德发展的主要问题。道德相对主义思想在大学生中开始滋生，而伴随着道德相对主义的是对各种道德观念采取宽容接纳态度，甚至对一些传统上的不道德行为，一些大学生也采取了更为宽容的态度。比如对网上假扮异性欺骗对方，对考试舞弊、婚前性行为等，大学生表现出更多的宽容、理解或无所谓的态度。大学生没有历史的思想包袱，他们视野开阔、思想开放、心态平和、处事宽容，他们自我实现的渠道更为多样，自我发展更具理性和现实，大学生好像是把各种各样不同属性、不同来源、不同作用的思想道德观念都放在了一个锅里，用自己还没有形成的自我进行整合，其中折射出大学生思想道德发展过程鲜明的时代特点。

二、新世纪大学生思想道德观念发展的基本特征

当代大学生，适逢改革开放的年代，国家发展欣欣向荣，为当代大学生的成长提供可贵的机遇。同时，转型社会、网络时代的冲击，又向他们提出了挑战。在中国发展这一特殊的社会历史条件下，大学生的行为呈现了多重性、复杂性、不稳定性的特点。值得欣喜的是，当代大学生在不断克服自身个性弱点的基础上，积极完善自我，促进自身的全面发展，在重大历史事件的考验下，当代大学生体现出担当、责任、参与意识，体现了当代青年朝气蓬勃、积极进取的精神风貌，体现了国家和民族的期望和未来所在。

（一）对国家主流意识形态认同度高，社会责任感显著增强，公民参与意识显著增强

当代大学生亲历中国经济持续稳定增长、国际社会地位不断提升、人民生活水平不断提高的时代，使他们高度认同有中国特色的社会主义理论与实践，认同科教兴国、和谐社会、可持续发展等治国方略。在政治信仰上自觉以中国特色社会主义信念为理性的选择，对国家和民族未来前途与命运的归属感和认同感显著增强，社会责任感显著增强。

（二）成才愿望强烈，竞争意识较强，职业生涯规划意识逐渐增强

大学生是青年社会化的准备期，行为的目的性是大学生行为的重要标志之一。改革开放以来，随着社会主义市场经济体制的逐步确立，开拓与创新、竞争与合作、公平与效率的观念深入人心，大学生日益强调自主意识、平等意识、竞争意识、效率意识、成

才意识，为适应社会发展需要而努力成才的目标指向鲜明。需要产生动机，动机支配行为，行为的结果满足需要。大学生的行为表现，源于大学生的需要驱动。学习动机强烈、成才愿望强烈、竞争意识强烈反映了大学生强烈的成才需要，成为大学生职业发展的内驱力。

开放、竞争、独立、创新的成才标杆，对人生的美好憧憬，使大学生在入学之初，就以就业、升学或出国深造为目标指向规划未来，这种目的性需求的指向和归结，引导和规定了大学生的行为方向，使他们具有强烈的自我实现的愿望。职业生涯规划就是大学生求得自我实现的最主要途径之一。赵玉芳关于大学生知识价值目标量表的研究成果显示：大学生最看重知识对于自我发展的作用，其次是审美的作用，再次是情感、品德，最不看重的是世界和平。可见，当今大学生择业首先考虑的是职业能否为自己提供良好的职业发展前景，能否为发掘自身的潜能、实现自我价值提供机会。随着高等教育从精英教育到大众教育的转型，就业竞争日趋激烈成为大学生逐渐提高职业规划意识的客观因素。

（三）主体意识强，参与和平等意识强，人际交往愿望强烈

市场经济的客观影响、网络社会的来临和青年期成长特点，使大学生主体意识空前增强，不仅关注外表、行为这些外在因素，而且更关注自己的性格、智力、人际交往能力、组织能力等内在因素。在学习上崇尚为我而学，强调对知识学习的自主性；在个性上要求独立，要求摆脱对他人的依附、对规则的束缚，要求独立表达自己的见解，对事物的评价倾向于批评和怀疑的态度；渴望尊重和平等，渴望获得老师、父母、同学的认同，渴望与周围的人群建立良好的人际关系。

大学生人际交往以强调合作、互利和追求共同理想为主流，一项大学生人际交往目的性研究表明，大学生与同性朋友的交往是利己的（自我完善、功利）和互利的（互助、友情）；与异性朋友的交往目的比较复杂，有利己的（自我完善），也有利他的（自我奉

献、侠义、仗义疏财），还有互利的（互助）；与教师交往的目的主要是利己的（自我完善、自我防卫）和利他的（侠义），利他的成分比较少；与父母交往的目的以相互理解、相互爱护为主，功利的成分比较少。单玉华等的一项研究认为，跨世纪青年的友谊观有了很大的变化，在交友目的方面，50％的青年选择了“严于律己，宽以待人”，其他依次选择了“与人方便，自己方便”“害人之心不可有，防人之心不可无”，只有4％的青年选择了“宁可我负天下人，不可天下人负我”。

（四）行为选择日趋务实，实践能力有待增强

经济一体化、文化多样化、价值多元化的时代特征，使当代大学生的价值取向日趋多样化。一方面，他们既对集体主义价值观有较高的认同度，又对个人主义价值观有一定的接纳度；另一方面，市场经济求利原则和社会竞争压力的增大，使他们对自我发展的忧患意识增强，在行为选择上趋于务实，在价值取向上呈现出更多的实用主义色彩。一些大学生呈现出知行脱离现象，集体意识出现了淡化的倾向，即思想观念上认可集体主义价值观，但在实践上却不内化为自身的行动，体现出一定的个人主义倾向，不同程度地存在着关心集体、建设集体的热情下降，集体归属感和凝聚力降低，注重奉献和索取的平衡等状况，个别学生还出现了追求实惠、强调个人私利的个人本位取向。根据人民论坛的调查研究显示，在问及当代青年的人生价值观的选择上，32.18％的受调查者选择为“国家与民族崛起而努力”；35.75％的受调查者选择“为了实现自己的理想而活着”；16.42％受调查者选择“平平淡淡就是真”；4.58％的受调查者选择“过一天是一天，管好自己的事就行”；3.61％的受调查者选择“尽得富贵，享受繁华人生”；5.16％的受调查者选择“和相爱的人厮守终老”。

基于学校教育教学改革渐进性与发展不平衡的影响，当代大学生的实践能力、创新能力缺少系统发展的机制，大学生只能依靠个体实践活动的途径完成自我能力的塑造。实践活动是大学

生自主性学习、探究性学习、创新性学习的主要方式,也是素质教育的主要内容,实践能力的弱化,不仅与社会发展的要求不匹配,而且与大学生强烈的成长、成才需要不适应。根据大学生行为的发生发展规律,有的放矢地开展多渠道的实践活动,促进实践型、创新型人才的培养,是当今大学教育的重要任务。

三、加强大学生思想道德建设的有利因素

(一)党和国家支持大学生思想道德建设

十一届三中全会确立了解放思想、实事求是的思想路线,知识分子的地位得到社会认可。改革开放以来,我国大力实施科教兴国战略,高等教育得到了快速全面的发展。党和国家高度重视高校大学生思想道德建设工作,近年来颁布了多项决定,1999 年颁发了《关于深化教育改革全面推进素质教育的决定》,2001 年颁发了《关于进一步加强和改进大学生思想政治教育工作的意见》,2002 年胡锦涛在加强和改进大学生思想政治教育互作会议上发表了重要讲话,2005 年教育部又颁布了新的《普通高等学校学生行为准则》和《普通高等学校学生管理规定》突出了育人为本、德育为先的原则,体现了学生工作的民主化、规范化、法制化、科学化、人性化的趋势,体现了党和政府对大学生思想道德建设工作的重视。

(二)大学生思想道德建设的视野大大拓宽

随着经济全球化、社会信息化的深入发展,大学生思想道德建设工作的时间和空间都得到了前所未有的拓展,客观上要求我们具备一种宏大、开放的国际视野,来重新审视大学生思想道德建设的理论和实践。

世界间各个国家联系的紧密,不仅拓展了大学生的国际视野,而且为我们充分利用这种新境遇做好大学生思想道德建设提

供了新的思维方式和理念。经济发展要面向世界，精神文明建设同样也不能关起门来进行。这就要求在全球化背景下，大学生思想道德建设必须以宽阔的视野和开放的胸怀，汲取人类文明的一切优秀成果和先进经验，在世界视野中推进大学生思想道德建设的改革与发展。

（三）大学生思想道德建设的内容与资源都得到了极大的拓展

随着信息技术的发展，思想道德建设工作者也获得了更加便利地调用各种教育资源的条件，大学生面临着一个开放的信息世界，他们可以在丰富多彩的信息世界尽情地漫游。思想道德建设工作者还可以在网络上互动，更为准确地把握大学生的心理状态、思想动向等。工作者对这些资源的掌握与开发越多，思想道德建设工作就越有针对性，越富有成效。

在全球化的时代背景下，大学生思想道德建设被赋予了更多新的时代内容，要求体现更加鲜明的开放性特征和国际化特征。同时，关注人的社会生存环境、生活质量以及人类的尊严、道德完善和全面发展问题，尊重人类的共同规范，保护生态环境，维护世界和平，促进人类发展，也是大学生思想道德建设需要解决的新课题。在社会信息化条件下，培养大学生的信息素养，增强大学生的信息意识和信息观念，也成为当前社会信息化条件下大学生道德建设的新内容。在文化多样化的条件下，要进一步加强和改进以马克思主义为指导的主流文化的教育，而且要在大学生的通识教育中，将中华民族传统文化和世界其他国家和民族文化结合起来。在社会主义市场经济条件下，要将市场意识、竞争意识、效率意识、平等意识、民主意识、规则意识等这些适应市场经济发展的观念和素质纳入大学生思想道德建设的内容体系中，增强其时代感和现实性。

以网络技术为核心的现代信息技术的迅速普及，不仅成为全球化的重要推动力和表现之一，而且给大学生思想道德建设创造了新的载体。网络作为大众媒介，与传统的报纸、广播、电视相比，显示了自己的许多特点和优势。互联网是20世纪末以来资讯传播技术发展的结晶，也是继报纸、广播、电视之后，最近兴起的“第四媒体”，这种“第四媒体”具有以下特征：一是传播方式的交互性。在网络上，传播者和受众可以通过各种软件和方式及时沟通，使信息的反馈得以及时实现，从而在全新的意义上实现了受众对信息传播过程的参与。二是信息传播的高效性。在现代信息化条件下，信息能随时更新，甚至实时传播。三是传播空间全球化。目前，网络已经延伸到了全球200多个国家和地区，在任何角落进入网络，在瞬间就可以传遍整个世界。网络使家庭与学校对学生的思想道德教育连为一体。通过网络，家长可随时与学校保持联系，做到家校结合，共同做好学生的思想道德教育。四是传播手段多媒体化。网络作为一种新的传播方式，同时具备文字、图像、视频、音频等人类现有的一切传播手段。网络可以发挥多媒体技术手段的优势，使传播效果最优化。五是开辟了大学生思想道德建设的新阵地。学生利用网络来了解国内外、校内外发生的事件，网络日益成为大学生思想道德建设的新阵地。

（四）大学生思想道德建设的重要性更为突显

当今世界，伴随着经济全球化和社会信息化浪潮的兴起，世界范围内综合国力的竞争更加激烈，而人才的竞争在综合国力的竞争中又居于主导地位。在人力资源的开发过程中，我们又要处理好科学文化素质和思想道德素质两者的关系。知识经济和信息技术的发展必然会更加凸显出社会道德及人的情感等精神因素构建的重要性。随着经济一体化的发展和知识经济的勃兴，在世界范围内综合国力竞争日益激烈的条件下，塑造一大批德才兼备，具有高度社会责任感、爱国主义精神和创新精神的高科技人才显得更加迫切和更加重要。因此，必须从科教兴国的战略高度，从人的素质全面发展的高度，来认识思想道德建设工作在培养新时期具有国际视野、思想道德素质过硬的高素质人才中的重要作用,切实加强大学生思想道德建设。

第二节　大学生思想道德建设的基本方法

大学生的思想道德建设,是一项长期而艰巨的人生课题。它不仅仅是发端于大学生个体成长与发展的内在需求,也是当今时代变迁对青年人才所提出的客观要求。因此,探索和谐社会下大学生思想道德建设的基本问题就迫在眉睫。

一、道德建设的内涵

从目前看,各位学者对道德建设基本内涵的认识并不一致,他们从不同的视角和切入点出发对道德建设的内涵做出了解释。

我国学者赵清文认为,“所谓道德建设,就是国家或其他拥有公共权力的机构或集团,为了在总体社会道德水平上达到一定的目标,而有目的、有计划、有组织地对社会成员施加系统的道德影响的活动”。①

郭广银认为,“道德建设,一般说就是一定社会的人们依据一定的原则,采取一定的方法推动社会的道德状况发生某种变化的活动,实质上是主观见之于客观的活动”。②

龚群教授在《以德治国论》一书中,提出了“道德调控是国家或社会组织借助于社会舆论、内心信念、传统习惯所产生的力量,使人们遵从道德规范,达到维护社会秩序、实现社会稳定目的的一种社会管理活动”③的基本观点,并以此为理论基础认为“它(道德建设)作为社会调控的常见形式,具有组织性、自觉性、认同性

---

① 赵清文.论道德建设与道德教育的关系[J].天府新论,2005(2)

② 郭广银,杨明.当代中国道德建设[M].南京:江苏人民出版社,2000,第212页

③ 龚群.以德治国论[M].沈阳:辽宁人民出版社,2002,第79页

等社会心理特征。这些特征，一方面表明道德调控是一种‘软调控’，他要诉诸人的情感、意志，即要‘正心’‘诚意’，以‘修身为本’，它是否有效与人们的心理承受力有关；另一方面表明，道德调控的失宜与失度，不但起不到应有的作用，反而会导致道德生活的失范”。[①]

通过以上几种观点和认识，我们可以看出这些学者虽然对道德建设的认识存在不小的差异，但是从本质上来说他们都是在试图解释道德建设主体、客体、内容、形式、方法以及方法途径等要素的关系，并且都认为道德建设是道德的自我提升、自我发展和自我完善的重要途径。当然，我们从这些描述中我们也可以看出他们的各自的一些缺点。

第一，对道德建设的主体的理解多局限于具体的“国家或组织”，忽视了人民群众的核心地位。

第二，把道德建设的内容和形式理解为对特定“规范”的执行，忘记了人的主体性对道德建设的根本性作用。

第三，把道德建设的途径和方法缩小成了一种“社会管理”，没有解决好与其他社会管理手段如何甄别的问题。

我们认为，“道德建设”是指特定的社会组织根据本社会的实际状况和人们的道德诉求，在全体成员的高度认同和直接参与下，以思想观念改造和制度建设等形式，通过道德文化传承、道德舆论营造，道德教化和个体道德修养等系统方法，对现实社会的道德状况进行改善与提高的一种具有强烈的社会性和创造性的人类实践活动。

在这个解释中，我们首先指明了道德建设的主体、课题以及道德建设的内容和方法，当然在合理的道德建设模式下我们还要尊重道德建设的规律性。从广度上而言，我们的概括具有高度的代表性和浓缩性而且是针对全体社会成员的一个软性要求。将“道德建设”作为具体概念在最一般的意义上做出了阐释，使对

① 龚群.以德治国论[M].沈阳：辽宁人民出版社，2002，第80页

“道德建设”的既有认识在一定程度上实现了新的突破。对“道德建设”问题的认识，我们也不能停留在凝固的立场上，只有坚持科学的发展观，才能真正实现“道德建设”问题研究和发展的科学性。

二、大学生思想道德建设的目标

（一）总目标

我国当代大学生思想道德建设的总目标主要包括四个方面的内容。

第一，热爱社会主义祖国，拥护党的领导和基本路线，政治立场坚定，对我国的社会主义事业充满信心。

第二，努力学习马克思主义基本原理，培养科学的思维方式，用历史的、发展的、变化的眼光看待问题。

第三，树立为人民服务的意识，继承和发扬老一代革命先辈艰苦奋斗、不怕牺牲的优良作风，培养自己的集体荣誉感和社会责任感。

第四，勤奋学习，勇于探索，努力掌握现代科学文化知识，将自己锻造成一名有理想、有道德、有文化、有纪律的社会主义接班人。

（二）具体目标

1. 思想素质目标

思想素质目标的具体构成主要有以下几点。

（1）学习性

学习性，是指一个人在任何条件下都能保持对新知识、新技能的饥渴度，始终有目的、有计划地充实自身的知识。学习性的基本要求是：明确学习目的，保持态度端正；讲究学习方法，注意效率与质量；勤于思考，学以致用。

(2)自主性

自主性,是指一个人在任何条件下都能始终如一地在行为总体中保持独立自主的作风。自主性的基本要求是:具有主人翁精神,充满干劲;具有独立意识,独自行动能力强;自觉参加有关活动,自力更生。

(3)开拓性

开拓性,是指一个人在任何条件与处境下都能始终如一地在行为总体中保持着奋发向上、勇敢进取的精神。开拓性的基本要求是:开拓进取、勇于探索、富于创造、不骄不躁。

2.政治素质目标

政治素质目标的具体构成主要包括以下几个方面。

(1)爱国性

爱国是一个公民应有的道德,也是中华民族的优良传统。爱国一定程度上是保证人的生存自由权利的需要。公民爱国,实际上就是爱自己国家的人民,捍卫公民自己的根本利益。爱国是基于个人对自己祖国依赖关系的深厚情感,也是调节个人与祖国关系的行为准则。它同社会主义紧密结合在一起,要求人们以振兴中华为己任,促进民族团结、维护祖国统一、自觉报效祖国。

爱国的基本要求是:了解历史与国情,继承和发扬中华民族的优秀文化传统;坚持四项基本原则,拥护改革开放;遵纪守法,自觉维护社会和治安稳定;明确个人利益与国家利益的关系。

(2)理想性

理想性,是指一个人在任何条件下都始终如一地坚持共产主义理想。理想性的基本要求是要对社会主义事业的光明前途充满信心,并为社会主义事业的发展贡献自己的力量。

(3)信念性

信念性,是指一个人在任何条件下都能自觉地运用马克思主义的立场、观点、方法来处理工作、学习和生活的各种问题。信念性的基本要求是,要坚决拥护党的领导和各项方针政策,通过马克思主义的学习树立科学的世界观、人生观和价值观。

3.道德素质目标

道德素质目标的具体构成为：

(1)责任性

责任性，是指一个人在任何条件下都能清醒地认识自己的职责并认真履行。责任性的基本要求是忠于职守、勇于承担。

(2)公德性

公德性，是指一个人在任何条件下都能始终如一地在行为总体中维护公众和他人利益。公德性的基本要求是尊老爱幼、团结他人、爱护公物、热爱劳动。

(3)正直性

正直性，是指一个人在任何条件下都能始终如一地以正直诚实的态度对待集体、他人和工作。正直性的基本要求是廉洁公正、襟怀坦荡、乐于助人、见义勇为、生活俭朴、真诚友善、谦虚谨慎、待人有礼。

(4)诚实性

诚实性，是指一个人在任何条件下都能始终如一地表现真实的自己，不掩饰自己的真实感情。诚实性的基本要求是不说谎、不作假，不因为个人的私欲或不可告人的目的而欺瞒别人。

4.心理素质目标

心理素质目标的具体构成主要包括以下几个方面。

(1)自省心理

自省心理，是指一个人在任何条件下都能始终如一地按社会要求主动地调节自己的言行。自省心理的基本要求是自尊、自爱、自强，心理调适能力强；善于控制，严于律己；经常自省，勇于改正错误；自我教育能力较好。

(2)适应心理

适应心理，是指一个人在任何条件下都能始终如一地主动适应周围的人与环境。适应心理的基本要求包括个人情绪适应、家庭适应、学校适应、社会适应四个方面。

(3)审美心理

审美心理,是指一个人在任何条件下都能具备健康高雅的审美情趣和正确的审美观,努力培养辨别美丑的能力,自觉创造美的生活。审美心理的基本要求主要包括较强的美学修养、健康积极的价值观。

(三)个体目标

1.促进人才的培养

高校是培养高端人才的重要基地,也是各种先进科学文化知识的集散地和创造源,尤其是在培养中国特色社会主义事业建设者和接班人方面,高校起着十分重要的作用,因为大学是学本领的重要阶段,这一时期如果高校教育出现问题,那么受影响的不仅仅是学生个人的前途,还包括社会主义建设事业。

2.贯彻党的教育方针,保证学生德、智、体、美全面发展

推动党和国家的社会主义建设事业健康、稳定发展,迫切需要加强和改进当代大学生思想道德建设工作,培养德、智、体、美全面发展的人才。在全面发展的教育中,德育是全面发展教育的方向和保证,智育是全面发展教育的核心,体育是全面发展教育的基础,美育是全面发展教育的重要内容。四者缺一不可,统一为一个整体。

3.促进学生个性的自由发展

传统的思想道德教育将关注重点放在了社会与道德的层面,过多强调以牺牲个体价值来迎合社会价值,忽视个体的利益;过多强调强制管理和知识灌输,忽视内心的认同;过多强调继承传统、服从权威,忽视独立思考和大胆创新。总之,过多强调共性的塑造,忽视个性的培养。现今,全球的教育专家都在关心教育的个性化问题,当代大学生思想道德建设要注重学生的自由个性的发展,进而帮助实现学生的价值。

三、大学生思想道德建设的原则

（一）基本原则

1. 共产主义方向性原则

共产主义方向性原则是指当代大学生思想道德建设的全部活动要始终与社会发展的要求相一致，坚持正确的政治方向不动摇。当前，共产主义方向性原则主要体现为当代大学生思想道德建设要旗帜鲜明地坚持社会主义和共产主义方向，坚持党的基本路线，要与中国共产党的纲领与宗旨相一致。

要在当代大学生思想道德建设过程中坚持社会主义方向，首先就必须始终坚持以马列主义、毛泽东思想和中国特色社会主义理论体系为其指导思想。其次，提高贯彻方向性原则的自觉性。

2. 民主平等原则

民主原则，是指在当代大学生思想道德建设中，尊重学生的主体性地位，尊重其人格和民主权利，创造条件让大学生充分发表自己的意见并加以正确的引导。民主的实质是平等，当代大学生思想道德建设中的民主就是教育者与受教育者双方在充分尊重对方的人格和民主权利的前提下，创造条件让双方充分表达自己的思想和意见，并在此基础上正确处理相关问题，共同完成当代大学生思想道德建设的任务。

贯彻实施民主平等原则要做到以下两点：首先，尊重人、关心人、理解人；其次，要把尊重人、关心人、理解人与严格管理结合起来，讲尊重人、关心人、理解人，绝不是不讲原则、放松管理、取消批评，绝不是迁就不合理的要求或容忍不守纪律的行为、奉行“好人主义”。

3. 长善救失原则

长善救失原则，是指在对大学生进行思想道德教育的过程中，要一分为二地看待大学生，依靠和发扬他们的优点、长处、积极因素，限制和克服他们的缺点、短处和消极因素，使他们提高觉悟，不断进步，健康成长。

贯彻长善救失原则要做到以下四点。

第一，要用一分为二的观点全面看待大学生的长处和短处、优点和缺点，并分析其形成的原因，这是正确进行思想道德教育的前提。

第二，教育者要注意培养大学生的自尊心和自信心。

第三，要引导大学生进行积极的思想斗争，善于启发大学生长善救失的自觉性。

第四，要因势利导，善于培养大学生的优点和长处，使他们自身的积极因素不断得到巩固和壮大。

4. 针对性原则

针对性原则是指当代大学生思想道德建设过程中必须根据大学生年龄特征、个性差异、思想和行为实际，有的放矢，因材施教，针对性地进行思想道德教育，使不同层次的大学生共同向上，都获得充分发展。

当代大学生思想道德建设贯彻针对性原则要做到以下三个方面。

第一，要深入了解大学生，通过调查研究，了解他们的思想动态，生活、学习、兴趣、爱好和家庭等各方面的情况。

第二，区分层次，因材施教，对不同年龄层次的大学生采取不同的内容和方法进行教育。

第三，注意处理好一般与个别、集体教育和个别教育的关系，针对大学生的普遍性和共性、特殊性和个性等特点进行科学的课程设置。

（二）创新原则

1. 自我教育原则

大学生要具备自我教育的能力，要求教育者在教育实践中要通过多种途径主动帮助和激发大学生主体能力的构建。大学生要实现自我教育，充分发挥主体的能力，主要在以下几个方面着手。

第一，思想道德建设者要注重启发大学生的自我教育意识，引导他们通过自主的学习、自觉的参与以及反省、反思、自我思想改造等自我修养途径，不断提高自己的思想道德水平。

第二，要打好坚实的理论基础。理论的学习是大学生思想道德建设中不可缺少的一环。理论教育法是思想道德教育最主要、最基本的方法，也是大学生打好理论基础最直接的方法。大学生只有具备坚实的理论基础，才能以正确的理论指引自己的行为，也才能在现实中明辨是非，为自己找准努力的方向。在当代复杂多变的社会生活面前，人们比以往任何时候更加需要科学的思想和理论来指导自己进行正确的选择和决策，以便更加有效地认识环境。

第三，要创造有利于大学生进行自我教育的条件，积极引导大学生进行自我教育。应当通过各种渠道和形式对大学生的自我教育活动予以支持、引导和帮助，鼓励大学生开展他们热爱的、健康的、有益的、丰富多彩的各种活动，使他们在活动中自我教育，相互影响。

要引导他们开展批评和自我批评，在严格的自我批评和与人为善的相互批评过程中，教育自己、教育别人、相互借鉴、共同提高。要吸收大学生参加学校的民主管理，组织大学生参加社会实践活动，使他们在民主生活和社会实践中得到锻炼，增长知识和才干，增强主人翁精神和社会责任感。要有计划地组织民主讨论，引导他们在民主的气氛中各抒己见、交流思想，坚持真理、修正错误，集思广益、互得益彰。

第四，树立成功的榜样是大学生自我教育的一个有效途径。榜样示范法是指通过具有典型、榜样意义的人或事的示范引导作用，教育人们提高思想认识、规范自身行为的方法。榜样教育具有形象、生动的特点，它是理论与实际的有机结合。大学生用榜样的力量激励自己，在心中树立成功的典范，为自己指明努力的方向，会产生更强的感染力和说服力，在自我教育中收到很好的效果。通过典型事迹可以使大学生看到榜样的成功之处，明确努力方向，从而努力奋斗，在改造客观世界的过程中全面提升自己的思想道德素质。必须实事求是地选择对自己有影响力的典型，否则难以真正从思想到行动上得到认同，也起不到典型引导的作用。

2. 包容性与批判性相统一原则

当今在全球化、文化多元化的时代影响下，需要大学生思想道德建设有一个包容的态度，培养学生的包容品质。

大学生思想道德建设中，教师要坚持包容多样，同时还要对学生进行包容多样的教育。坚持包容多样的原则，对学生进行包容多样的教育，教师要意识到、做到并引导学生意识到、做到：(1)包容多样的前提和基础是坚持社会主义核心价值体系；(2)被包容的对象应是健康的、有益的思想、行为，符合公共道德和法律的思想与行为；(3)包容多样是有原则的、有限度的。放弃原则、没有限度的包容就是纵容。对危害他人的生存、自由、权利与尊严的行为，对违反公共道德、违反法律的行为绝不能包容。

但是，包容多样并不意味着不论是非、不辨善恶、不分美丑。在大学思想道德建设中，在坚持包容多样的同时，教师还必须坚持马克思主义的批判精神，在多元社会思潮的背景下，批判主要包括两个方面。其一，对社会不合理现象的揭露和抵制。应高举马克思主义的批判大旗，对各种假恶丑的东西，对腐朽没落、违背社会发展规律的东西，对貌似合理但实则大谬不然的东西进行旗帜鲜明的揭露和批判。引导学生分清是非、善恶、美丑，弘扬真善美、鞭挞假恶丑，让正气成为社会的主流。其二，对不合理的理论及意识形态的批判。一些错误的社会思潮打着多元化的旗号公开登场，拜金主义、享乐主义、极端个人主义潜滋暗长，有些人甚至为这些错误的思想大唱赞歌，以这些错误思想与社会主流的价值观叫板，对抗、弱化社会主流价值观，搞乱了一些人的思想。对这些错误的思想观点绝不能包容，必须进行坚决的批判，引导学生正确处理荣与辱、苦与乐、成功与失败、劳动与享乐、个人与社会、个人与他人、物质满足与精神追求等关系，不能让拜金主义、享乐主义、极端个人主义思想泛滥。

批判需要坚持以下几条原则：一是批判必须站在马克思主义的立场上，运用马克思主义的观点和方法；二是不能为了批判而批判。要明确批判的目的是为了发现真理，为了分清是非、善恶、美丑，在批判落后的、丑恶的社会现象时，为合理的、新生事物的成长开辟道路；三是批判应是科学的批判，是扬弃。社会思潮是比较复杂的，一些社会思潮中往往既有健康有益的成分，也有消极、落后，甚至错误、腐朽的因素。因此，批判不是盲目笼统地否定，在批判中要对这些进行具体分析，肯定其合理成分，否定其错误的东西；四是批判要坚持实事求是，有理有据，摆事实、讲道理，避免无限上纲、打棍子、扣帽子，既不能是愤世嫉俗的感慨，也不能是空洞无物的口号，要让学生口服心服；五是既要进行理论的批判，也要进行实践的批判。批判的武器不能代替武器的批判。要让理论的批判成为实践的批判的先导，指导学生参与改变不合理的社会现实、减少不合理的社会现象的活动，促进社会的和谐。

在大学生思想道德建设中要把包容与批判有机统一起来。只包容，而不批判，就会使腐朽、没落的东西滋生蔓延，导致学生分不清是非、善恶、美丑，思想出现混乱。只批判，不包容多样，就会导致专制，导致学生思想观念的僵化。

3. 开拓创新原则

思想道德建设既有历史继承性的一面，又有革新创造的一面，二者是辩证的、统一的。当前国际国内形势发生了深刻的变化，使大学生思想道德建设既面临有利条件，也面临严峻挑战。面对新形势、新情况与新任务，要切实提高大学生道德建设的针对性与实效性，就必须不断推进大学生思想道德建设与时俱进、开拓创新。

(1)创新的意义

大学生思想道德建设是引领学生的思想行为、社会的精神风尚和发展方向的灵魂，是关系社会稳定与国家兴衰成败的决定性因素。青年大学生正处于人生观、价值观形成的关键时期，具有较大的可塑性，他们接受新鲜事物的能力很强，但鉴别力明显欠缺。赢得青年就赢得未来，在时代变革的条件下，坚持开拓创新理念具有鲜明的时代意义和深远的现实意义。

第一，坚持开拓创新理念是社会主义事业健康发展的战略工程。一个国家、一个民族、一个个人的生活都是在一定的价值观的指导下进行的，价值观在人们的思想中、在人们的观念中，它影响着人们的思想意识、道德评价、价值取向和实践行动。随着社会经济结构的深刻变化，社会利益关系更为复杂，新情况、新问题层出不穷，新的社会矛盾的产生和出现对我国社会发展产生非常重要的影响。同时，在经济全球化的形势下，多种文化、思潮、多种价值观念激烈碰撞的时代，如何武装大学生的头脑，教育、引导他们树立正确的世界观、人生观和价值观，增强社会责任感和为中华民族伟大复兴而勤奋学习的使命感，把大学生培养成为党和人民需要的合格人才，是大学生思想道德建设必须创新的时代重大课题。

第二，坚持开拓创新理念是大学生健康成长的前提。培养人才是高校的首要任务，也是教育的立身之本。随着全球化时代的快速发展以及知识经济、网络化时代的来临，社会对高校培养的人才素质的要求日益高涨，强调学生要有良好的知识结构与创新能力更是成为全社会的呼声。然而，高校培养的人才要适应社会的要求，就必须高度重视大学生思想道德教育，因为任何人才的良好知识结构的形成和创新能力的培养与发展都必须有一定的思想道德和价值承担。当然，这里的创新必须是有前提条件的，这个前提条件首先是创新必须能够促进社会的发展和社会的进步，对于社会具有积极的推动作用。也就是说，政治和道德的准则是任何创新活动都必须遵守的依据，否则，所谓的创新就只能给社会和人类带来混乱和灾难。

(2)创新的范畴

创新大学生思想道德建设，应贯穿整个大学生思想道德建设的全过程，包括创新理念、创新内容、创新方式和方法、创新队伍建设、创新投入保障机制等。

在创新理念上，要突出大学生的主体地位，弘扬以人为本的理念；要坚持以“八荣八耻”的社会主义荣辱观为指针；要贯彻“全员育人、全过程育人、全方位育人”的教育观；要坚持以实现人的全面发展为终极目标。

在创新内容上，要坚持以理想信念教育为核心，加强思想政治理论课的改革和建设；要坚持科学精神和人文精神并重的教育；要加强校园文化建设，不断推陈出新；要重视和加强大学生网络道德和法制教育。

在创新方式和方法上，要坚持外部灌输与引导大学生自我实践体验相结合；要注重情感互动，情理结合；要使思想道德教育与解决实际问题相结合；要以互联网、手机、微博等新媒体运用和创建文明学生公寓等为载体，拓展思想道德建设的新阵地；要充分利用时尚、情感、文化元素，增强其针对性与实效性。

在创新队伍建设上，要建设一支精干的专兼结合的思想道德建设队伍；要大力加强师德建设，培养和提高教师个人的人格魅力。

(3)创新的路径

第一，强化齐抓共管的领导机制。必须创新思想道德建设领导机制，真正形成党、政、团、学分工负责、齐抓共管的工作格局，建立协调的部门联动机制，建立健全大学生教育管理分级责任制。

第二，创建科学的大学生思想道德建设的评价机制，定期进行督促、检查与评价。

第三，实现思想道德教育与社会的接轨。要密切结合大学生实际，开展因人施教、因材施教。要积极引领学生深入社会，在实践中受教育、长才干。

第四，注重培养大学生的主体意识和自我教育能力。要注重教育方法的改进，加强教育过程中两主体的双向交流，引导大学生进行自我认识、自我评价、自我约束、自我激励以及自我完善。

第五，创新大学生思想道德建设的保障机制。保证并加大必要的大学生思想道德建设的经费投入；积极为大学生思想道德教育活动的开展提供必要的设施、设备和活动场所；善于运用现代技术提升大学生思想道德建设的手段；不断建立健全各项规章制度。

四、大学生思想道德建设的方法

在大学生思想道德建设中，虽然政治、行政、法律、经济等强制性方法必不可少，但这些方法从总体上主要是为大学生思想道德发展提供了良好的外在环境，与大学生打交道或者开展大学生思想道德建设，最根本的方法依然是教育引导。

（一）理论教育法

理论教育法是教育主体有组织、有计划地向特定教育对象系统传授我国社会主义主导思想理论知识、促进其积极内化的方法。其目的是通过组织教育对象认真学习马克思主义、毛泽东思想和中国特色社会主义理论的科学思想，形成正确的世界观、价值观、人生观。

理论教育通过教育者的口头语言向教育对象传递马克思主义基本理论、马克思主义中国化的理论成果、党的路线方针政策，是一种口头灌输，主要通过讲的方式实现。这种讲分为讲解和讲述两种。另外在高校教育实践中，教育者通过组织学生进行研讨，针对学生的观点进行引导讲解也是理论讲授的一种重要形式。

1. 讲解

讲解主要适用于对复杂的理论、观点的讲授。这些理论概念间的逻辑联系复杂、多元，需要进行严密的推理和论述。教育者在进行讲解时，必须对概念间的联系细致分析，抓住要点，理清层次，阐述到位。

2.讲述

讲述主要适用于对历史事件、政治现象等的描述。这些事件、现象生动、形象，教育者绘声绘色的讲述能给学生身临其境的感觉，能让学生无形中产生相对应的政治情感、道德情感。

3.研讨

研讨的主体是学生，但组织者和引导者依然是教育者。研讨首先是研讨主题的确定。教育者应根据思想政治教育目标和学生实际情况，确定学生研讨的主题。根据研讨主题，学生自己搜集资料，形成自己对研讨主题的认识，再以研讨会或课堂讨论的形式进行讨论。教育者进行理论讲授主要体现在根据学生研讨的实际情况，对学生研讨中基本弄清的问题进行总结提升，对学生研讨中认识欠清晰的问题进一步解释，为学生理清疑点。

（二）典型教育法

所谓典型教育法，是指在思想道德教育中运用具有代表性的人物或事件对教育对象进行引导和教育的方法。从哲学的角度，典型是在一定的时期或一定范围具有相当程度影响的人物和事件，它是能代表一类或一般事物的典型特征和本质、发展趋势或发展规律的个人或个案。典型示范教育就是通过典型教育使其吸收先进典型的有益成分，并对照自己的不足，吸取经验和教训，消除自己的不良思想和行为，提高自己的思想政治素质。

典型是多种多样的，按典型的类型来划分，有单项典型、综合典型、全面典型；按照典型的性质来划分，有正面典型、反面典型；按典型的构成来划分，有集体典型、个人典型，等等。因此，典型教育的具体形式也很多。这里主要讨论以下两种。

1.正面典型教育法

正面典型又称先进典型、进步典型，是能体现或代表先进思想，在人民群众中起榜样示范作用的典型。正面典型的作用，就是榜样的作用，而榜样的力量是无穷的。

运用正面典型教育法时应注意以下几点。

(1)要善于发现和推广具有时代感和代表性的典型。先进典型常常产生于我们身边的日常工作、学习和生活之中，需要去发现和识别。典型的选择要具有广泛的群众基础，既要树立全国性的榜样，又要树立不同类型、不同层次、不同行业的榜样，更要善于发现和树立本地区、本行业、本单位的典型。

(2)要注意对典型事迹的宣传实事求是以及典型的真实性和局限性。所以对典型的宣传、推广要实事求是，注意分寸、留有余地，决不能言过其实、任意拔高。

(3)要注意对典型的培养和教育，以关心爱护的态度对待典型。

(4)要教育大学生尊重典型，正确对待典型。任何先进典型都来自群众，尽管他们有超出普通人的一面，但并非也不可能是"完人"。只有全社会都来扶持典型、学习典型，典型之花才能常开不败。

2.反面典型教育法

反面典型就是落后的或反动的典型，利用反面教员和反面教材开展思想政治教育，就是通过揭露或批评其错误或反动的观点，给人以教训，使人引以为戒，或使人认清其反动实质，与此同时，宣传正确和进步的观点。从我们党思想政治教育的历史来看，注意利用反面教材、反面教员开展思想政治教育是我们党思想政治教育的一条基本经验。今天，用社会主义核心价值观引导社会思潮，是思想政治工作的重要任务，正确地运用这一方法也一定会发挥其应有的作用。总之，利用反面教材、教员开展思想道德教育，目的是把非马克思主义和反马克思主义的东西摆在大家面前，让大家分清其本质，从而接受锻炼，增强辨别和选择的能力。

(三)实践锻炼法

实践锻炼，是指教育者有目的、有计划地组织教育对象参加社会实践活动，在实践活动中提高其思想认识的教育方法。“社会生活在本质上是实践的。”[①]实践是人的认识的来源，是人的思想发展的动力，是人的思想认识最终的目的和归宿。以社会实践活动为载体开展思想道德教育，是大学生获得正确思想认识的重要途径。

实践锻炼通过实践引导大学生形成正确的思想认识，因其直观、形象，学生能在实践情境中将政治观点、道德认知入脑、入心，所以大学生思想道德教育工作者对其操作方式的探索越来越深入。实践锻炼的具体方式主要有以下几种。

1. *劳动教育法*

劳动教育，就是让受教育者从事一定量和一定程度的生产劳动，使之在劳动过程中树立正确的劳动观念，培养热爱劳动、亲近劳动人民的感情，养成劳动习惯的一种教育方法。

目前，我国内地的学校对学生“包”的太多，使学生失去了劳动锻炼的机会，滋长了依赖心理和作风。大学生中有相当多的人劳动观念淡薄，劳动习惯很差，“骄、娇”二气严重，生活上害怕艰苦，花钱大手大脚，轻视平凡的劳动，自视高人一等，自理能力差等。为加强劳动教育，深圳大学将学生宿舍打扫、教学楼的鲜花摆放、校园环境打扫、山路整理、食堂的服务、管理工作等，全部通过有偿劳动由学生自己去做。这种劳动参与不仅让学生感受到自己可以不完全依赖父母，通过劳动自己挣钱完成学业，使学生感到光荣，更主要的是通过劳动实践，改变了大学生轻视普通劳动的思想观念，树立了珍惜劳动、参加劳动的社会氛围。在劳动教育中，学校应该注意把与教学相关的劳动教育与助学活动、义务劳动、日常生活劳动等统筹安排，经常地、切实地使学生在参加劳动中培养劳动习惯、卫生习惯，增强生活自理能力，树立劳动光荣的观点。

① 马克思恩格斯文集(第1卷)[C]. 北京：人民出版社，2009，第505页

2.公益活动

公益活动强调公益性，突出公众的利益，注重为社会、为公众利益服务。大学生可以运用自己拥有的知识和才能，参与一些无报酬的服务于公众利益的活动。在这些活动中学生可以获得服务他人、奉献社会的积极情感体验。青年志愿者活动、社区服务、社会援助等都是公益活动的有效形式。

3.社会考察

社会考察法是通过引导受教育者按照一定的计划、程序和方式去认识和研究社会现象，分析社会问题，从而提高受教育者思想认识的方法。在大学生思想政治教育工作中实施社会考察法有以下几个步骤：一是深入社会观察。要了解实际情况，就应当首先了解某一社会现象或问题的存在方式和状况，这要求受教育者一定要自己动手、动脑去接触社会，认识社会，虚心请教，以获得客观而丰富的第一手资料。这类考察方式一般适用于对国内国际的重大事件或社会重大问题的分析研究。二是参与社会体察。如果说社会观察是受教育者作为客观第三方，那么参与社会体察也就是受教育者完全参与到所考察的对象的活动之中去，作为考察对象中的一部分去亲身体验。亲身体验得来的经验材料较之观察得来的经验材料更深刻，当然也更富有感情色彩，这类考察方式一般适用于对某阶层的工作、生活状况的考察。三是联系社会调查。通过设计调查问卷，调查问题，确定调查对象，安排专门的时间进行问卷填写或采访的方式，获得第一手资料，这是目前最常采用的调查方式，适用于考察某一社会群体对某类问题的看法或观点，社会热点问题的考察等。

4.勤工俭学

勤工俭学活动在高校开展的目的主要是帮助家庭经济困难的学生，使其在付出劳动后能获得相应的回报。勤工俭学需要学生在忙碌学习的空闲时间进行，能有效锻炼学生合理安排时间的能力。勤工俭学注重有劳动才有回报，能有效培养学生的劳动观念;勤工俭学的同学可以适当减轻所在家庭的经济负担,能有效培养学生的自立观念。高校应该根据学校的实际情况,尽可能地多增设一些勤工俭学的工作岗位,使学生在学习的同时得到锻炼,且提升思想认识。

(四)网络教育法

在高校,校园网建设已成为反映当代大学现代化程度的重要指标,大学生思想道德教育的"网络化"也成了必然趋势。在大学生思想道德教育中实施网络教育法,就是利用网络作为教育载体来进行在线心理辅导、就业指导、思想教育等日常思想道德教育。部分高校的大学生思想道德教育已经开始全面实施"网络化",如在线生涯辅导,对学生高效率的人生态度、生活情趣、职业规划、理想信念等方面进行正确的引导,使其能够正视成长中的烦恼,鼓起生活的勇气,尊重生命,乐观进取,努力学习;在线职业心理辅导,在保护学生的个人隐私方面具有独特的优势,不仅可以舒缓学生的心理压力、排解学生的心理困惑、提高学生的心理调适能力,而且在心理危机干预方面也发挥着极其重要的作用;由教师充当"版主"或"坛主"的社区、论坛、聊天室,成为学生进行思想交流、休息放松的"精神家园";校园"BBS",成为校园学生舆情的汇集地,在这里问题的提出与问题的解决,思想的交锋与思想的引导不间断地进行着;网络信箱的开设,可以将学生的意见、建议直接反映到校领导和相关部门负责人处,缩短了信息沟通的渠道,大大提高了信息沟通的效率。

第三节　大学生思想道德建设的基本思路

大学生是将来主导社会思想道德状况的潜在有生力量。因此,当前的高校教育体系中,思想道德教育已经成了其中的一个重要组成部分,有利于实现大学生的健康成长。和谐社会大学生思想道德建设发展的思路探索，是指当前在世界经济全球化、市场化以及文化多元化发展的大环境和趋势下，我国大学生思想道德建设的总体思路及规划。

一、大学生思想道德建设要树立“以生为本”的理念

“以生为本”实际上就是“以人为本”在思想政治教育中的应用，因此“以生为本”必须建立在马克思主义理论基础上，“以生为本”也只有在马克思主义科学理论的指导之下，才能沿着正确的方向日趋完善。

（一）以人为本的内涵

马克思认为“人之为人，人区别于其他存在者，是因为人是一种具有自我超越意识、不断生成新的自我、具有生存本性的特殊存在者。”从中我们可以看出这个描述较之于人的本质理论的描述要更为深入，因为它不仅对本质这一共性认识进行了描述，还对人的生存性进行了解释。

1.促进人的主体性的发展

在哲学上人具有特殊的含义，它既是天然存在于自然界之中的一种高等生物，又是超脱于自然界与动物范畴的超然存在，我们将人的这种性质称之为“超然性”。人类不断地认识自我，挖掘自身潜力的过程中，会通过不同的社会实践来不断地否定与生成自身这种超然存在的地位，即不断将人的超越性强化。这种超越性从本质上来看，是人的主体性不断觉醒并强大的表现。人的超越性发展实质上也就是人的主体性的发展。我们可以以教育为例来看一下人的主体性如何在社会实践中得到发展和强化。华南师范大学郭思乐教授在其一系列研究和实验中提出了“生本”教育的理念，强调教育必须告别知识本体、能力本体、工具本体、教师本体的偏差，而转向以学生为本位，真正认识和把握学生，充分尊重学生，依靠学生来进行教育，把教育的全部价值归结到学

生身上。

2.以人的方式把握和理解人

我们在认识和理解以人为本这一基本概念的时候，应该将其归纳统辖到一种形而上的认识，用哲学的眼光与角度对其进行审视。也就是说我们应当用马克思主义哲学的人学思想对以人为本这一概念进行诠释与解读，充分尊重每个人作为一个独立的社会个体的地位和资格。

其次，我们还应该认识到人是社会规则的制定者，人实际上是通过不断的自我克制、自我约束摆脱自身的原始本能，从而激发自身的潜力，实现自己在社会存在中的意义和价值。最后我们还要认识到思维的转变属于意识层面的变化，只有将这种变化转化为实际行动才能从根本上改变当前的环境，人的价值才能得到最大程度的发挥。

3."理解"是人本的基础

理解是人本思想的基础，如果不能准确理解人本思想的含义以及自己和他人的精神价值与意义，那么人本思想根本不可能融入人们的思想之中，并化作人们的实际行动。人是一种"自由自觉的活动"的存在，每个人都具有自己独立的思想意识，意识的差异性与多样性是意识世界最丰富的色彩，任何人都没有权力强迫他人改变自己的意识思维，这是对人的最基本的尊重。只有能够独立思考、独立行动的人才能称得上是真正意义上的人，我们不能将自己的思维模式强加给他人，也不能将处事的态度与方式作为一种"知识"灌输给具有独立思维性的社会个体，这种行为实质上是一种思维上的绑架与犯罪。

（二）"以生为本"大学生思想道德建设的基本思路

1.解决学生的实际问题

解决大学生的思想首先要从解决大学生的实际问题出发，解决大学生在生活、学习方面面临的实际困难，正视那些弱势学生群体面临的实际困难，摸清每一位学生的具体情况，给他们以实际的帮助。

2.关注学生的心理变化

心理健康“是指个体在适应环境的过程中，生理、心理和社会性方面达到协调一致，保持一种良好的心理功能状态。”一般情况下，心理健康代表着人的心理调适能力与发展水平，即个体在内外部环境变化的过程中，能够长时期保持正常心理状态，这是众多心理因素在良好心理功能状态下有机运行的综合体现。

从1992年起，清华大学每年对新生进行心理健康状况调查，结果发现大学生中有20%左右的人心理素质不良，存在不同程度的障碍。王建中和樊富珉对北京市大学生的测查，以及王君等对安徽省大学生的测查也发现，大学生的心身症状中人际关系敏感、强迫、偏执、敌对、抑郁等问题较为严重。大多数的调查结果显示，目前我国大学生的心理健康状况令人担忧。从总体水平看，在校大学生出现心理问题的比例在三成左右，而存在较严重心理障碍的约占一成。因此，在大学生思想道德建设中，必须加强对学生心理健康的重视。

在思想道德教育中引入心理咨询的方法显得尤为重要，这不仅是大学生心理变化的客观需要，同时更是因为思想道德教育目的和心理咨询目的不存在本质上的差别，在应对大学生心理问题、促进大学生发展方面具有内在相通性和一致性。

从国外来看，不同的国家有不同的心理咨询理论和方法。在发达国家，心理咨询的方法由传统发展到了现代。它们的心理咨询方法我们可以借鉴，但其方法是以西方心理学理论为基础的，而且其运用也受到范围和条件的制约，所以，我们不能生搬硬套它们的方法。我们在思想政治教育心理咨询过程中，要运用已经在实践中形成的“引导咨询法”“交友谈心法”“自我调控法”等咨询方法，也要根据我国社会和人的发展趋势，探索新的心理咨询方法。因此，应把借鉴、继承和创新有机结合起来，形成系统的心理咨询方法，确保大学生思想道德教育心理咨询法的有效性。

3.促进学生的角色转变

在实施大学生思想道德教育过程中，要充分考虑学生的接受性，让学生从“被动”转为“主动”，才能使思想教育工作落到实处，取得实效。在过去的教育模式中，我们往往忽视了学生作为主体的地位，从一开始就把学生设定为“被动的接受者”，“凡事必须强力推动”的态度，造成学生总是被动消极地参与教育活动，使我们的教育活动远离学生的思想实际，极大地影响了思想道德教育工作的实效性。

随着中国社会的日益开放以及信息技术的飞速发展，大学生的视野更加开阔了，获取信息的方式更加多元化了，独立思考、自我判断的能力更强了，其自主意识、平等意识和参与意识也显著增强了。此时，无论是从时代发展的要求还是从大学生个性发展的要求来看，在整个大学生思想道德教育工作过程中，都必须充分尊重和体现大学生的主体地位，调动大学生参与思想道德教育和自我教育的积极性，实现思想道德教育工作由被动型向主动型的转变。

4.要充分尊重学生

尊重是沟通交流的基础。在大学生思想道德教育工作中，树立以学生为本的理念，遵循大学生的成长成才规律和教育规律，善于引导，充分尊重大学生的主体地位和个性需求，融入人文关怀，尊重大学生的尊严、人格、价值和创造性，与他们真诚地沟通，理解、关心、帮助他们，给予他们信心和鼓励，使他们感受到温暖和希望，不断提高高校思想政治教育的亲和力、说服力，最大限度地发挥学生的主观能动性，充分激发他们的学习积极性和参与教育活动的热情，努力增强思想道德教育的针对性和吸引力。

二、大学生思想道德建设要不断拓展教育内容

大学生思想道德教育所包含的内容极其广泛和丰富，它是针对大学生的思想实际并根据一定的社会要求，经过教育者的分析

判断选择之后有目的地输送给大学生的价值观念、思想意识以及道德规范等信息。

(一)加强爱国主义教育

爱国主义教育的素材非常广泛,社会生活的各个领域都蕴藏着极为丰富的爱国主义教育的瑰宝。

1. 中华民族优秀传统文化教育

中华民族是一个有着五千年悠久历史的伟大民族,创造出了光辉灿烂的历史文化,是当今对大学生进行爱国主义教育的重要内容。周武王在《泰誓》里就提出“民之所缺,天必从之”的思想,强调要尊重人民的意愿和要求。《周易》和《老子》充满辩证思想,至今为世界许多国家所研究和运用;《孙子兵法》和我国古代其他许多兵家的著述,至今被许多国家的军事学院定位必读书,而且被广泛应用于企业和市场竞争,显示出他们的无限生命力。在新中国成立不久,我们自力更生制造出“两弹一星”。我国在尖端科学、尖端医学等方面,有许多重大突破。在当代,全球化的兴起,文化之间的碰撞和交融更加广泛、更加频繁、更加激烈、更加深入。要引导大学生继承和发扬中华民族优秀文化传统,培养大学生对民族文化的热爱和认同,增强大学生的民族自尊心、自信心和自豪感,使大学生在西方文化霸权主义面前,自觉保护和弘扬本民族文化,维护国家的利益。

2. 中华民族发展历史教育

历史是不能割断的,一个人只有懂得历史才能正确地了解现在和展望未来。讲中华民族发展的历史,主要讲中华民族发展史中的曲折:近百年来我国的屈辱史、现代中国革命史、新中国的艰苦创业史,要让青少年懂得,新中国来之不易,社会主义建设成就来之不易。另外还要注重讲杰出人物个人的历史,讲他们的奋斗史、贡献史。因为,这样的史料最真切,最实际,也最感人,同时又包含着这些人物的世界观,也最容易引人效法、学习,具有潜移默化的作用。学习革命先烈为了共产主义的实现而不惜抛头颅、洒热血的精神，学习新时期各条战线上涌现出来的先进人物和事迹，能够使大学生更好地认识过去，立足现在，展望未来。

3. 民族平等团结教育

在中国是一个多民族国家，对大学生进行深入的民族平等团结的教育对维护民族团结和国家的稳定是非常重要的。我们国家共有56个民族，虽然各民族的人数有多有少，并不均衡，但是各民族之间相互依存，不可分割，也无高低贵贱之分，每个民族都享有相同的权利，履行相同的义务。

4. 国家安全教育

当前世界形势动荡不安，地区冲突、局部战争此起彼伏，恐怖活动日益猖獗，给世界和平带来了诸多不稳定因素。在新时期必须加强大学生国防意识教育和国家安全教育，并将此作为爱国主义教育的重要内容。随着经济全球化的不断深入，国家安全的内涵与以往相比也有了很大不同，不仅包括政治、军事安全，而且更突出了经济安全，同时又包含科技、文化、信息安全。因而，我们应顺应时代要求，提升与拓展国防教育，树立大国防观念，进行大国防教育，培养科学的国家安全意识。

在高校进行爱国主义教育，不仅有助于培养当代大学生高尚的道德情操，将个人的前途与祖国的命运联系在一起，为祖国的独立富强献出自己的力量，并且有助于大学生坚定中国特色社会主义的信念，当代爱国主义情操不仅表现为热爱祖国的山河、历史和文化遗产，更表现为对中国特色社会主义制度的热爱。热爱祖国的社会主义现代化建设，维护国家的团结统一，在当代，爱国主义与爱社会主义在本质上是一致的。在高校开展爱国主义的教育实践活动，有助于使大学生将自己的命运与祖国的命运联系在一起，为国家的独立富强贡献出自己的力量。

（二）加强"三观教育"

1. 世界观教育

世界观教育主要是进行辩证唯物主义和历史唯物主义教育，

核心是实事求是的观点和方法的教育。第一，树立彻底的唯物主义态度和观点。看问题一切从实际出发，决不用主观意志和幻想代替实际和事实，尊重客观规律性，坚持从调查研究中得出结论，并坚持用实践检验和发展真理。第二，树立真正的辩证法思想。核心是联系和发展地看问题，坚持联系的观点，就是要联系地看问题，不要孤立地看问题；要全面地看问题，不能片面地看问题。坚持发展的观点，就是要历史地变化地看问题，不能静止、僵化地看问题。将矛盾，特别是事物的内在矛盾作为事物发展的动力：善于在矛盾动力推动下，不断通过量变达到好的质变，在曲折中实现事物的不断前进。

世界观作为关于世界的根本观点，是对认识世界和改造世界的根本看法。只有这个问题解决好了，我们才能有一个待人处事的正确态度、观点和方法，才能建立起正确的人生观。马克思主义的创始人以解放全人类、实现人的全面自由的发展为己任，以此为核心建立起了科学的世界观。我们进行世界观教育，就是要进行马克思主义世界观的教育，这其中包括辩证唯物主义教育、历史唯物主义教育和马克思主义认识论的教育。

2.人生观教育

人生观，是人们对人生问题的根本看法。主要内容包括人生目的、人生态度和人生价值等三方面，具体包括公私观、义利观、苦乐观、荣辱观、幸福观和生死观等。它决定着一个人会追求什么样的人生目标、生活态度及生活方式。人生目的是人生观的核心，是人的生命存在和发展的总目标。关于人的本质的理论是人生观的理论基础，人的理想和信念是人生的精神支柱，人的价值理论是对人生意义的评价。由于人们的社会实践、生活境遇、文化素养和所受教育程度不同，因而形成不同的人生观。正确的人生观是坚定的信念、远大的理想、高尚的情操、理智的行为的基石，是正确处理一切人生问题的前提，可以指引人走人生正道，用自己的劳动去创造人生业绩，成为一个有益于社会、有益于人民的高尚的人。

第一,人生目的教育。在大学生人生观教育中,主要应是对大学生进行终极人生目的的教育。因为,人生的终极目的是人生观的核心,它对大学生人生的导向作用非常重要。正是由于终极目的对人的一生具有导向、鼓舞、激励作用,所以必须用终级人生目的规划人生,指导具体人生实践。因此,我们必须十分重视人生终极目的教育。

必须明确的是对大学生进行终极人生目的教育,是指为人民服务的教育。这一终极人生目的是对以生产资料公有制为基础、以实现共同富裕为目标的社会主义经济关系的集中反映。为人民服务人生目的基本内容有三:一是以人民的利益为言行的宗旨;二是站在人民的立场上立身处世;三是尊重人民的主人翁地位。

第二,人生态度教育。人生态度是人生观的具体表现。是人们对人生问题所持有的较为稳定的评价和行为倾向。它是比较稳定的认识、情感、信念的总和,其中情感的因素起主要作用。人生态度与人生目的、人生价值有着紧密的联系。

对大学生进行人生态度教育,就是要教育和引导大学生确立积极、正确、乐观的人生态度,选择与人民群众和社会实践相结合的正确人生道路,把正确的人生观念转化为积极的人生实践。

第三,人生价值教育。对大学生进行人生价值教育,关键是要教育和引导大学生树立正确的人生价值观,努力为社会尽责,为社会作出应有的贡献。一方面要对大学生进行人生价值目标教育,教育和引导大学生确立正确人生价值目标,坚持人生价值目标选择上的责任、义务与权利的统一;另一方面积极对大学生进行人生价值评价教育,教育和引导大学生处理好贡献和索取、内在价值和外在价值、创造价值与享受价值、目的和手段的关系,掌握正确的评价方法,坚持物质贡献与精神贡献相统一,坚持能力有大小与贡献须尽力相统一,坚持动机和效果相统一,坚持完善自身与贡献社会相统一,要反对错误思想和行为,正确处理好个人、集体和国家三者的利益关系。

3. 价值观教育

价值观教育主要是让教育对象搞清楚“什么是有价值,怎样才能有价值”。价值观的核心是价值观念、价值判断、价值选择等。科学的价值观认为,对社会对国家对民族对人类对他人有积极作用,就是有价值,反之就是无价值。积极作用越大,价值就越大。科学价值观提倡人们在满足社会、满足民族、满足人类、满足他人的进步需要中满足自己,实现自己的价值。价值判断必须坚持社会、民族、人类等价值优先的准则,只有这样,社会才能有一个相对统一的价值判断标准。科学的价值选择要求人们在人生奋斗过程中首先最大限度地实现社会的价值、民族的价值和人类的价值。

社会主义核心价值体系集中体现了社会主义意识形态的性质和方向,是社会主义思想道德建设的理论基础,是激励全民族包括大学生在内奋发向上的精神力量。因此,当前价值观教育的重点是让大学生深入理解社会主义核心价值观的科学内涵和重要意义,使他们将社会主义核心价值体系作为自己的价值诉求,并用其指导思想和行动。

(三)加强情感教育

情感作为人对客观事物的复杂而稳定的态度体验,是人类特有的心理现象,在人的思想品德形成和发展过程中起着“催化剂”的重要作用。具备一定品质的个体在情感的触动下,才能形成个性化认识,进而转化为特有的行为。当代大学生寄托着家庭的希望,承载着民族和时代的重任,是社会发展的重要推动力量,他们的情感状况直接反映着大学生对现实生活的适应能力和在未来生活中的发展潜力,关系着他们自身的全面发展,关系着人类社会的稳定和进步,因此培养大学生积极健康的情感具有突出重要的意义。

实现社会和谐,建设美好社会,始终是人类孜孜以求的社会理想。经济全球化和世界格局多样化是当代潮流,它加深了世界各国的联系和依赖程度，有利于人才的流动和技术的推广，扩大了发展的空间，但同时它也加剧了国际竞争，增大了发展的风险，对我国这样的发展中国家造成了巨大的压力和冲击。我国改革开放以来的发展成就举世瞩目，鼓舞人心，但矛盾依然存在，不容乐观。经济发展与能源生态环境的矛盾日益突出，城乡之间的反差越来越大，经济的发展使各阶层的分化更加严重，各阶层的收入分配差距拉大，这些矛盾是社会发展的不和谐因素，不利于进步与发展，我们必须正视。为了解决和应对当前我们面临的各种社会矛盾，适应时代和人民的需要，党中央提出了构建和谐社会的任务，这标志着我们这个社会开始从单一中心的时代逐步过渡到一个多元的时代，适应了我国改革发展进入关键时期的客观要求，体现了广大人民群众的根本利益和共同愿望。可以说，和谐社会是中国人民和中华民族久远的祈愿。

情感教育要想在和谐社会建设的洪流中站稳脚跟，就必须以和谐发展为指导，以培养大学生的和谐人格为宗旨，从而适应社会发展的要求。人格是人的灵魂，一个人如果离开了对和谐人格的追求，那么他就会失去精神支柱，情感教育如果忽略了对和谐人格的培养，那么它就会毫无生命力可言。和谐人格能够使人格结构中各个要素得到协调充分的发展，能有效地适应不断变化的复杂社会生活环境，从而最大限度地发挥自己的潜力、发展自己的能力，从而争取成功的人生。然而，由于情感教育对大学生和谐人格塑造的忽视，社会变革的不良影响如功利化倾向的腐蚀等，使得当代大学生的人格发展中仍然存在着很多问题，如理想信念的失落、价值主体的偏离、抗挫能力脆弱、诚信的缺失、自我意识的缺陷、人际关系的失衡等。上述这些问题对于他们以后的发展极为不利，我们必须给予高度重视。情感教育也必须将和谐人格的培养摆在更加突出的位置。这是时代的呼唤，也是情感教育的重要使命。只有如此，才能实现大学生的全面发展，并为和谐社会建设贡献自己的力量。

三、大学生思想道德建设不断建立健全各方面运行机制

大学生思想道德建设实践活动本身保障机制建构，重在保证大学生思想道德建设活动及其过程的有效性。大学生思想道德建设整体保障机制体现在组织领导、工作队伍、经费物质等方面，这些保障机制的整体建构，是大学生思想道德建设工作能够正常、有序、有效地进行的根本保证。

（一）组织机制

1.发挥党组织统一领导作用

党组织统一领导大学生思想道德建设，是加强党对大学生思想道德建设领导的关键。我们党在长期的革命和建设实践中，一贯坚持对思想道德工作的领导，强调党的各组织都应当把思想道德教育工作摆在重要位置，切实加强党的领导。高校大学生思想道德教育是党的思想政治工作中的一个具有特殊重要意义的组成部分，在党的教育事业中有十分重要的地位和作用。我们的高校能否坚持党的基本路线和教育方针，能否坚持把坚定正确的政治方向放在第一位，培养社会主义的合格人才，很大程度上取决于能否切实加强大学生思想道德教育工作，取决于党组织对大学生思想道德教育的统一领导能否充分落在实处。党组织在大学生思想道德教育中的主要职责是：主持制定大学生思想道德教育的总体规划、年度计划和重要制度，并组织实施；参与学校重大问题的决策，保证监督党和国家的方针政策在学校的贯彻执行；坚持“党管干部”的原则，适应现代高等教育的特点，依法参与学校人事管理，抓好行政业务人员队伍，特别是领导班子的思想作风建设；发挥党组织的战斗堡垒作用和党员的先锋模范作用，发动党员做群众工作；掌握大学生的思想动态，及时进行思想道德教育；领导工会、共青团、学生会做好大学生思想道德教育，搞好大学生思想道德教育队伍建设。根据党组织在大学生思想道德教

育中的职责，高校党组织应根据党的中心任务和大学生思想实际，认真做好调查研究，准确、及时地掌握大学生思想变化，从实际出发，确定大学生思想道德教育的总体设想、长远规划、年度目标及各项制度和措施。要注意把大学生思想道德教育纳入总体工作计划之中，与学校的教育教学工作紧密配合，并且注意对思想道德工作计划进行检查和落实，并作为衡量学校工作好坏的指标之一。面对新世纪复杂多变的国际国内环境，还要努力研究和探索大学生思想道德教育的途径和方法，切实加强和改进大学生思想道德教育工作，增强大学生思想道德教育的科学性、针对性和实效性。

2.建立和完善合力机制

大学生思想道德建设在党委的统一部署下，党政齐抓共管，还要建立和完善大学生思想道德建设合力机制，努力形成大学生思想道德建设各部门、各主体相互配合、彼此联系、共同推进的合力局面。首先要形成高校党、政、团、学等部门思想道德建设的合力。如前所述，党委主要是制定思想道德建设目标、计划，对思想道德建设重大问题进行决策；行政部门既参与学校思想道德建设部分重大问题的决策、讨论，又通过行政管理具体落实各项思想道德建设计划和决策；团委、学生处在全校范围内配合各院系开展思想道德建设，组织各项校园文化活动、社会实践活动。党、政、团、学、院系各部门应相互沟通、相互协调。其次，要形成高校党政干部、共青团干部、思想政治理论课教师、哲学社会科学课教师、班主任、辅导员等各教育主体的合力。各教育主体因部门性质和分工不同，在思想道德建设方法和途径上存在差异，有各自的工作规律、职责与分工，但要避免各自为政，应加强合作、沟通与支持，取得事半功倍的效果。总之，大学生思想道德建设作为一个系统，追求的是整体效应，思想道德建设组织领导必须采取各种措施，促进各部门、各教育主体既分工明确又协同作战，形成合力。在部分高校，专门成立了由党政领导、院系、团、学主管领导以及德育专家组成的思想道德建设委员会，统筹安排、协调整个学校的大学生思想道德建设，这一机构的建立有利于高校整合不同的思想道德建设资源，促进各教育资源的互动，形成各教育资源的合力，有利于创建党政协调、专兼结合、主辅相配、全员育人的工作局面，值得在实践中进行推广。

（二）队伍保障机制

大学生思想道德队伍建设是加强和改进大学生思想道德建设的组织保证和人力基础。目前看来我国大学生思想道德建设队伍的建设仍然存在一些问题，如人员数量不足、结构不合理、队伍素质有欠缺、工作积极性不高、激励保障措施不健全等，应从以下几个方面着手，抓好思想道德队伍建设。

1. 完善队伍结构

要有合理的教育队伍结构，主要是指大学生思想道德建设队伍，特别是专职队伍在比例、年龄、职称、学历等方面进行科学的配备和充实，从而提高这支队伍的整体素质，产生最佳功效。

（1）比例结构

比例结构指的是高校中从事大学生思想道德建设工作的专职人员占学校学生总数的比例。合理的比例结构是开展思想道德建设必要的组织保证。高校要根据实际工作需要，科学合理地配备足够数量的专职辅导员和班主任。专职辅导员总体上按学生人数的 1∶200 来配备，保证每个院的每个年级都有一定数量的专职辅导员。

（2）年龄结构

年龄结构是指大学生思想道德建设队伍人员结构中，不同年龄人员的比例构成和相互关系，主要分为老、中、青三部分。一般来说，为了适应学生工作的需要，这支队伍应当相对年轻一些，应以 25—45 岁的人员为主，这支队伍还需要政治坚定、业务过硬、作风扎实、有较高文化水平的中青年同志，充实到高校思想道德建设部门，以便形成老中青合理搭配的年龄结构。

(3)职称结构

职称结构，是指专职思想道德建设队伍同其他业务教师一样具有合理的职称分布。合理的职称结构对于这支队伍的建设和稳定，对于提高这支队伍的素质具有重要意义。一般来说合理的职称结构应该是：助教应占40%左右，讲师应占40%左右，教授、副教授占20%左右。

(4)专兼结构

专兼结构，是指大学生思想道德建设队伍中精干的专职与大量的兼职人员的结合。合理的专兼结构是调动广大教师和干部教书育人、管理育人、服务育人积极性和创造性的重要措施和手段。大学生思想道德建设队伍应由精干的专职人员和较多的兼职人员组成，以专职人员为主，以兼职人员为辅。

(5)学历结构

大学生思想道德建设队伍工作的对象是大学生群体，这就要求思想道德建设队伍必须具有较高的正规教育学历。从长远看，大学生思想道德建设工作教师应达到硕士水平，其中有的应达到博士水平，至少也应达到双学位水平或本科学位水平。同时，思想道德建设队伍应当由初级、中级、高级知识水平的人按一定的比例构成，这种结构一般应该是正三角形的稳态结构，即初级职称人员数量大、中级职称人员数量较大、高级职称人员数量小的结构，而且还应随着需要而不断地加以调整。只有这样，才能使具有不同知识水平的人相互配合，构成一个动态平衡的有机体。

2.提高队伍素质

大学生思想道德建设队伍作为大学生思想道德建设活动的组织者、实施者，教育、引导并规范着学生对理论知识的学习和应用，因此，大学生思想道德建设队伍应该具备多方面的素质。

(1)政治素质

大学生思想道德建设的主要任务是以社会主义核心价值体系为指导，对大学生进行思想道德建设。大学生思想道德建设工作者要用个人魅力引导学生信仰马克思主义，并利用个人魅力使教学内容更具有说服力和感染力。为此,大学生思想道德建设队伍的政治素质显得尤为重要。

(2)科学文化素质

教学包含语言表达、教学设计、课堂管理、教育机制等多种因素,它需要教师具备多方面的科学文化素质。具体来说,大学生思想道德建设队伍的科学文化素质应包括知识素质、科学素质、审美素质等。

(3)思想素质

大学生思想道德建设队伍对学生起示范、引导的作用,其言行潜移默化地影响着学生的成长,这就要求教育队伍要以身作则,具备较高的思想素质。具体来讲,大学生思想道德建设队伍的思想素质主要包括:科学的世界观、人生观;辩证唯物主义和历史唯物主义的思维方式;社会公德和家庭美德。

(4)身体心理素质

大学生思想道德建设队伍的身体心理素质主要包括强健的体魄、健康的生活、正确的认知、愉快的情绪、坚忍的意志、执着的信念、合理的需要、广泛的兴趣、谦和的气质、开朗的性格、完整的人格和高尚的品质。它对大学生思想道德建设工作的顺利进行、教师自身的发展、学生个性的全面发展都有重要作用。

(三)经费物质保障机制

1.确保和完善大学生思想道德建设基本设施、设备建设

基本设施、设备是大学生思想道德建设的基本物质保障,是开展大学生思想道德建设必不可少的物质条件。如,思想道德建设工作部门的活动场所、学生心理咨询的场所、学生群体活动的场所、开展大学生就业服务工作所需的场所等。又如,思想政治理论的教育教学也必须有基本的物质保障,包括专题图书、教学资料、计算机、多媒体设备等,教师要提高教学效果,就离不开现代化教学手段,在多媒体教学中,软件的开发、教学网站的建立、信息的发布都离不开一定经费的支持。学校应根据大学生思想

道德建设的发展情况，不断地改善和优化基本设施和条件。

2. 确保大学生思想道德建设各项实践活动有序开展

社会实践是大学生思想道德建设的重要环节，对于促进大学生了解社会、了解国情，增长才干，奉献社会，锻炼毅力、培养品格，增强社会责任感具有不可替代的作用。高校应科学认识社会实践对于培养大学生思想政治素质的重要性，落实经费，确保大学生思想道德建设各项实践活动有序开展，比如，支持大学生开展军事训练、生产劳动、社会调查、志愿服务、公益活动等形式为主的活动，让他们了解国情、认识社会，增强社会责任感；支持大学生结合所学专业，开展专业实习、挂职锻炼、助研助管、科技发明、创业等实践活动，让他们在社会实践中增强能力、提高创新意识。

3. 确保大学生思想道德建设工作的专项经费

思想道德建设活动的关键在建设一支精干、高效的思想道德建设工作队伍，必要的专项经费则是建设这支队伍的物质基础。高校要确保思想道德建设专职人员待遇不低于专业教师待遇的经费，确保思想政治工作者的学习进修、培训提高、社会考察、表彰奖励，以及组织思想道德建设理论研究、课程建设、实践调查、聘请专家学者指导、参与教育活动等所需经费。

4. 确保贫困生资助经费

贫困生是高校的弱势群体，比其他大学生群体更需要思想上的关注和理解，心理上的沟通与疏导。对贫困生进行思想道德教育是大学生思想道德建设的重要任务，直接关系到校园的和谐和稳定。加强贫困生的思想道德教育，必须高度重视贫困生的扶贫工作，把物质扶贫和精神扶贫结合起来。因此，学校必须加大贫困生扶贫力度，完善国家的助学贷款政策，设立学校勤工助学岗位，特别是要设立贫困生专项资助经费，扩大高校奖、助、补、减的资助，帮助贫困学生解决经济困难。

参考文献

[1]马克思恩格斯选集(第 1 至 4 卷)[C]. 北京:人民出版社,1995.

[2]马克思恩格斯全集(第 3 卷)[C]. 北京:人民出版社,2002.

[3]马克思恩格斯全集(第 30、31、32 卷)[C]. 北京:人民出版社,1995.

[4]马克思恩格斯全集(第 46 卷)[C]. 北京:人民出版社,1979.

[5]马克思恩格斯文集(第 1、2、3 卷)[C]. 北京:人民出版社,2009.

[6]列宁选集(第 1 至 4 卷)[C]. 北京:人民出版社,1995.

[7]列宁全集(第 28、55 卷)[C]. 北京:人民出版社,1990.

[8]毛泽东选集(第 1 至 4 卷)[C]. 北京:人民出版社,1991.

[9]邓小平文选(第 2、3 卷)[C]. 北京:人民出版社,1994、1993.

[10]习近平总书记系列重要讲话读本[M]. 北京:人民出版社,2014.

[11]李青,龙艳,邓明辉. 和谐社会道德体系构建研究[M]. 北京:时事出版社,2014.

[12]孟彩云. 公民道德建设工程基础规范应用研究[M]. 北京:中国社会科学出版社,2014.

[13]陈江旗. 社会主义道德建设论[M]. 北京:中国建材工业出版社,2011.

[14]李德才. 和谐社会的思想道德基础[M]. 北京:中国物资

出版社,2010.

[15]陈章龙等.当代中国思想道德体系论[M].南京:南京师范大学出版社,2006.

[16]杨奎,邱吉.社会主义思想道德建设路径研究[M].北京:知识产权出版社,2012.

[17]杨业华.社会主义思想道德建设前沿问题研究[M].北京:中国社会科学出版社,2007.

[18]孙向前.社会主义道德学习读本[M].重庆:西南师范大学出版社,2009.

[19]吴灿新,孙燕青.当代中国道德建设论纲[M].北京:中国社会科学出版社,2009.

[20]秦刚.社会主义思想道德建设[M].北京:中华书局,2009.

[21]郭广银,杨明.当代中国道德建设[M].南京:江苏人民出版社,2000.

[22]龚群.以德治国论[M].沈阳:辽宁人民出版社,2002.

[23]佘双好.青少年思想道德现状及健全措施研究[M].北京:中国社会科学出版社,2010.

[24]张晓东.中国现代化进程中的道德重建[M].贵阳:贵州人民出版社,2002.

[25]罗国杰.中国传统道德[M].北京:中国人民大学出版社,1995.

[26]舒金城.市场经济与道德建设[M].北京:中国商业出版社,1998.

[27]章海山.当代道德的转型和构建[M].广州:中山大学出版社,1999.

[28]张耀灿.中国共产党思想政治教育史论[M].北京:高等教育出版社,2006.

[29]徐惟诚.传统道德的现代价值[M].郑州:河南人民出版社,2003.

[30]吴来苏，安云凤. 中国传统伦理思想评介[M]. 北京：首都师范大学出版社，2002.

[31]李泽泉. 中国特色社会主义道德建设思想[M]. 北京：人民出版社，2010.

[32]安云凤. 高校师德论[M]. 北京：中央编译出版社，2007.

[33]邢永富，吕秋芳. 高等学校教师职业道德修养[M]. 北京：首都师范大学出版社，2007.

[34]庞元正，董德刚，韩庆祥. 哲学二十二讲[M]. 北京：中共中央党校出版社，2005.

[35]王宏德. 社会主义核心价值观视域下的公民道德建设探析[J]. 怀化学院学报，2015(2).

[36]杜振杰. 近三十年来关于道德本质问题的研究综述[J]. 道德与文明，2010(2).

[37]李青，王义. 优良道德的创制与美德的形成[J]. 淮阴师范学院学报，2012(4).

[38]陈志尚. 正确把握以人为本的科学内涵[J]. 北京大学学报(社科版)，2005(2).

[39]刘云山. 建设和谐文化巩固社会和谐的思想道德基础[J]. 新华文摘，2007(1).